Original illisible
NF Z 43-120-10

Texte détérioré — reliure défectueuse
NF Z 43-120-11

"VALABLE POUR TOUT OU PARTIE DU DOCUMENT REPRODUIT".

DESCRIPTION CONTENANT

LES ANTIQVITEZ, fondations & singularitez des plus celebres Villes, Chasteaux, & places remarquables du Royaume de France,

Auec les choses plus memorables aduenues en iceluy.

A CONSTANCES.

M. DC. VIII.

L'imprimeur.

Au lecteur
Benin.

AMI lecteur, qui es studieux de l'ãtiquité Gauloise, & curieux de sçauoir & cognoistre plusieurs singularitez de la Gaule mo-

l'Authèur, tu le prefere-
ras à bon droit à plusi-
eurs autres qui se fondēt
sur des longs discours
sans cours, & qui pour
represēter la naiueſueté
du faict, remplissent de
grands cayers de toute
sorte de menus fatras, &
enfin apres auoir faict
semblant de froisser
vn grand os, n'en tirent
& monstrent qu'vn biē
petit de moele. Dauāta-
ge ceste description La-
co-

coniēne soulagera mer-
ueilleusement ta me-
moire, laquelle desia as-
sez trauaillee & fatiguee
par l'exercice assidu en
plusieurs autres affaires,
comprendra plus ayse-
ment & sans aucun en-
nuy, tout le suiet y con-
tenu. Ce que t'occasion-
nera derechef de la pren
dre souuēt en main, soit
que tu soyes en ta mai-
son, ou bien aux chāps,
soit que tu soyes desi-

reux de voir ce grand & floriſſant Royaume de France. Car en ce cas la tu trouueras en ceſte Deſcription aſſez dequoy contenter ton eſprit, & par la lecture d'icelle tu apprendras pluſieurs choſes, deſquelles peut eſtre tu n'eſperes auoir la cognoiſſance par le moyen de la veuë. Et quant à l'autre, ſi la beauté de ce pays la, l'humanité, debonnaireté & cour-

courtoisie de ceste nation t'y attire, considere vn peu ie te prie, le profit & la commodité qui te reuiendra de la lecture d'vne telle Description, veu que par le moyen, d'icelle estant prealablement informé des singularitez d'vn chacun lieu plus remarquable dudict pays, & y arriuāt, tu apporteras quant & quant vne telle asseurance, que tu ne t'estime

ras point forain & estrãger, ains te viendra proproprement au deuant que tu y ayes desia esté. Et qui plus est rien ne t'eschappera d'icelles singularitez, que tu ne le voyes & contemples. Pour ces causes & raisons, ie t'ay voulu faire part (comme dessus dit) de la presente Description, te priant la vouloir receuoir de bonne part, & t'opposer aux
mes

mesdisans & ames saty:
riques qui au‐
roeintenuie de
m'offencer.
Adieu.

A MON SINGV-
LIER AMY DES-RVES SVR
ses Antiquitez & fon-
dations des villes,
&c.

SI tu desires voir les raretez de Frãce,
Ses villes, ses Senats, sa Royalle exellence.
Et ses antiquitez : voy ce parfaict rayõ.
Par lequel cest Autheur de son art non
auare,
T'aprend ce qu'on peut voir en icelle
de rare.
De parfaict, & de beau, en sa perfection.

     P. Morin, A.

DESCRIPTION CONTENANT LES ANTIQVITEZ, fondations & singularitez des plus celebres Villes, Chasteaux, forteresses, Eglises, Temples, Abbayes & places remarquables du Royaume de France, auec les choses plus memorables aduenues en iceluy.

De l'exellence de la France, & des victoires des François.

ENTRE toutes les nations du monde, il n'y en a iamais eu aucune qui se puisse vanter d'auoir esté plus florissante, mieux accompaignée de vertu, plus fauorisee de la fortune, qui aye eu des choses plus admirables, des
succez

DESCRIPTION

succez plus signalez, & qui aye esté mieux vnie, & mieux fondée que celle de France. Car combien que les Monarchies des Assyriens, des Perses, des Medes, & des Romains, ayent esté de plus grande estendue que celle des François : si est-il vray qu'il ne s'est iamais veu Empire plus florissant, mieux vny, mieux fondé & de plus longue durée, plus illustre en beauté & bonté de terre, situation de pays, richesse de peuples & gentillesse d'esprit, soit pour la paix ou pour la guerre, qu'à esté la Monarchie des François.

louã-ge des Frã-çois.

Quant aux personnes illustres qui sont comme la loy viue, & comme l'ame de l'estat, il n'y a nation quelconque, qui puisse mettre en auant vn si grand nombre d'exellents personnages, comme la France. Pour le faict de la guerre, celuy qui voudra considerer toutes les choses qui ont esté faictes, les conquestes, les batailles, les voyages outre mer, pour la religió Chrestienne: & cóme d'vn petit commécemét ce Royaume est deuenu si grand, qu'il s'est rédu redoutable à toute l'Europe, & à l'Asie : que toutes les natiós estrágeres, tát de l'vne que de l'autre partie de la terre, ont senty ses armes: il verra qu'elle à esté sa grandeur & sa force.

Les Romains furent chassez par les premiers François : les Huns, qui soubs la conduicte d'Attila, estoyent entrez en Gaule iusques au nombre de cinq cents mille combattans furent repousez, les Bourguignons debellez, les anciens Allemans subiuguez, les Sarrazins desconfits, les Arrians descédus d'A-

victoires des François.

frique exterminez, les Gotz Oſtrogotz, Viſigotz, Alans Huns, & Sueues deffaicts, l'orgueil des Ducs de Bretaigne r'abattu: les Saxons domtez, les Anglois r'encoignez delà l'Ocean, hors de nos limites. Bref il n'y a nation ſi Barbare, ne peuple ſi cruel qui n'ait eſté vaincu & ſurmonté par la vaillantiſe des Fraçois. De l'origine deſquels pour ceſte cauſe il ne ſera point hors de propos toucher briefuement quelque choſe.

DE L'ORIGINE DES Francois.

LES autheurs modernes & mieux approuuez, qui ont curieuſement eſcript les hiſtoires de France, & comme allembiqué les diuerſes opiniós de ceux qui en ont traité au paſſé, tiennent

DE LA FRANCE.

nent que c'est chercher la verité dãs la vanité, & suiure vne cõmune erreur, d'imaginer l'origine des François aux masures & cendres de Troye, nous faisãs descẽdre de ie ne sçay quel Fracus fils d'Hector, d'autant que aux plus anciennes histoires des Troyens, il ne se lict vn seul mot de ce Fracus, ou Francion fils d'Hector: Car cestuy n'eut iamais qu'vn fils nommé Astyanax, lequel en l'age de deux ans, fut precipité par les Grecs du haut d'vne tour, apres la mort de tous les enfans & heritiers de Priam. Ce qui fut faict afin d'exterminer du tout la race de ceux qui à l'aduenir se pourroient ressentir des iniures à eux faictes par les Grecs.

Et asseurent les mesmes autheurs modernes que nous ne pouuons seurement trouuer l'origine

Ereur des anciens sur lo rigine des François.

La veritable origine des François.

rigine des François qu'en la basse Allemaigne, au pays dict Franconie, lequel porte encor le nõ, de ses anciens habitans, & les marques de leur ancienne possession. D'ou Merouée Roy de ces peuples, nommez Francons, ou Frãcs passa le Rhin & les amena ẽ Gaule, enuiron l'an quatre cents quarante neuf (neantmoins que ses predecesseurs yeussent au parauant faict plusieurs courses) & changea le nom de Gaule en Frãce, faisãt des deux peuples, Gaulois & François, vn seul peuple. Or de vouloir rechercher, ou disputer s'ils estoient originaires du pays, ou venuz d'ailleurs; la recherche en est du tout inutile estant impossible. Il y a quelques graues historiens, qui ont voulu dire que les François s'appelloient ainsi du mot franc ou

fran-

franchise, parce que iceux ayans refusé le tribut aux Romains s'affranchirent: & par apres porterent le nom de Francs, comme gens hardis & courageux: ne voulās estre sujects à la domination des Princes estrágers: Et que de là seroit venuë la coustume que les Roys François portent en leurs anciens titres escrits en latin, *Rex Francorum*, comme qui diroit Roy des Francs, *& non Rex Franciæ*: veu que les autres Roys & Empereurs se disent Seigneurs des terres, & cestuy Roy des hōmes, & iceux francs & libres.

Or d'autant que les peuples estrangers ont tousiours mieux recognu le lieu & domicile des François sous le premier & ancien nom de Gaule, que sous celuy de France: ie mettray en auant les opinions que i'ay recueilcueillies touchant l'origine du mot de Gaule.

D'OV EST VENV LE NOM de Gaule.

Plusieurs treuuent que le nom de Gaule vient du mot Grec, gala, qui signifie laict ou blancheur : à cause de la blancheur naturelle des habitans d'icelle. Le seigneur G. Postel, grand recercheur de l'antiquité, ne veut receuoir ceste Ethymologie, ains dict qu'elle s'appelle Gallia, du mot hebrieu Galah, qui signifie pluye : comme voulant dire que les Gaulois sont yssus des pluyes du deluge : c'est à dire qu'ils tirent leur origine des ce temps la. Et confirme encor son opinion de ce que le mot Glau, en vieil langage Breton, signifie pluye, & que les He-

In li-de vniuersit.

Hebrieux nommoyent la Gaule Saraph, c'est à dire repurgée, cóme repurgée des eaux du deluge.

origine du mot de Gaule.

Les autres la disent Gaule, du nom d'vn des fils *d'Italus*, nommé *Gallates*. Ce qui demonstre encor l'antiquité des Gaulois, pour ce que, selon plusieurs, *Italus* fut l'vn des enfans de Noé.

Les autres tiénent qu'elle s'appelle ainsy à cause de Gallatée, amoureuse de Hercule, ou bié de Gallathe, fils d'iceluy Hercule. Du cómécemét la Gaule s'apella Gomerie du nom de Gomer, fils aisné de Iaphet, & le premier Roy des Gaules fut Samothés surnómé dis quatriesme fils de Iaphet, qui edifia la ville de Sés en Bourgoigne: les successeurs duquel furét Magus fódateur de Rouen, & Sarrhó, qui edifia la ville d'ägers Namnes, qui feist bastir la ville de Nante

La Gaule premierement nommée Gomerie.

Samothés a. Roi des Gaules en Bourgoigne.

tes, Drisudes, ou Drijus, qui dōna le nō, bastit, & le premier pollicea la ville de Dreux, iadis fort renommeé. Apres ceux cy regna Barduc, & puis Longo, duquel sont yssuz ceux de Langres, qui sont encor dicts en latin *Lingones*, Et de ces deux Roys derniers les Lóbards, peuples de la Gaule de là les Alpes, se nōment *Lōgobardi*. Par apres fut Celte, qui donna le nō aux Celtes, cōbien que quelques vns tiēnent que ce nom de Celte vient du mot Allemand *Gelten*, qui signifie valoir beaucoup, & *Gelt* signifie argēt, ou mōnoye, & de la *Geltes*, qui en langage Allemand signifie Gaulois, vaut autant cōme qui diroit excellēt, de grand prix, robuste & puissāt. Ce qui cōferme ceste opiniō est que les Gallates (peuples ausquels escriuoit S. Paul) sont issus yssus des Gaulois, & se disoint Gaulois. Et plusieurs doctes Allemans tournent en leur langue ces mots, *ad Gallatas*, Zun Geltern.

DES LIMITES DE LA GAVle, ou plustost France, selon qu'elle se contient à present, & comme elle est divisée.

LA Gaule, à present dicte la France, est limitée & enclose à l'Occident des monts Pyrenees & de la mer Oceane, du costé de Septentrion, elle a la mer Gallique & mer Oceane de la coste d'Angleterre. Deuers Orient le Rhin la sepere depuis les Alpes iusques à la mer Oceane: ainsi que les susdictes Alpes, depuis la source du Rhin iusques à l'interieure Gallique du costé du Midi elle est bornee de la mer

B

Mediterraneé vers Narbonne; estant presque de forme ronde en sa circonference, ayant cent quatre vingt sept lieües de largeur, à prendre depuis le Cóqueſt, qui est sur la mer Oceane, à l'extremité de Bretaigne, iusques au pont de Bonuosin, à l'entreé de Sauoye: & prenant la longueur depuis Calais, qui est sur la mer Oceane iusques à Narbonne ou Aigues mortes, qui est sur la mer Mediterranée, se trouuent deux cents huict lieües.

Combiẽ la France à de lieuës en longueur & en largeur.

Entre plusieurs diuisions de la Gaule ou France, la plus commune est en Belgique, Celtique & Aquitanique: la Celtique de rechef est diuiseé en Gaule Lyónoiſe & Gaule Narbonnoiſe.

Diuisiõ de la gaule.

La Gaule Belgique a pris son appellation d'vn Roy nommé Belge quatorzieme Roy des Gaules, qui iadis commandoit en ce costé,

appellation de la gaule belgique.

costé, plus de deux cents ans deuant que Troye fust gouuernée par Priam: Il y a quelques vns, qui tienent qu'elle vient du verbe latin *Belligero*, qui signifie batailler: d'autant que ce peuple a esté tousiours fort belliqueux. Le païs Belgique est limité au leuant du Rhin, & au ponent de l'Ocean, comme aussi deuers le Septentrion la mer-luy sert de borne, & au Midy la riuiere de Seine.

Limites de gaule belgique.

La Gaule Celtique est ainsi dicte de Iupiter Celte Roy des Gaulois & fils de Lucus, qui donna le nom aux Luceens ou Luteciens maintenant dicts Parisiens.

Ceste partie est limiteé de la Seine au leuant, de l'Ocean au ponent, de la Garonne au Midy, & de rechef de l'Ocean au Septentrion.

La Gaule Aquitanique prend

ce nom, à cause de l'abondance des eaux, qui s'estendent par toute ceste prouince.

Les monts d'Auuergne luy seruent de borne au leuant, l'Ocean à l'Occident, la Garonne au Septentrion, les monts Pyrenees au Midy, selon qu'est maintenant ceste partie de France descrite & mesurée.

QVI FVT CELVY QVI PLANta le premier les lettres en Gaule, & qui estoyent les Druydes.

Anciens Prestres & Philosophes de Gaule.

LE premier qui planta les lettres en Gaule fust ce mesme Gomer fils aisné de Iapet, duquel nous auons parlé: & de l'escole d'yceluy sortirent ces trois sortes de Philosophes, qui estoint iadis en Gaule: sçauoir les Bardes, qui chantoyent des hymnes & estoint Poëtes, les Vaticinacinateurs qui presidoint aux sacrifices, & s'arrestoint à la contemplation de la nature des choses, & les Druydes qui traictoint des mœurs & bien seantes actions des hommes. Tous lesquels furent long temps en Gaule, deuant qu'aucuns des Poëtes Grecs fussent au monde. D'où il est aisé à voir que les lettres sont en Gaule premier qu'en la Grece, & que les vers Heroïques ne sont point de l'inuention des Grecs, puis que les Bardes s'en seruoint. Souz le nom de Druydes l'on comprend quelquefois toutes ces trois sortes de Philosophes.

Que les lettres sont premier en Gaule qu'en la Grece.

Ces Philosophes auoint opinion que les ames estoint transformees de corps en autres: & par ainsi les Gaulois, qui les suyuoint en ceste opinion, n'apprehendoint aucunement la mort,

Opinion des Druides plaine d'erreur.

lors qu'il eſtoit beſoin de hazarder leur vie en quelques guerres ou entrepriſes.

Ou ſaſſembloint les Druides.

L'aſſemblée des Druydes ſe faiſoit tous les ans à Chartres (d'autant que ceſte ville eſt preſque au milieu de la Gaule) & en ce lieu ils determinoint de tous differents qu'on leur propoſoit. A l'imitation deſquels furent anciennement introduicts les Parlements en France par Charles Martel maire du Palais, & par le Roy Pepin ſon fils; leſquels parlements ſont comme l'ornemēt, & honneur du Royaume, & ſont ainſi apellez, ſelon l'opinion de quelques vns, du mot parler, parce que l'on y parle d'affaires grandes & d'importāce. Or tout ainſi que l'aſſemblée des Druydes ſe faiſoit d'an en an à Chartres: de meſmes s'aſſembloint les Seigneurs & Conſeillers du Parle-

cōme furēt inſti tuez les Parlemēts de Frāce.

Parlement en certaine ville, ordonnée par le Roy, pour y exercer la Iustice en la maniere qui s'enſuit:

De toutes parts de la France s'aſſembloint les plus doctes en droict, & entendans mieux les ſtatuts & couſtumes particulieres de chacune prouince, leſquels eſtoint pour ceſte fin gagez & inſtituez par le Roy, & la vuidoint tous differens & procez quelconques, ſans aucun appel: Mais d'autant que le lieu où ils se deuoint aſſembler, eſtoit muable & incertain, Le Roy lors, ſurnommé Hutin, feit eriger la cour du Parlemét ſedentaire à Paris en l'an mil trois cens quinze. Et du depuis les autres Parlements ont eſté inſtituez, leſquels ſont huict en nombre. Le premier donc & plus ancien eſt à Paris, au païs proprement dict

Par qui fut le Parlement erigé à Paris.

Nombre des Parlemēts

B 4

France: Le second est à Tholose, en Languedoc: Le troisiéme est à Bordeaux, en la Guienne: Le quatriesme à Rouen, en Normádie: Le cinquiesme à Dijon en Bourgoigne: Le sixiesme à Grenoble, en Dauphiné: Le septiesme à Aix en Prouéce, & l'huictiéme à Rhennes, en Bretaigne. De l'autre, commençant premierement à celuy de Paris: en parlant de l'ãtiquité & fondatió de ceste ville, & des bastiments & raritez qui sont en icelle.

DE LA SITVATION ET FONdation de l'ancienne & tres-fameuse cité de Paris, auec l'erection de plusieurs dignitez de ce lieu.

LA tres-ancienne & renommée ville de Paris non seullement capitale de ce grand Royaume de France, mais le theatre & abbregé de tout l'vniuers, le domicile des Roys, la retraicte & le rendez-vous de tous les plus beaux esprits du monde : est situee sur la riuiere de Seine : & a prins son origine non de Paris Troyen (ainsy qu'ont escrit quelques autheurs) mais d'vn Paris, Gaulois de nation, dixhuictiéme Roy des Gaules, lequel estoit descendu de cest ancien Samothes qui du temps de

Noé polliça les Gaules, & les institua en toute vertu, honnesteté & doctrine, & feit bastir icelle ville soixante & dix ans apres la premiere fondation de Troye, quatre cēts quatre vingts dixhuit ans deuant Rome bastie, quatorze cents dix sept ans deuant la natiuité de nostre Seigneur.

Ceste ville fut apelleé quelque temps Lutece, du mot Latin *Lutum*, qui signifie bouë ou fange : ou pour mieux dire Lucorece, selon Strabon, du nom de Lucus, Roy des Celtes : comme aussi ce peuple fut long temps apellé Luceens.

La ville de Paris est si grande & spacieuse qu'elle contient cinq cents ruës en nombre, toutes habitées, & en plusieurs d'icelles se trouuent plus de cinq cents maisons & demeures.

Ceste

De la France. 21

Ceste ville est comme vne borne entre les Gaules Celtique & Belgique, au rapport de ce tresdocte & fameux prelat d'Auranches Robert Cenalis.

Le droict d'Escheuinage fut donné aux Parisiens par le Roy Philippes Auguste, enuiron l'an mil cent quatre vingts & dix : & crea vn preuost des marchands, à la différece du preuost de la Iustice. Il feit aussi pauer & clorre de murs la ville de Paris, & commencer le chasteau du bois de Vicennes, & feit faire le parc qui y est. Iceluy entreprit le voyage de Hierusalem, auec Richard Roy d'Angleterre, & desfeit les Albigeois heretiques & le Comte Raimond de Tholose, qui tenoit leur party. *(Institutiō des Escheuins de Paris.)*

Ce mesme Roy donna à la ville les armoiries qu'elle porte, à sçauoir de gueulles à vne nef d'ar- *(Armoiries de Paris)* d'argent, le champ d'azur, femé de fleurs de lys d'or, voulant dōner à entendre par cela, que Paris est la nef principale, & ville capitale du Royaume.

Office des Eschevins.

Les Escheuins Iurez seruent aux visites des maisons, ruës, cloaques, canaux, aqueducts, fontaines, ports, passages, & chemins: afin d'y pouruoir s'il y suruient quelque necessité.

Obseruatiōs esleriōs de preuost & Eschevins.

Nul ne peut paruenir à la dignité de preuost des marchandny d'Escheuin, qui ne soit enfant de ville: de peur que les estrangers ne fussent instruicts aux secrets de la ville.

L'on espluche de si pres la vie de ceux qui aspirent à ces dignitez, que la moindre tache d'infamie, & mesme la seule opinion de vice les empesche d'y estre receuz: Mesme si on void quelqu'vn sifler en Paris par les ruës,

ruës, on luy dict par vn cómun prouerbe, tu ne seras point Preuost des marchands, pour monstrer combien l'honneur & ciuilité est requise en tels magistrats.

Charlemaigne (le premier des Roys de France appellé treschrestien) fut fondateur de l'Vniuersité de Paris (cóme aussi de celle de Pauie & de Bouloigne) estant induict à ce par vn tresdocte personnage, nommé Alcuin, Anglois de Nation, qui auoit esté son precepteur: & fut le premier qui ouurit l'escole à Paris, l'ã sept cents quatre vingts & vnze.

Fondatiõ de l'Vniuersité.

Alcuin precepteur de Charlemaigne.

C'est Alcuin estoit des plus doctes de son temps, & mesmes aux lettres sainctes: lequel à cóposé plusieurs liures de pieté entre lesquels sont des commétaires sur la Bible, plusieurs belles orai-

oraisons des homelies sur les Euangiles, & autres sermons, qui se lisent encor aux Eglises. Il auoit esté enuoyé du Roy d'Angleterre son maistre, pour traicter la paix auec Charlemaigne, lequel esmerueillé de son sçauoir, d'ambassadeur le feit son hoste, & d'hoste son precepteur.

Charlemaigne fut respectueux à son precepteur.

Et quoy que le susdict Charlemaigne fust desia sur ses vieux ans, neantmoins il l'apelloit tousiours son maistre. Il auoit eu du precedent pour precepteur vn autre docte homme nommé Pierre Pisan.

Pieté grāde en Charlemaigne.

Ce mesme Empereur Charlemaigne estoit fort desireux d'accroistre l'honneur de l'Eglise: car il feit recercher les escritures des saincts peres anciens, & accomplit par P. Lombard les leçons & legendes, qui se chantent

tent par chacune feste de l'an, & luy mesme chátoit ordinairemét aux Eglises auec le clergé.

Iceluy institua les douze pairs de France à l'exemple des douze Apostres de nostre Seigneur, l'an de nostre salut huict cens, & furent apellez Pairs, c'est à dire pareils en authorité & puissance, pour l'assister en ses plus grádes affaires; & pour cognoistre des cas & crimes que pourroint cómettre les Princes du sang, sans diminuer toutesfois rien de son authorité.

Institution des douze pairs de France.

Or de ces douze pairs il y en à six Ecclesiastiques, dont il y en à trois Ducs, sçauoir l'Archeuesque de Rheims, les Euesques de Langres & de Laon; trois comtes, sçauoir les Euesques de Noyon, Chàalons & Beauuais, Les trois Ducs laics sont les Ducs d'Aquitaine, Normandie, & Bour-

Election des pairs.

Bourgoigne, & les Comtes, sont de Tholose, Flandres & Champaigne. Il y a des historiens qui attribuent ceste Institution non à Charlemaigne, mais à Louys le Ieune regnant, l'an mil cent quarante.

Erection du Parlement sedétaire.
Le parlement sedentaire de Paris fut erigé en l'an mil troiscents quinze (comme nous auós dict) par le Roy Louys Hutin, lequel Parlement seul iuge des Pairs & des Princes.

Institution des dignitez de Recteur procureur.
Le Roy Robert, fils de Capet, homme debonnaire, & de grande eruditió, fut celuy qui le premier meist & institua les dignitez de Recteur & procureur en auant: mais les lettres touchant les Priuileges & ordonnáces en ont esté perduës.

choses notables
Ce bon Roy estoit entierement adonné à pieté & denotió, il fonda plusieurs Eglises & monaste-

nasteres, & le plus souuent pre- *du Roy*
noit vne Chappe &, chantoit a- *Ro-*
uec le Clergé, estant aux Eglises: *bert.*
car il estoit bon musicien & hô-
me fort docte. Iceluy composa la
Prose, *Sãcti spiritus adsit nobis gratia*,
& vn respons qu'on châte à Noel,
Iudea & Hierusalem. & aussi le respons, *O constãtia martyrum*, à la requeste de son espouse nommée
Constance. Il composa aussi le
respons *Cornelius Centurio*.

Vn iour iceluy ayant assiegé
vne ville pres Orleans, le iour S.
Aigné, il quita le siege pour aller
aider à celebrer ladicte feste, & ai
doit à chanter à vn des Chanoines, & comme il commençoit le
troisiesme *Agnus Dei*, à la grande
Messe, les murailles de la ville as-
siegée tomberent par terre sans
œuure d'hôme. Il feit de grands
biens aux Eglises.

Ie reuien à la dignité du Recteur

De la dignité du Recteur de Paris.

cteur de Paris, lequel és actes publiques de quelque faculté que ce soit, precede tous Princes, Euesques, & Cardinaux; & n'est point tenu d'assister és entrées des Roys, à cause que son authorité ne s'estend seulement que dedans Paris. Aux obseques des Roys, il va pres du corps auec l'Euesque de Paris, toutesfois l'Euesque de Beauuais, qui est le conseruateur de l'vniuersité, marche à main droicte.

Puissance admirable de l'vniuersité des escholiers de Paris.

L'vniuersité des Escoliers à eu autresfois telle puissance en ceste ville, qu'elle à faict teste aux Papes, & Princes du sang, qui abusoint des benefices, cõme il aduint du regne de Charles sixiéme contre le Duc d'Anjou, & l'Antipape, seant pour lors en Auignõ, qui pilloit presque tous les benefices de France.

EN-

ENSVYVENT LES FONdations des principaux Colleges de Paris, auec plusieurs choses notables.

DV temps du Roy S. Louys fut fondé le college de Sorbonne, par vn docteur é Theologie nómé maistre Robert de Sorbóne: lequel dóna des Rétes pour entretenir les bacheliers, & pour la nourriture des docteurs de la susdicte faculté; de laquelle tóꝰ les Theologiens de Paris sont apellez Sorbonistes ; par ce qu'en la Sorbóne se font les actes principaux pour la preuue du sçauoir de ceux qui aspirent à la dignité doctorale. Ce lieu est remarquable pour son antiquité: d'autant que iadis il dependoit du Palais

Fondatiõ du college de Sorbonne & de l'antiquité du lieu

Palais Royal, lors que les Romains auoint domination en Gaule: & aussi à cause des hommes illustres & renommez en sçauoir, qui viuent ordinairement en vne saincte societé en ceste maison.

Ieanne espouse du Roy Philippes le Bel, Contesse Palatine de Chápaigne, & de Brie, fonda le College de Nauarre, en l'an mil trois cents quatre: & y donna deux mille liures de rente. En ce College sót gardées les Chartres & tresors de l'vniuersité: cóme fondations, libertez, immunitez, & priuileges octroyez aux facultez d'icelle.

Le College des Cholets fut fondé par vn Cardinal, nommé Iean Cholet, l'an mil deux cents quatre vingts & trois, estát pour lors Legat en France, & y establit des boursiers Theologiens,

de

de la nation de Picardie.

Le college du Cardinal le Moine fut fondé par vn nommé Iean le Moine, Cardinal Picard; soubz le Pape Boniface 8. l'an mil deux cents quatre vings seize.

Le college de Clugny fut fondé en l'an mil deux cents par vn nommé Iean premier du nom, Abbé de Clugny : L'épereur Iulian l'apostat citoyen de Paris (où il fut aussi proclamé Empereur par les gens de guerre) feit bastir l'hostel de Clugny, pour luy seruir de lieu de plaisance; & pour prendre relasche de ses trauaux, & afin de rendre ce lieu plus commode, il auoit faict dresser des bains chauds, au lieu où est de present le college de Sorbonne. Il ne fut Empereur que deux ans, & fut tué d'vn coup de fleche en vne guerre contre les

Iuliã l'apo-stat ci toyen de Paris son regne, & sa mort.

les Parthes l'ã 366. & ne peut on recognoistre d'où estoit prouenuë ladicte fleche.

Le college de Montagu fut fondé l'an mil trois cents quatorze, par messire Gilles Esselin Archeuesque de Rouen, de la famille de Mõtagu, d'où il print son nom. Du depuis vn Euesque de Laon Cardinal, en l'an mil trois cents quatre vingts dixhuict (lequel estoit sorti de la race du premier fondateur) y meit six boursiers, & mourant donna charge à vn sié cousin Euesque d'Eureux, qui feist par des statutz que les boursiers de Montagu depenét du Chapitre de nostre Dame de Paris.

Depuis Iean Standoncq, Flamand, docteur en Theologie, seigneur de Villette, institua les pauures de Montagu, qu'on apelle Capesses, qu'il receuoit pour

pour estudier: mais son reuenu ne suffisant pas pour si grand nombre de pauures qui se presentoint, aduint que l'an mil quatre cents quatre vingts douze, messire Loys de Grauille, Admiral de France, soulage a l'indigence des pauures de Montagu, faisant bastir le corps du logis, & Chapelle: & donna plusieurs deniers pour renter ledit College, & pour rebastir ce qui estoit en ruine.

Enuiron ce temps vn Prestre nommé maistre Iean L'anglois estát en l'Eglise nostre Dame de Paris, en la Chapelle S. Crespin, prit aux cheueux vn autre Prestre celebrant la Messe, le lendemain de la feste Dieu, & le ietta par terre: prenan la saincte ostie & le calice, & les iettant aussi fort impetueusement par terre, & si promptement que les assistans,

Histoire merueilleuse de deux Prestres.

stans n'eurent loisir de l'empescher. Or il auoit faict cela par le cóseil d'vne Iuifue, dót il abusoit, laquelle luy auoit dict qu'il paruiendroit à grande fortune, s'il executoit telle entreprise; pour lequel forfaict il fut desgradé & bruslé. Mais le susdict Docteur Standocq, luy remonstra si bien sa faute, au parauant le suplice, qu'il le feist se recognoistre, & deuotement requerir pardon à Dieu de son peché, cecy aduint l'an 1491.

Le College du Plessys fut fondé en la ruë S. Iaques, par vn apellé Geffroy du Plecy, notaire du S. Siege Apostolique de Rome, & secretaire du Roy Philippes le Long, par apres il se rendit religieux au conuent de l'ordre de S. Benoist les Tours. Il fonda aussy le College de Marmonstier.

L'an

De la France. 35

L'an mil trois cents trente & vn, Ieanne de Bourgoigne Royne de France & de Nauarre fonda le college de Bourgoigne, lequel est affecté à ceux de la Franche comté: & y furent establis vingt boursiers.

Le College d'Authun, fut fondé par vn nómé Bertrand Euesque d'Authun Cardinal, en l'an mil trois cents quarante & vn, sous le Pontificat de Benoist 12. Philippes de Valloys regnant en Fráce. Pierre de la Pallu, Archeuesq; de Hierusalem, & Guy Archeuesque de Lyon assisterent à ceste fondation. Le susdict Cardinal fondateur estoit natif de Dauphiné, d'vne petite ville nommee Auonay, au diocese de Vienne.

Le College de Tours fut fondé l'an mil trois cẽts trente trois par Estienne de Bourgueil, Ar-

C

cheuesque de Tours.

Le College de Beauuais en la ruë des Carmes, fut fondé par maistre Iean des dormants, Euesque de Beauuais, Chancelier de France, & depuis Cardinal enuiron l'an mil deux cents soixante dixsept.

En mesme temps fut fondé le college de Presle, par Raoul de Presle, confesseur du Roy Charles le sage.

Au temps de ce mesme Roy Charles le sage, fut fondé le college de Danuille, pres le Conuent des cordeliers par Iean de Danuille, secretaire du Roy Iean & Charles 5.

Le College de Fortet fut faict bastir l'an mil trois cents quatre vingtz vnze, par Pierre Fortet, Chanoine de Nostre Dame de Paris, natif de la ville d'Orilac, en Auuergne, Boniface

face pour lors Pape.

Le College de Becourd (vulgairement dict Boncourt) fut fondé par messire Pierre de Becourd, Chevalier du diocese de Terouënne, ledict College a esté faict reedifier par maistre Pierre Galland professeur du Roy.

Le College de la Marche, fut fondé par vn nommé Guillaume de la Marche Aduocat en la cour de l'Official à Paris, enuiron l'an mil trois cents soixante seize.

Le College de Laon fut fondé l'an mil trois cents vingt sept l'onziéme du mois de May, par vn nommé Guy de Laon prestre, Thresorier de la saincte Chapelle du Roy, & Chanoine de Paris & de Laon. Ce college tient des boursiers des quatre facultez.

Le College des bós enfans est des premiers appellez és congregations communes, pour estre

Priuilege du college

l'vn des plus anciens de Paris, mais sa fondatió est incogneüe.

Le College de Rheims fut iadis l'Hostel du Duc de Bourgongne, mais Philippes Conte de Neuers, & depuis Duc de Bourgongne le vendit à vn Archeuesque de Rheims, l'an mil quatre cēts douze, le douziéme de May, lequel Archeuesque le fonda en College.

Le College de Lisyeux fut fódé par trois freres de la maison d'Estouteuille, dont l'vn estoit Euesque de Lisyeux, l'autre Abbé de Fescamp, & l'autre Cheuallier, & seigneur de Thorcy, & ordonné par Arrest de la Cour, qu'il seroit appellé de Thorcy, dict de Lisyeux.

Plus sont les Colleges de la Mercy, de *l'Aue Maria*, de Calambet, des trois Euesques, basty par 3. Euesques, où lisent les lecteurs Ro-

Royaux, instituez par le Roy François 1. du nom, le College de Triguier, de nostre Dame, de Caluy, de Harcourt, des Thresoriers, Iustice, Sees, & Narbonne, le College Mignon, de S. Denys de maistre Geruais, puis les escoles de Picardie, ou se font les actes des maistres és arts. En outre sont les colleges de Tornay, des Lombardz, de Boisy, de Bayeux, des Allemands, de S. Barbe de Coqueret, qui sont de la fondation de Messieurs Symon & Robert du Guast, docteurs en decret. Dauantage est le college de Cenac, dict de S. Michiel, fõdé par les seigneurs de la maison illustre de Pompadour Lymosins. Puis est encor le college des dixhuict, duquel & de beaucoup d'autres l'on n'a maintenant aucunes fondations.

En outre sont les escolles du

decret, & de medecine, tresflorissantes, posées en la ruë de la Boucherie.

Il y a aussi le college des Crassins fondé depuis peu de temps, par le sieur d'Hablon, Conseiller en Parlemét, pour ceux de Sens.

Introductiō des Iesuistes à Paris.

Il y auoit encor le college tresflorissant des freres de la societé dicte Iesuistes, qui auoint esté introduicts à Paris par Monsieur du Prat Euesque de Clermont en Auuergne, mais il n'y a plus d'exercice maintenát, pour quelque cause que ie deduiray, parlát des accidens memorables aduenus en Paris.

L'ordre des Iesuistes fut institué par Ignace de Loyal, Gétilhóme Espagnol, & approuué par le Pape Paul 3. en l'an mil cinq cens quarante: Et confirmé en l'an mil cinq cents quarante trois.

FON-

FONDATIONS DES
principalles Eglises de Paris, & ce qui
est de remarquable en icelles.

Fōd. de l'E glise nostre Dame de Paris.

L'Eglise nostre Dame de Paris fut fondee l'an 1254 par le Roy Philippes Auguste, & Maurice de Soillac 70. Euesque de Paris. Elle est bastie sur pilotis en l'eau, & a quarante cinq chapelles. Il y a en icelle 50. chanoines comprenant les huict dignitez, sçauoir le Doyen, le Chantre, trois Archidiacres, le Soubschantre, le Chancelier, le Penitencier, 140. chapelains.

Les Reliques de ladicte Eglise sont partie de la vraye Croix, le corps de S. Marceau neufiéme Euesque de Paris, le chef S. Philippe, enchassé en or & riches pierreries, vn tableau de S. Sebastian,

C 4

qui est l'vne des plus riches pieces de Paris, dans lequel y a quelques ossemens dudict sainct.

En icelle se font les assemblees des Processions generalles où souuent assistent les Roys & les princes, pour seruir de bon exemple au peuple.

En icelle Eglise se donnent aussi les penitences par celuy qui est estably penitentier, c'est à dire, imposant peine pour penitence, suyuant la coustume obseruee par les Apostres.

S. Denis fut le premier Euesque de Paris, qui vint y planter la foy, S. Clement estant lors Pape de Rome & successeur de S. Pierre, Domitian tenāt l'Empire, sous lequel ce grand docteur S. Denis fut martirizé à Paris.

Henry de Gondy, à present tenant le siege Episcopal, est le

108. Euesque de Paris.

Le monastere de S. Geneuiefue iadis estoit le palais du Roy Clouis, lequel feist bastir l'Eglise au nom de S. Pierre & S. Paul, & y est enterré. Ce fut le premier Roy de France Chrestien : Au baptesme duquel fut aportee du Ciel la Saincte ampoule: l'huille estant defaillie, & les fleurs de lys aussi, pour armoiries par vn Ange en forme de Colombe. A cause des grandes & merueilleuses operations surnaturelles que la bien heureuse S. Geneuiefue feist en la susdicte Eglise, & qu'elle fut enterree en icelle au caueau & lieu sousterrain, où est honoré encor de present son tombeau, on luy à donné le nom de S. Geneuiefue.

L'abbé de S. Geneuiefue ne recognoist nul Euesque, ains depend immediatement du S.

siege Apostolique, & y est aussi vne chambre Apostolique.

Il y auoit iadis des Chanoines en ceste Eglise, mais pour leur insolence ils furent chassez en l'an de grace 1148.

Le Pape venant de Rome à Paris, entre par vne porte qui est maintenant close, & respond au iardin de l'Abbé de saincte Geneuiesue.

Fond. de l'Egli. de S. Germain des prez.

L'Eglise de S. Germain des prez (iadis nommee S. Vincent) fut fondee par Childebert, & y est vne tres-riche Croix d'or que ledict Roy aporta de Tollede, l'ayant gaignee sur les Gots, plus y est la tunique S. Vincent, qu'il donna: Et est enterré derriere le grand autel, & son fils Chilperic de l'autre part, qui fut tué par sa femme Fredegonde, & autour du tōbeau sont ces mots: *Chilpericus hoc tegitur lapide.*

La-

Ladicte Eglise de S. Germain fut sacree par le pape Alexandre troisiesme, l'an 1163.

Les reliques de ladicte Eglise sont le corps de S. Germain, S. George, Aurelle & Natal, S. Leufroy, S. Amád Euesque de Tours, de S. Thurian, S. Droctonnee Abbé, & disciple de S. Germain, & de S. Venant Abbé de Torus, auec quelques reliques de S. Marguerite.

Autrefois y estoit l'image de la deesse Isis, qui estoit tutelaire des Parisiens, que messire Guillaume Briçonnet Euesque de Meaux, & Abbé dudict lieu feist abbatre l'an 1514.

L'abbaye de S. Germain despend du seul sainct siege Apostolique : & est l'Abbé seigneur de tout le faux-bourg & iouist des peages, subsides & autres droicts qui se leuét à la foire qui se tient es halles de S. Germain tous les ans au mois de Feburier.

Fond. du prioré de S. Eloy
Du temps de Dagobert & ses enfans, S. Eloy Euesque de Noyó fonda en la cité de Paris, non loin de la riuiere, vn monastere de 300 filles desquelles saincte Aure estoit Abesse.

Ces religieuses ayans esté lóg temps en ce lieu, furent chassees par la maluersation de quelques vnes & enuoyees à Mon-martre Chelles, & à S. Anthoine des champs: & la place fut donnee à des religieux de S. Dominique: dont le Prieur fut cause de fonder les Eglises parrochiales de S. Croix en la ruë de la draperie (qui estoit vn hospital) S. Pierre des assis, S. Martial, S. Bon.

Fond. de l'Eglise S. Paul.
L'Eglise de S. Paul (à present enclose dás les murs de la ville) & qui est vne belle paroisse, fut fondee par ledict S. Eloy.

Du

Du temps que les Pepins regnoint Rolland seigneur de Blaye, nepueu de Charlemagne, Comte ou gouuerneur du limite Britannique, feist bastir l'Eglise de S. Marceau auec l'hospital, & l'Eglise S. Iacques, en la ruë S. Denis. *Fond. de l'Eglise sainct Marceau, iadis siege Epispal.*

Le siege Episcopal de Paris anciennement estoit en l'Eglise S. Marceau, à present renommee dudict sainct qui viuoit en l'an de grace 400. enuiron le temps que les François vindrent en Gaulle.

Le grand & insigne theologien Pierre Lombard, Euesque de Paris, est enterré à S. Marceau, iceluy mourut l'an de grace 1164.

Le Roy Hus Capper, fonda l'Abbaye S. Magloire en l'an 995.

L'Eglise S. Germain de Lauxar-

48 DESCRIPTION

xarrois fut fondée l'an 542. par Childebert fils de Clouis, qui fut aussi fódateur de l'Abbaye S. Vincent lez Paris, à present dicte S. Germain des prez.

Nostre Dame desch. & S. Nic. desch.

Nostre Dame deschamps (qui estoit iadis le temple de Ceres & de Mercure) fut fondée par le Roy Robert, comme aussi S. Nicollas des champs. Le monastere y a depuis esté fondé par Henry 1. du nom.

F. de l'Abbaye S. Victor.

Louis le Gros fonda l'Abbaye S. Victor, en action de graces à Dieu de ce qu'il auoit combatu & vaincu quelqs seigneurs François ses conspirateurs & ennemis, cóme tesmoigne son Epitaphe escrit en vers latins au cloistre de ladicte Abbaye.

grãds personnages sortis de S. victor

Il y a iadis eu de grands & insignes personnages en ceste famille : entre lesquels ont esté Hugues de S. Victor, & Richard de

DE LA FRANCE. 49

de S. Victor, rares en sçauoir, & admirables en saincteté de vie.

Du temps que ce lieu fut institué, la Royne Alix espouse de Louys le Gros fonda l'Eglise & monastere des Dames de Montmartre Iadis y estoit le temple de Mercure, Dieu tutelaire des Gaulois. *Fond. des relig. de Montmartre.*

La saincte Chapelle fut faict bastir par le Roy S. Louys pour mettre les sainctes Reliques, qu'il auoit retirees des Venetiens, ausquels Baudouin Empereur de Constantinople les auoit engagees. *Fond. de la S. Chapelle.*

Les Doyen & Chanoines de la S. Chapelle ne recognoissent Euesque ny Archeuesque quelconque, car ils dependent du S. Siege Apostolique.

Les reliques de la dicte saincte Chapelle, sont la couronne d'espines de nostre Seigneur,

partie

partie de la S. Croix, les langets ou drapelets dãs lesquels fut enuelopé nostre Seigneur par la vierge Marie, du sang qui distilla miraculeusement d'vn Crucifix lequel auoit esté frapé par vn in-fidelle dans le costé auec vne lance, vne chaine de fer dont nostre Sauueur fut lié, la nappe ou toüaille sur laquelle fut faicte la Cene en la premiere institution du S. Sacrement de l'Autel, vne partie de la pierre du sepulchre ou reposa le fils de Dieu apres sa mort, & d'ou il ressortit ressuscitant en gloire, le fer de la lance dont Longis luy perça le costé, la robbe de pourpre que Pylate luy vestit par mocquerie, le roseau que les Iuifs luy mettoint au lieu de sceptre, l'esponge, vne partie du sainct suaire, vne Croix de triomphe, du laict de la vierge Ma-

Marie, vne partie du chef de S. Iean Baptiste, des chefs S. Clement, S. Simeon, la verge de Moyse, en outre est vn coffret d'argent doré, dans lequel est le chef de S. Louys.

Le Comte Guillaume, duc de Guyenne, & compte de Poittou s'estant rendu hermite institua l'ordre des Guillemins, suiuant l'ordre de S. Augustin : & apres sa mort le conuent des blancs manteaux de Paris fut le premier qui receut ceste nouuelle semence de religieux l'an de nostre salut 1160.

Fond. des Guillemîs.

S. Martin des-champs estoit jadis vne Eglise collegiale ou il y auoit des Chanoines, qui fut donnée par Philippes 1. du nom à S. Hugue Abbé de Clugni en l'an 1079. desirât voir ceste maison royalle mieux reformee. Ce bon pere tost apres y establit vn prieur

Fond. de S. Martin desch.

prieur & des religieux de l'ordre de S. Benoist. C'est vn des beaux lieux de Paris, clos comme vne ville & grand à l'aduenant.

Fond. de l'Eglise S. Ge. neuief e des ardentz.

L'Eglise de S. Geneuiefue des ardentz, fut fondee, l'an 1230. à cause d'vne estrãge maladie, nõmee le feu sacré qui aduint à Paris & es villes & villages d'alentour, bruslant les entrailles des patients d'vne ardeur continuelle, sans qu'aucun medecin y peust donner remede. Lors on eut recours aux prieres, & l'Euesque de Paris qui estoit vn nõmé Estienne 2. du nom & 78. en nombre, obtint de l'Abbé de S. Geneuiefue, que la chasse où reposent les os de ceste bienheureuse vierge seroit portee en procession: ce qu'estãt faict, aussi tost ceste maladie cessa. Lors le peuple en action de grace & souuenãce de ce sainct miracle feist bastir

la

la susdicte Eglise.

Entre les Eglises de Paris plus renommées est celle des Chartreux, laquelle estoit jadis à Gétilly village pres Paris: mais dautant que le lieu n'estoit commode, le Roy S. Louys fut prié par le grand prieur de la Chartreuse (qui est pres Grenoble) de leur donner vn autre lieu : Et s'inclinât à la requeste de ce bon prieur, il leur donna la place où ils sont de present nómee Vauuert où il y auoit anciennement vn Diable ou fantosme, d'où est venu le prouerbe qu'on dict encor: c'est le Diable de Vauuert.

Fond. des Chartreux.

L'institution de ces deuots & bons Religieux print son commencement en l'an 1084. par le moyen d'vn sainct personnage appellé Bruno docte Theologié de Paris, natif de Colloigne : ayant veu qu'en celebrant les obse-

obseques d'vn sien amy Chanoine, reputé homme de bien le corps se leua de la biere à moitié par trois fois, lors que l'éfant de chœur cómenca à châter la leçon *Respunde mihi:* disant à pleine voix IE SVIS CONDAMNE PAR LE IVSTE IVGEMENT DE DIEV. Or ce Bruno auec quelques vns de ses amis s'en alla à Grenoble faire vne autre pœnitence, au lieu dict la Chartreuse & le premier (comme iay dict) institua cest ordre qui porte encor le nom du premier lieu où il fut institué. Il y a eu plusieurs grands Archeuesques, Euesques, & Cháceliers enterrez en ceste maison. En laquelle il n'entre iamais aucune femme.

Fond. des Iacobins.
Le conuent des Iacobins fut faict bastir par S. Loys, ou sont enterrez plusieurs seigneurs de la maison de Bourbon, comme aussi

aussi au deuant du grád autel est Imbert Dauphin de Vienne, qui védit le Dauphiné pour vil prix à Philippes de Vallois, pour les premiers fils des Roys, à condition qu'ils seroint appellez Dauphins; puis print l'habit de S. Dominique à Lyon, par apres fut Patriarche d'Alexádrie, & en fin vint mourir à Paris en l'an 1355. S. Thomas d'Aquin auoit estudié au susdict Conuent.

Les Cordeliers furẽt aussi fondez par S. Loys, lesquels sõt 400 d'ordinaire. *Fond. des Cordeliers.*

Nicolas de Lyra, Iuif de natió, le plus grand docteur de son temps à flory en ce conuent, & Iean Lescot apellé le docteur subtil, & plusieurs autres grãds personnages.

Le chasteau de haute fueille estoit iadis où sont ores les Iacobins dont aparoist encor le Don-

Dójeon contre les murailles, il appartenoit aux sieurs de Haute fueille, dont estoit descendu Gannelon, qui trahit les 12. pairs de France à Roncenaux, pour lequel forfaict il fut en fin desmembré à quatre cheuaux.

Fond. des Augusti. Les Augustins furent aussi fódez par S. Louys, lesquels furent premieremét où est de present la Chapelle S. Marie l'Egiptienne, pres Mommartre; & par apres, où est le college du Cardinal le Moyne.

grans persōnages sortis des Augustis de Paris. Gilles de Romme grand & illustre personnage, qui viuoit enuiron l'an 1280. & qui auoit esté disciple de S. Thomas d'Acquin a flory en ceste maison, & y a esté prieur general de tout l'ordre, & en fin Archeuesque de Bourges, Albert de Padoüé, ou Poiteuin, Gregoire de Rimini, & Gerard de Berganie, depuis

puis Euesque de Sauonne, y ont aussi flori.

La premiere place où furent les Augustis estoit aux Tépliers, l'ordre desquels fut esteint & annullé, pour leur vie detestable & leurs biens, terres, & possessions confisquez & donnez aux freres de S. Iean de Hierusalem (à charge de deffendre les Chrestiens contre les Turcs) par le 2. arrest ou session d'vn concille commencé à Vienne sur le Rhosne, soubs Clement 5. l'an 1311. & qui fut acheué l'an 1323.

Abolissemens de l'ordre des Tépliers.

S. Louys fonda aussi l'ordre des Carmes, les ayant amenez du mont Carmel en Palestine, quand il feit le voyage de la terre saincte. Il fonda aussi l'Hospital, des quinze vingts aueugles, à l'occasion de semblable nombre de Gentils hommes, qui luy furent rendus aueugles par

Fond. des Carmes.

par le Souldan. Ce bon Roy en son 2. voyage de la terre saincte.

L'eglise S. Honoré fut faicte Canoniale en l'an 1204. & l'an 1212 fust bastie celle de S. Iean en Greue, qui n'estoit qu'vne chapelle; & celle de S. Geruais Paroisse, estant trop chargee fut diuisee en deux; l'vne partie des paroissiens dependent de S. Geruais, & l'autre de S. Iean.

S. Honoré faicte Canoniale.

L'eglise de S. Catherine du Val des Escoliers, fut aussi fondee par S. Loys. En icelle est vn lieu soubsterrain, ou il y a vne figure du S. Sepulchre, plusieurs autres singularitez se voyent en ladicte Eglise. En outre y est la chapelle des Orgemôts & celle des Allegrins, yssue de deux Châceliers fort renommez, l'vn du temps de Loys le Gros, l'autre de S. Loys; & lesquels estoint sortis de la tresancienne maison des Ca-

f. de l'Elise S. Cath du Val des escoliers

Cajeux en Normandie.

Le Prioré commendatoire de S. Anthoine le petit, fut aussi faict dresser par ledict S. Louys. Et est lieu de deuotion des Heraux de France de toute antiquité. En l'an mil quatre centz quarante deux, l'Eglise de ce lieu fut dediee & consacree par Denis Patriarche d'Antioche.

Le Conuent des Mathurins Religieux de la Trinité fut aussi fondé par S. Louys, pour la redéption des pauures captifz qui sont entre les mains des infidelles.

Robert Gaguin ministre general des Religieux de cest ordre & annaliste de France, est enterré en ce lieu, il mourut l'ā 1501. le 22. du mois de May. Ce grand Mathematicien Iean de Sacro Bosco y est aussi inhumé.

Marguerite espouse du bon

D

Roy S. Louys, fonda le monastere des Dames de S. Clere, apel
lees les Cordelieres, & y fut vne
des filles dudit Roy, mise religieuse.

Fond. des Billettes auec l'histoire miraculeuse de la S. hostie

L'an 1290. fut fondé le Con-
uét des Billettes par Philippes le
Bel & la Royne Ieanne son espouse, au lieu où estoit la maison
d'vn detestable Iuif, lequel auoit
conuenu de prix auec vne malheureuse femme qui luy aporta
la saincte hostie qu'elle deuoit
receuoir : Et iceluy la tenant la
perça & frappa d'vn caniuet,
dont il sortit grande abondance
de sang. Ce que voyant le mes-
chát infidelle la ietta dans le feu,
d'où elle sortit sautant & vole-
tant par la chambre, mais non
côtent il la meit dans vne chau-
diere pleine d'eau bouillante, où
incontinent elle fut par la permission & vouloir de Dieu chan
gee

DE LA FRANCE. 61

gee en forme d'vn petit enfant. Ce qui espouuanta grandement le miserable Iuif: lequel se retira tout esperdu en sa chambre, mais vn sien fils, ayant tout veu ce que dessus, en aduertit les enfans des Chrestiens: & par ainsi ce forfaict fut descouuert & le Iuif bruslé tout vif. Et le susdict Roy feist bastir en ce lieu l'Eglise deuant dicte, en memoire perpetuelle du miracle.

En ce Conuent des Billettes se font les assemblees des Cheualiers de Malthe, & y sont celebrez leurs Chapitres: dautant que ce lieu est affecté au grand Prieur de France.

La maison des Celestins (desquels le 1. autheur fut Celestin Pape 5. du nom auparauant hermite) fut faicte bastir, par Charles 5. comme aussi celle de S. Germain en Laye, les tournelles &

Fond. des Celestins & de l'Eglise S. Germain en Laye

D

le Louure.

Insignes personnages enterrez aux Celestins.

Dans l'Eglise des Celestins est le Sepulchre d'vn Roy d'Armenie, sorty de la maison de Luzignan, nommé Leon, qui estoit venu en France, du temps de Charles 5. luy demander secours côtre les infidelles, mais il mourut. Plus y est enterré Philippes de Masieres Chancelier de Chipre, Paul de Thermes Mareschal de France, André d'Espinay Cardinal & Archeuesque de Lyon & de Bordeaux, & derriere le grand Autel est la chapelle des secretaires de France.

Le premier fondateur de l'Eglise S. Eustache fut vn apellé Iean Allins bourgeois de Paris.

Le Conuent des Bons hommes (lesquelz furent instituez iadis par vn S. personnage nommé François de Paule que S. Louys feit venir en France) fut com-

commencé à baſtir par Loys 12.
où eſtoit iadis l'hoſtel de Bretaigne, laquelle place fut donnee à
ces Religieux par Anne de Bretaigne Royne de France. l'Egliſe
fut paracheuee ſoubs François
1. Le Cloiſtre fut faict baſtir par
vn Cardinal de la maiſon de Rohan.

Du regne de Charles 9. l'ordre des bons & deuots peres Capuchins fut introduit d'Italie en
France, l'ordre deſquels auoit
eſté inſtitué par frere Mathieu
Baſchi en la Marche d'Ancone en
l'an 1525.

L'eueſque de Ciſteron leur
fonda vne maiſon par ſes aumones à vn lieu pres Paris nommé
Piquepuce.

Il y a pluſieurs autres Egliſes
& maiſons ſacrees tant à Paris
qu'aux fauxbourgs, deſquelles ie
ne mettray ici la fondation;

par ce que ce seroit vne chose trop lógue(&mesme que ie n'ay deliberé de toucher q̃ des lieux principaux) entre lesquels sont S. Ladre, S. Gilles, S. Leu, S. Thomas du Louure, S. Anthoine, S. Bartelemy, S. André des arts, S. Estienne du mont, S. Benoist, S. Croix, S. Opportune, s. Geruais, S. Seuerin, S. Sauueur, S. Iaques, S. Iean de Latran, S. Sepulchre, s. Innocent, (le cemitiere duquel est de grande antiquité: car l'on trouue qu'au lieu où il est de present, y auoit jadis vn bois & retraicte de brigáds, ou se cõmettoint infinis homicides & volleries. Apres l'on y feit bastir vne tour au milieu du cemitiere où est la chapelle nostre Dame) Les corps ne sçauroint estre en ce cemitiere l'espace de dix iours, sans y estre reduicts en poudre; tant la terre y est corrosiue, apres sont encor les Fil-

antiquité du cemitiere S. Innocens.

DE LA FRANCE. 56

Filles repenties, les Enfans rouges, la Trinité, s. Pierre, s. Laurés, s. Sulpice, s. Medard (s. Cosme s. Damian) & autres. Et outre tous ces saincts lieux de deuotió, qui sont en ceste grande ville, il y a encor vne infinité d'autres oratoires & grád nóbre d'Hospitaux pour nourrir, & receuoir les pauures, entre lesquels est l'hostel Dieu vne des plus belles maisós de France, & en laquelle la charité est si grande, que c'est vn vray sein & retraicte des pauures miserables, & en laquelle plusieurs grands & riches hommes se font porter estans malades, pour y estre traictez, pour le bon ordre que lon y maintient.

hostel Dieu de Paris.

D 4

DV RESTE DES AVTRES bastimens publics de Paris.

Le superbe & magnifique chasteau du Louure, fut commécé à bastir par le Roy François 1. & continué par Henry 2. & Charles 9. lequel est le siege des Roys, & logis ordinaire des Princes.

Le palais des Tuisseries, l'vn des plus beaux & plus admirables qu'ō puisse voir, fut commécé à bastir par la Royne Catherine de Medicis; lequel a esté depuis faict continuer par le Roy treschrestien Henry de Bourbon 4. du nom, & où il faict encor trauailler tous les jours, auec toutes les magnificences possibles.

L'hostel de Bourbon fut basty par Louys 3. Duc de ceste souche sor-

sortant de S. Louys.

La Bastille fut faicte bastir par Hugues Aubriot Preuost de Paris natif de Dijō, & aussi le petit Chastelet soubs Charles 5. dict le sage, lequel faisoit les frais du bastiment l'an 1370.

Ce Hugues Aubriot feit aussi accroistre & fermer la ville du costé de S. Anthoine.

Le grand Chastelet est de la fondation des Romains, & de Iuliā L'apostat, mais il a esté faict rebastir par Philippes Auguste.

Le pont de nostre Dame, estoit anciennement de bois, mais estāt tombé l'an 1499. il fut refaict cōme on le void à present. L'hostel de ville fut basti soubs François 1. (comme il se void en l'inscription d'vne pierre qui est sur le portail) l'an 1533.

L'arsenal de Paris, qui est comme le magasin des armes & pou dres & artilleries de la ville, fut commencé à bastir par Héry 2. & ayant esté fortuitemét bruslé fut rebasty & remis sus par Charles 9.

le palais de Paris par qui basti estrā-
ſe mort d'En-guerrand de Mari-gny, faulſe-ment accu-ſt.

Le Palais fut basty soubs Philippes le Bel Enguerrand de Marigny, Seigneur de Concy, Côte de Longueuille & maistre des finances faisant conduire l'œuure. Iceluy Enguerrand feit aussi dresser le gibet de Mótfaucó, au plus haut lieu duquel il fut pendu, pour les concussiós, pilleries, & insupportables subsides qu'il auoit exigees du peuple, & employees à son profit. Mais le Roy Charles pere dudit Philippes, qui par sollicitation auoit faict mourir Enguerrand eut vn tel remors de conscience & fut tourmenté de visions, si espouuentables qu'il en tóba en grande maladie. Ce qui le meut de faire dépendre le corps dudit Enguerrand

rand & le faire ensepulturer honorablement, faisant prier Dieu pour son ame. Toutesfois il fut trouué que la femme du deffunct, auoit faict faire deux Images de cire par vn magicien nommé Pauiot, l'vn representant Loys de Nauarre, fils de Philippes le Bel, & l'autre du Roy Charles: & estoint tellement composez, qu'é quelque part qu'ils seroint picquez, celuy qui represétoit l'image, seroit malade en tel endroict d'vne langueur iusques à la mort. Ce qu'ayant esté descouuert, le Magicien fut bruslé, au pied du mesme gibet, auec vne sorciere qui auoit aidé à l'entreprise, & la femme d'Enguerrãd auec sa sœur en perpetuelle prison.

Il y a plusieurs sieges qui ressortent au parlement de Paris, sçauoir la Bailliage de Laon, celuy de Rheims, puis Amiens, Ab-

Les sieges resortans au Parlemens de Paris.

beuil-

beuille, Boloigne, Senlis, Sens
Auxerre, Troyes, Victry le Parthois, Chasteau Thyerry, Chaumont en Bassigny, Meaux, Prouins, Melum, Poictiers, Angers,
le Mans, Tours, Bloys, Bourges,
Orleans, Chartres, Angoulesme,
la Rochelle, Monfort l'Amaul-
ry, Lyon, Moulins, S. Pierre le
Moustier, Rions, & Orilhac
en Auuergne, puis la
ville & preuosté
de Paris.

DE PLVSIEVRS ACCIDENS
memorables arriuez en diuers temps a Paris.

L'AN mil trois cents & douze la vigile de S. George, le Roy Philippes 4. feit brusler à Paris le maistre de l'ordre des templiers, & plusieurs autres gros Prieurs d'iceluy ordre, lesquels s'estimoint autant qu'Euesques, pour l'enorme & detestable vie qu'ils menoint.

L'an 1418. le 3. de Iuillet vn soldat sortant d'vne tauerne en la ruë aux Ours, ayant perdu son argent au jeu, frappa par despit auec vn cousteau l'image de la sacree Vierge, qui est encor au coin de la dicte ruë, derriere S. Magloire, laquelle rendit du sang; & le malfaicteur fut puny au mesme lieu;

lieu; auquel tous les ans à mesme jour, l'on faict vn feu en memoire de ce miracle.

L'an 1546. Quatorze heretiques Lutheriens & Caluinistes furent bruslez en la ville de Paris le septiesme jour d'Octobre.

L'an 1548. la moitié du pont S. Michel tomba en l'eau, du costé de l'hostel Dieu, le dixiesme iour de nouembre.

L'an 1550. le neufiesme d'Octobre la plus part du college de Rheins fut bruslé par cas fortuit.

L'an 1582. (le quinziéme d'Octobre) vn appellé Cerselle natif de Normandie fut tiré à quattre cheuaux, & desmembré en la place de greue deuant la maison de ville, pour auoir conspiré la mort de Monseigneur le Duc frere vnique du Roy.

L'an 1591. le 15. de Nouembre Messire Bernabé Brisson president

dent au Parlemēt de Paris, maistre Claude Larcher Conseiller en la Cour, & maistre Iean Tardif Conseiller au Chasteller, furent pendus dans les prisons du petit Chasteller, sans aucune forme de procez; & le lēdemain ils furent tous trois mis en vne potence en la place de Greue.

L'an 1580. le feu prit en l'Eglise des Cordeliers de Paris, dont y eut grande desolation; & fut ceste Eglise presque toute ruinee.

L'an 1559. le dernier jour de Iuin, le Roy Tres-chrestien Henry 2. se resiouyssant és tournois ouuerts à Paris fut frappé d'vn contrecoup de lance dans l'œil par le Seigneur de Mongomery, dont il deceda le dixiesme jour ensuyuant: Pour ce subiect la maison des Tournelles fut abbatuë.

L'an

L'an 1538. (le dernier iour de May) vn certain heretique rompit & couppa la teste à vne image nostre Dame, qui estoit en la ruë derriere l'Eglise du petit S. Anthoine. Le Roy François premier accompaigné de plusieurs Princes & Seigneurs de la Cour & mesme de quelques Cardinaux vint en procession à pied, jusques au mesmes lieu & par deuotiõ y alsit vne autre Image toute d'argent. Celle de pierre à laquelle l'Iniure auoit esté faicte, fut trãsportée en l'Eglise S. Geruais, où elle est gardée auec grande reuerence. On la nomme nostre Dame de souffrance.

L'an 1526. (le 16. de May) la petite riuiere de la ville & faux bourgs S. Marcel s'enfla tellement que la plus part des ruës de ce faux bourg, & les maisons iusques au deuxiesme estage estoient ſtoint dans l'eau.

L'an 1579. le 8. d'Apuril ſur la minuict, ſuruint auſſi ſans cauſe apparente vn ſi grand rauage d'eaux aux faux-bourgs S. Marcel, que le dommage fut eſtimé à plus de cent mille eſcus.

En ceſte meſme annee le 1. iour de Ianuier, Henry 3. Roy de France & de Polloigne inſtitua l'ordre des Cheualiers du S. Eſprit.

L'an 1408. Leger de Moncel natif de Normandie, & Oliuier Bourgeois natif de Bretaigne eſcoliers eſtudiants à Paris ayans eſté pendus & eſtranglez, par ſentence du Preuoſt de Paris, pour auoir eſté accuſez & conuaincus de l'homicide d'vn meſchant homme, furent ſi bien ſouſtenus par l'vniuerſité leur mere tutrice, que ledict Preuoſt fut condamné par arreſt à faire deſ-

despendre leurs, corps, les baiser en la bouche, & les faire porter en l'Eglise des religieux de la redemption des Captifs, dicte vulgairement les Mathurins, le conducteur du Chariot estãt à cheual, & vestu d'vn surpelis de Prestre: Ce qui fut executé l'an susdict le 16. de May.

L'an 1563. vn nommé Poltrot fut desmembré vif à quatre cheuaux, pour auoir frappé par derriere, d'vn coup de Pistole, au siege d'Orleans François de Lorraine Duc de Guise le 8. de Feburier.

L'an mil quatre centz trente sept le 19. de Iuillet fut foudroyee la tour de Billy derriere les Celestins à Paris, en laquelle estoint les poudres à Canon, ce qui causa d'estranges ruines.

L'an 1589. le Roy Henry, 3. estant à S. Cloud pres Paris auec son armée, fut frappé au petit ventre en sa garderobe, d'vn coup de cousteau par vn moine Iacobin nommé Iacques Clement, duquel coup il mourut le lendemain.

L'an 1476. le Compte S. Paul Connestable fut decapité le 19. de Decembre.

L'ã 1596. enuiron 7. heures du soir, le pont aux Meusniers tõba dans la riuiere de Seine, les maisons de dessus renuersees & brisees, auec grande perte de monde qui y fut noyé.

L'an 1594. le 27. de Decembre, Henry 4. Roy de France & Nauarre fut proditoirement blessé en la face auec vn cousteau, par vn jenne homme nommé Iean Chastel, escolier des Iesuistes: pour lequel forfaict il fut desmembré à quatre cheuaux.

L'an 1595. le 7. du moys de Ianuier

uier le pere Ieã Quinard docteur en Theologie, & Regét aux Iesuistes, fut pendu & estráglé, & son corps reduit en cendre & peu de temps apres tous les Iesuistes chassez de la France.

L'an 1357. la ville de Paris estát assiegee par les Anglois, les habitans d'icelle feirent faire en l'hóneur de la vierge Marie, vne chádelle contenante en longueur tout le tour de la ville, pour estre allumee jour & nuict.

L'ã 1579. le 18. iour de Feburier, fut veu dedans l'air sur la ville de Paris, depuis deux heures apres midy iusques au soir, vn dragon ou serpent horrible & espouuantable; ayant dix brasses de longueur, deux testes, deux ailes fort larges, & quatre pieds.

L'an 1602. le dernier iour de Iuillet, le Marechal de Biron fut executé, en la cour de la bastille,

par

par sentéce de Iustice, pour auoir esté conuaincu & attaint de certaine coniuration en la personne du Roy Henry 4. à present regnant. Son corps fut inhumé la nuict suyuante, dans l'Eglise S. Paul.

DES VILLES ET PLACES voisines de Paris.

IL y a plusieurs bourgs & villes à lentour de Paris, mais pour fuïr la longueur & prolixité, nous ne ferons mention que des plus remarquables. Entre lesquels est Gentilly, place fort ancienne, & où se faisoint jadis les assemblees des estats de France. Ce lieu est aussi remarquable à cause de la petite riuiere dicte de Bieure qui y passe: laquelle presque seulle en la France est propre à tein-

Gentilly lieu fort anciē

coudre en couleur d'escarlate.

Le village d'Arcueil s'appelle ainsy, à cause des arcs & voutes de l'Aqueduct & belles fontaines, qui sont en ce lieu, des plus rares qu'on sçache voir.

Issy. Issy est ainsi dict de la deesse Isis adorée en ce lieu anciennement, son image y ayant esté apportee de S. Germain des prez.

Meudon. Meudõ est plus remarquable pour les singularitez qu'õ y void que pour son antiquité, y ayant vne grotesque fort artificiellement faite, enrichie de Cornices colomnes, statuës, & autres singularitez: qui ont esté faict bastir, par le Cardinal de Lorraine; auquel ce lieu apartient en partie & en partie aux Chartreux.

S. Cloud S. Cloud est renommé à cause du glorieux sainct, qui y est reclamé. En ce lieu le Roy Henry 3. fut proditoirement frappé au petit ventre d'vn petit cousteau, par vn moine Iacobin le 1. iour d'Aoust, l'an 1589. dont il mourut le lendemain, au milieu de son armee.

Montmatre (jadis appellé mont de Mercure, à cause que ce faux Dieu y estoit adoré par les Gaulois) porte ce nom maintenant à cause des Martyrs S. Denys, & ses compaignons (qui y furent decollez: soubs Fescennie ou Sisinnie preteur Romain) come qui diroit mont des Martyrs. Et pour la reuerēce de ces saincts personnages, & du lieu où ils auoint enduré la mort, Nos anciēs Roys y feirent bastir vne chappelle dicte des Martyrs. Depuis a esté fondee au plus haut lieu du mont la religion des Dames, qui y est encor à present.

Montmatre

S.D.B.

S. DENIS EN FRANCE.

S. Denys ville remarquable.

LA Ville de S. Denys en France est ainsi nommee, d'autāt que ce lieu semble estre en ce qui est proprement de France. Elle n'est pas si ancienne, comme elle est remarquable; à cause de la saincteté du lieu, & mesme que c'est le mausole & tombeau ordinaire des Roys de France.

Ceste ville n'estoit qu'vne petite ferme ou metairie du tēps de S. Denys, & s'apelloit Catully, du nom d'vne bonne Dame nommee Catulle, qui auoit enterré en son champ le corps de ce S. Euesque, & de ses compaignons Rustique & Eleuthere. Saincte Geneuiesue fut la pre-

DE LA FRANCE, 83

miere qui y feist bastir vne chapelle, en memoire & honneur des saincts Martyrs, fondateurs de la religion Chrestienne en Gaule.

Or apres la mort de S. Geneniefue, ce lieu fut enuiron 140. ans sans estre aucunement celebre, iusques au temps du Roy Clothaire 2. du nom, que Dagobert son fils poursuyuant vn Cerf à la chasse, lequel estant aux abbois se sauua dans la chapelle des saincts Martyrs, de laquelle on ne tenoit conte aucunement. Mais Dagobert voyant la porte ouuerte, & le cerf dans la chapelle, duquel les chiens n'osoint aprocher, abbayans seulement tout de loin, commanda de le laisser, disant qu'il n'estoit point deffendu sans quelque euident miracle.

Quelque téps apres ce Prince

E

irrité contre Sandregisil son gouuerneur en l'Aquitanie, le feit fouëtter, & luy feit raser la barbe par ignominie, dont le Roy Clothaire pere dudit Dagobert fut tellemét indigné, qu'il commanda qu'on luy amenast son fils, pour le punir seuerement de ceste faute. Dagobert se voyant guetté de toutes parts, trouua moyen de se sauuer au lieu où s'estoit garanty le Cerf. Incontinent il fut poursuiuy, mais en vain: Car quelques troupes qui vinssent, & mesme le Roy en personne, ne peurent entrer ne luy faire aucune offence. Ce qui leur feit croire que quelque diuinité preseruoit Dagobert. Or pendant les allees & venuës des ministres & gens du Roy, le Prince Dagobert s'endormit, auquel S. Denis s'apparut en vision, luy promettant de le garantir con-

Fond. de l'Eglise S. Denys.

miracle remarquable.

contre la fureur de son pere, & l'asseurant mesme qu'il luy succederoit au Royaume, pourueu qu'il luy feist bastir vn mausole & vn temple, l'adiurant de ce faire, & de transporter hors de là ses ossements, & ceux de ses confreres: Ce que feit le bon Prince, aussi tost qu'il fut paruenu à la couronne.

En ce mesme temps donc fut commencé de bastir la ville S. Denys, Dagobert y ayant premierement fondé en l'an 633. l'Eglise & Abbaye qu'on y void à present, à vn traict d'arc loin de la chapelle où il s'estoit sauué; Et dautant que les Roys y voyageoint souuent, & y donnoint de grands priuileges & immunitez, le peuple cômença de s'y habituer. Depuis ladicte Eglise & Abbaye furent rebastis par vn Abbé nommé Sugger

quãd fut cõmencee à bastir la ville S. Denys.

l'an 1141.

Ceste ville S. Denys est le lieu où les Roys sont couronnez, & où ils sont enterrez : & contient onze paroisses, dont la premiere & principalle est S. Marcel, la seconde S. Croix, puis S. Martin, S. Iaques de Vauboulon, s. Michel des Degrez, s. Michel du Charnier, s. Pierre, la Magdeleine, S. Barthelemy, s. Geneuiefue, s. Remy.   En outre il y a deux hospitaux, & quelques autres Eglises comme s. Denys de l'estree fondé par s. Geneuiefue. S. Paul Eglise Canoniale.

Ceste place de s. Denys est des plus cômodes, estant enuirônee de Campaignes, d'eaux & de marests. Les Roys ne l'ôt iamais voulu fortifier : parce qu'elle seroit vn refuge à ceux qui voudroint entreprendre sur Paris. Iadis y auoit de tres beaux priuileges,
pour

pour les habitás de s. Denys, par tout le Royaume de France.

L'eglise s. Denis est fort magnifique, & riche: la table du grand autel d'icelle est toute d'or, & d'auantage enrichie de belle pierrerie de grand prix, faicte par s. Eloy du temps de Dagobert.

Il y a encor vn autre autel tout d'or en ceste Eglise, ou sont plusieurs corps saincts; & deuāt iceluy autel vne croix d'or, auec l'image de nostre Seigneur crucifié; le chef de s. Denys enrichy d'or & d'argent, & de pierreries. Il y a aussi plusieurs chasses d'or & d'argēt en icelle Eglise esquelles reposent grand nombre de corps saincts, & des richesses innombrables.

Tout à lentour du chœur sont les superbes & magnifiques tōbeaux des Roys de Fráce, la plus part desquels sōt en ceste Eglise.

Tombeaux des Rois à S. Denys.

E 3

88 Description

Les corps SS. & reliques de S. Denys.

Les precieuses reliqs & corps saincts qui reposent à S. Denys, sont les sacrez osseméts de l'Apostre des Gaules, dont ceste Eglise porte le nom, les corps de ses freres Euangeliques Eleuthere & Rustique, le corps de s. Denys Euesq̃ de Corinthe, le corps de S. Louys, de S. Hypolithe, S. Eustache, s. Formin, s. Osmóde, trois des corps des onze mille vierges, le corps d'vn des Innocents massacrez par Herodes, s. Peregrin, & le grand Pasteur de Poictiers s. Hilaire, s. Patrocle, s. Eugene, qui fut dóné l'an 1565. à Philippes Roy des Espagnes, qui en auoit faict vne lõgue poursuitte: parce que s. Eugene porta la foy Euangelique à Tollede en Espagne : En recognoissance de quoy ledict Philippes donna vne belle & grande lampe d'argẽt, pour offrande, au grand Apostre

Gau-

Gaulois. Puis y est le corps s. Hilax, vn des cloux auec lequel nostre Seigneur fut attaché en Croix, le bras de s. Symeon, qui receut Iesus christ, au temple, le iour de la purification. Au dessoubs de la chasse s. Louis est le crucifix d'or, qui est vne piece riche & belle à merueilles. Au dessoubs dudict crucifix est vn caueau, où Dagobert feit mettre les corps saincts des Martyrs. Iusques à ce que l'Abbé Sugger les feit mettre où ils sont à present. Derriere lesdicts corps est vn vase de porphire, si grand qu'il tient vn muy d'eau, & seruoit iadis de fonts baptismaux à Poictiers, lors que Dagobert le feit transporter à Paris. Il sert encor à faire l'eau beniste, les vigilles de Pasques & de Penthecoste.

 La ville de S. Denis ayant

esté tenuë quelque temps par les Anglois, iceux y feirent bastir vne tour, qui sert de deffence à l'Abbaye, au cloistre de laquelle il y a vne grãde fontaine, ou vase tout d'vne piece, & à l'entour ornee de petites statuës representans plusieurs de ceux que les anciens recognoissoint pour dieux; qui demonstre que ceste piece est fort antique.

Vase antique & remarquable.

A S. Denys se gardent les ornements Royaux, qu'on porte à Rheims au sacre des Rois: sçauoir la couronne, le sceptre & la main de Iustice.

ornemẽts Royaux gardez à S. Denys.

A s. Denys y auoit autresfois vne si belle & magnifique librairie, en toute sorte de sciences & de langues, qu'il n'y auoit estrãger voyageant, qui ne s'esloignast de cinq ou six lieuës de son chemin, pour la venir voir: mais elle à esté ruinee par les Cal-

Caluinistes.

C'estoit à S. Denys, qu'estoit gardé cest ancien estédard carré apellé Oriflame, lequel estoit de soye rouge, parsemé de flámes, iadis enuoyé du Ciel au Roy Clouïs, pour porter en guerre contre les infidelles. Or ce diuin estendart ne se portoit que par quelque Pieux & preux Cheualier, & en affaire de necessité. Mais du depuis les Rois s'en seruans à tous propos, il fut perdu en vne bataille, que les Fráçois eurent contre les Flamans, & du depuis n'a esté aucune memoire où il se soit veu.

Oriflame ou estandart

Chose remarquable de l'Eglise s. Denys: C'est que combien que plusieurs fois la ville ait esté ruinee par les ennemis de l'Eglise, si est ce que iamais aucun ne s'est attaqué à celle de s. Denis, quoy qu'ils pillassent les autres Eglises;

nõ pas mesme les Normãds, qui n'estoint encor Chrestiens, lors qu'ils pillerent tout le Royaume, & tuerent les Ecclesiastiques, & qu'ils bruslerent les Eglises : ny mesme les Caluinistes, quoy qls ayent exercé leur rage sur toutes les Eglises où ils ont passé.

Coustume des Rois de Fran. allãs hors le Royaume

Les Rois de France ont de bõne coustume, lors qu'ils entreprenent vn long voyage, d'aller visiter les corps des s. Martyrs de l'Eglise s. Denis, & prendre congé d'eux, leur presentant certaine Offrande, & leur donnant & commettant la charge de leur Royaume.

D V

DV RESTE DES PLACES
remarquables dependantes
de Paris.

Apres S. Denis sont encor plusieurs lieux notables & insignes à l'entour de Paris, lesquels sont à la Iustice ordinaire du Chastelet, qui est le siege du Preuost, & lequel comença à florir au temps de S. Louys, ayant 7. bailliages, qu'on apelle les sept filles de la Prouosté de Paris: sçauoir Poissi, S. Germain en Laye, Tornam en Brie, Torci en Brie, Corbeil, Montlheri, & Gonnesse en France. *bailliages du ressort de Paris.*

De la ville de Poissi.

Ceste ville n'estoit anciennement qu'vn chasteau, & comme le plaisir des Rois, & où
les

les Roines alloint accoucher. Elle est situee en vn beau vallon non loin de la Seine enuironnee de bois par vn costé, & de terres labourables de l'autre.

S. Loys surnõmé de Poissy.

s. Louis se surnommoit de Poissi, pour estre le lieu, où il auoit receu le baptesme.

Colloque fut tenu à Poissi, l'an 1561. soubs Charles 9.

Philippes le Bel feit rebastir de neuf le monastere de Poissi, & y mist des religieuses de l'ordre de s. Dominique; au parauant y en auoit de s.Benoist, lesquelles y auoint esté mises par Constace espouse du bon y Ro Robert.

S. Germain en Laye.

SAict Germain en Laie est vne des pl⁹ belles, remarquables & plaisātes places du Royaume, & le seiour ordinaire des Rois.

DE LA FRANCE. 95

Le Roi Charles 5. fonda, ou pluſtoſt rebaſtir le chaſteau de ce lieu: François 1. du nom le rendit orné & parfaict, pour ce qui concerne l'architecture & les autres ſingularitez. Du depuis & de noſtre temps les Rois ont encor enrichi ceſte place de tant de ſingularitez, qu'õ ne pourroit l'exprimer.

Non loin de s. Germain eſt le village de Nanterre, où ſaincte Geneuiefue patronne de Paris print naiſſance, enuiron l'an 422. la maiſon de laquelle fut faict baſtir en Egliſe, apres que ladicte vierge fut Canonizee. *Nanterre. naiſſance de S. Geneuiefue*

Choſe admirable à voir à vne lieüe de s. Germain en Laye ou enuiron: C'eſt qu'il y a vn bois taillis, preſque tout de cheſnes qu'on appelle le bois de la trahiſon, duquel ſi on prend quelque rameau ou branche, & qu'on le *bois taillis admirable pres S. Germain*

iette

jette en la riuiere de Seine, voisine de là, il va toutdroict au fonds ainsi qu'vne pierre.

Quelques vns tiennēt qu'en ce bois fut brassé le Monopole de ceux qui auec Gannelon sieur de Hautefueille, trahirent la maisō des Ardénes, & les pairs de France, & plus braues capitaines de la suitte de Charles le Grand (laqͥlle histoire estre sue ritable) & que horreur d'vne si maudite menee, Dieu à voulu monstrer combien elle luy fut desplaisante: Ce bois n'ayant depuis porté aucū fruict, & à mesure qu'on le coupe il demeure sans germer, ni produire, quoy que le chesne peuple assez de son naturel la terre où il est enraciné.

DE

DE LA VILLE DE
Corbeil &c.

LA ville de Corbeil estoit jadis vne Comté & s'apelloit Castrum Coruolium. Elle est arrosee de la riuiere de Seine, & d'Estampes. Ceste place est fort ancienne, & que l'on tient auoir esté bastie par les Romains, en belle situation.

Corbeil iadis fut côté.

Aymon Conte de Corbeil fut fondateur de l'Eglise S. Spire, & y establit des Chanoines, il est enterré à main senestre du grand autel.

Quelque peu loin de Corbeil, entre Charenton & Conflans, sont de vieilles masures, où il y a le plus admirable Echo, qu'on sçauroit jamais entendre: car lors qu'on à prononcé vn mot l'on en peut entédre apres

ius-

iusques au nombre de dix ou plus, l'vn apres l'autre.

DE VILLE NEVFVE S. George &c.

ENVIRON trois lieües de Corbeil vers Paris est Ville-neufue S. George, place moderne & fort belle, & vne plaisante assiette, la fondation de laquelle m'est incogneuë.

Mōt-thery & sa fond.

Monlehery est vne ville fort ancienne, & renommee pour vne grande bataille, qui y fut donnee soubs le Roy Louys 11. en l'ā 1465. Les anciens apellent ceste place Mont-Letheric: parce que quelques vns sont d'aduis que le premier fondateur fut vn nommé Letheric. Toutesfois la verité est qu'elle fut bastie par vn Cōte nommé Tibault, Fille estoupe.

La

La septiesme ville du ressort du Chastelet est Gonnesse vn des plus beaux & riches bourgs de France, où l'on faict du pain fort recommandé par ceux de Paris, pour sa delicatesse.

Non beaucoup loin de ce païs est la ville d'Argenteul où est la robbe de nostre Seigneur.

Argenteul

DV PAIS CHARTRAIN,
& de la fondation & antiquité de la ville de Chartres.

LA ville de Chartres estoit jadis principale & Metropolitaine du païs Chartrain, ou les Drusdes faisoint leurs domiciles, Parlemēts & assemblees, comme cy deuant auons dict.

Ceste ville est de grande esten duë, & s'appelloit *Autricum*. Elle

Fond. de Chartres.

le est située au milieu de la Gaule Celtique, & est vne tresancienne colonie des Gomerites, qui du temps de Noé vindrent peupler ladicte Gaule Celtique. Le premier qui s'y achemina fut Samothés.

<small>Fond, de Chartres.</small>

Les anciẽs Gaulois apelloint ceste ville Caruntem du mot Grec Caryos, qui signifie noix, d'autant que ce païs y est abondant.

Il y a vne autre opinion sur l'Ethimologie de ce mot, de ceux qui disent que Chartres est ainsi nommée, à cause du chastiment & correction des delinquans, qu'on faisoit en ceste ville, durãt le regne des Druydes.

<small>estendue du païs Cartrain.</small>

Le païs Chartrain contient la Beauce & la Sologne, & est vn des plus beaux & des plus fertiles de Gaule, en toutes sortes de bleds, fruicts, bestial, & autres biens.

biens.

Les champs voisins de Chartres sont arrousez d'vne petite riuiere, nommee dœure, qui passe à trauers la ville, & vient du païs du Perche.

Les Chartrains & principalement leurs Comtes & Gouuerneurs, long temps au parauant que Cæsar eust conquesté les Gaules, furent abbreuuez, & creurét, par la doctrine des Druydes (qui auoint peut estre leu les Propheres & les Sybiles) qu'il naistroit en terre vne vierge, qui produiroit le salut des hommes.

Ceste opinion fut cause que Priscus Comte de Chartres feit faire vne Image representant vne vierge, tenant vn enfant entre ses bras, & la meit au rang des statues des Dieux des Payés, & lui offroit souuent sacrifice.
Ce

Ce qui donna subject à tout le peuple de faire de mesme.

Miracle notable

Le Conte Gaufrede ou Geoffroy, sieur de Mont-lheri, commença de faire le semblable, qui se veid bien tost payé de sa deuotion, recouurant vn sien fils, qui estoit tombé en vn puys tresprofond. Ce qui fut occasion que ces seigneurs bastirent vn temple à ceste vierge incogneuë, luy presentant des offrandes, & augmentoint de iour en iour le reuenu de ce temple.

tēple basty par les Payens, au nō de la vierge.

s. Sauinian, & s. Potentian furent enuoyez en Gaule par s. Pierre Apostre, lesquels conuertirent facilement ce peuple à la foy Chrestienne, la pluspart duquel honoroit desia la memoire de la vierge future, qui deuoit enfâter le Fils de Dieu. Les susdicts saincts personnages establirent S. Auentin premier Euesque de Char-

Chartres, qui facilement conuertit ce peuple.

Tost apres les Chrestiens commencerent d'estre persecutez en Gaule, par Quirin Proconsul, lequel arriuant à Chartres, feit precipiter grand nombre de fidelles en vn puys, qu'on apelle encor à presét le puys des saincts forts, & est en vn caueau soubs l'Eglise.

Il y a 72. Chanoines en l'Eglise de Chartre, à l'Imitation des 72. disciples de nostre Seigneur: le nombre desquels fut institué du temps de S. Lubin, 16. Euesque de Chartres, lequel Euesque limita le Diocese de son Euesché. *Par qui fut limité le Diocese de Chartres.*

L'Eglise Cathedrale, dediee à nostre Dame, est vne des plus belles de France, & est toute voultee, y ayant dessoubs terre comme vne seconde Eglise.

Du-

Durant le regne de Charles le Chauue, la France estant fort persecutee des Normands, la Cité de Chartres fut saccagee, & mise à feu & à sang par Hastingue, chef des Normans & Danois, qui rasa la ville de fonds en comble.

La ville estant r'eedifiee fut encor vne autre fois assiegee par Raoul capitaine des Normands, Charles le simple regnant en France.

Les assiegez estans reduicts à l'extremité, eurent recours à Dieu & à la sacree vierge, à laquelle leur ville estoit de long temps dediee, & le susdict Euesque, ayant pris la chemise nostre Dame, (que par singuliere deuotion on gardoit à Chartres & y auoit esté donnee par Charles le Chauue) la meit au bout d'vne lance, allant contre le Payen Raoul,

Raoul, lequel effrayé de la main & puissance diuine, leua le siege & s'enfuit. A cause dequoy il se feit Chrestiē, & ayant obtenu du Roy le païs de Neustrie (qui deslors fut appellé Normandie) feit de grandes aumosnes à l'Eglise de Chartres, & tousiours depuis fut fort deuot à la vierge.

Fulbert 54. Euesque de Chartres Chanoine de saincte Vie, composa plusieurs hymnes à l'honneur de la vierge Marie, & institua la feste de la Natiuité nostre Dame, qu'on solennise par toute la France au mois de Septembre.

Cest Euesque aussi feit refaire la ville & l'Eglise comme elle est à present, ayant esté bruslee par cas fortuit.

Le 61. Euesque de Chartres, nómé Geffroy, obtint plusieurs beaux priuileges pour son Eglise

Fulbert Euesque institua la feste de la Natiuité nostre Dame

des

des Papes Innocent & Honorie, soubs lesquels il fut legat, pour le faict de la pacification de quelques troubles & schismes aduenus en l'Eglise, dont il s'acquita à leur contentement.

Ledit Geffroy fõda l'Abbaye, de nostre Dame de Iosaphat à Chartres. Et de son temps la ville fut presque toute bruslee, excepté la grande Eglise.

Le 63. Euesque de ce lieu apellé Robert, fonda les Abbayes de Claire-fontaine, s. Remy, & s. Cir.

Le 94. Euesque nommé Iean de Salisbery, Anglois de Natiõ, fut compagnon de S. Thomas de Cantorbery, duquel il a escrit la vie, & a composé vn liure intitulé Policratique des bourdes des Courtisans, où il touche amplement de tous les poincts de la vie humaine : & vn autre liu-

dict Penitentiel.

Iceluy donna plusieurs beaux vaisseaux d'or à l'Eglise de Chartres, auec les reliques de S. Crespin & S. Crespinian, il mourut l'an 1180.

Son successeur nomé Pierre ac creut & aggrandit la ville, & feit pauer les ruës de Chartres. Il fut fort regretté d'vn chacun. *Par qui fut la ville de Chartres accreue.*

Le païs Chartrain à plus de 40. lieuës de long, allant de Poissi à Mante, selon la riuiere de Seine, puis double son chemin vers Orleans.

L'euesque de Chartres commãde en la spiritualité sur 170o. paroisses ou clochers, & ▓▓o. Abbayes. *Prouinces depẽdãtes du païs Chartrain.*

En ce Diocese sont comprises les Prouinces de Blois, Vandosme, Dunoys, Mont-fort, Mante & le grand Perche.

Les Baronnies qui ensuyuent

F

releuent de l'Euesq, Aluye, Brou, Mommiral, Authon, la Bazoche, le Vicomte de Laigny, Mesle au Vidame.

Char-
tres
siege
Presi-
dial.

Chartres est vn siege Presidial, y ayant President & Conseillers: & y resortissét autres sieges, comme Chasteau neuf en Timerays, le grand Perche, Gouet, Estampes, Dourdan, Nogent le Roi, Bonneual.

DV PAYS DE BEAVLCE ET *de la Soloigne,*

LA Beaulce contenuë soubs le païs Chartrain, comme nous auons dict, est des plus fertille de l'Europe, & vn des principaux greniers, qui nourrit Paris, comme jadis l'Egipte & la Sicile de Rome.

La Beaulce à plusieurs villes & villages, mais qui ne sont autretrement renommez, comme Toury, Angeuille, Merenuille, Genuille, Artenay, Pluuiers.

Ce païs est tout vny, & posé en perpetuelle montaigne, de sorte qu'il n'ya vn seul fleuue qui y puisse courir, pour auoir son cours en bas.

Situation de la Beaulce.

On ne peut donner asseurance de l'origine du nom, sinon qu'à l'imitation de la Bœocie Gresque tres-fertille, on l'ait ainsi appellee.

La Soloigne est dicte *Siligonia,* c'est à dire seigleuse, par ce qu'elle abonde en seigle: Elle contient les villes de Gergeau, Sulli, la Ferté, S. Laurens des Eaux, Cleri.

De la ville d'Estampes.

ESTAMPES est situee en lieu fort plaisant entre les riuieres de Seine & de Loire, & est vn des sieges du bailliage Chartrain iadis Comté, depuis erigee en Duché par le Roy François 1.

Estãpes par qui fut.. rigee en Duché.

L'eglise d'Estampes fut dediee à nostre Dame à cause de l'acte abominable, d'vn meschant ioueur, lequel ayant en ce lieu blasphemé le nom de la bienheureuse vierge fut miraculeusemét puny sur l'heure, Et en memoire de ce miracle l'Eglise fondee en l'honneur de nostre Dame, qui est vn college de Chanoines.

Dourdan, Espernõ, Chasteau en Thymerais, & Nogent le Roy sont encor de l'ancienne contribution du païs Chartrain.

DV PAIS DVNOIS ET DE la ville de Chasteaudun.

LE Dunois est vne region ou contree en la Gaule Celtique, ayant enuiron dix lieuës d'ed'estenduë, en son trauers & largeur: mais la longueur n'est pas si grande. Ce païs est maintenant du bailliage de Blois, fort fecond & fertil.

La ville Capitalle est Chasteaudû anciennement dicte Rube-claire, comme qui diroit *vrbs clara*, parce qu'elle est en lieu eminent, où de loin on la peut clairement voir.

Ceste ville est le siege de la Iustice du Comté Dunois ayant soubs soy cinq chastelenies sçauoir Montigni, le Gannelon, Court Allain, Moulitard, Lesclers, & Rebetan, & autres iurisdictions inferieures.

Il y a plus de 1000. ans qu'il y a des Comtes à Chasteaudun. C'estoit jadis vn Euesché.

Les faux-bourgs de Chasteaudun sont plus grands de beaucoup que la ville, il y a aussi 12.

Chasteaudû anciennemens Euesche.

Eglises.

Les habitans de ce païs sont de bon esprit, aigus & subtils, & qui entendent à demi mot, & sont de peu de langage. Parquoy l'on dict en commun prouerbe, il est de Chasteaudun, il entend à demi mot.

Chose merueilleuse d'vn lac.

Au païs Dunoys est vn lac ou estang, ayant deux grandes lieües de long, & deux cents cinquāte pas de large, l'eau duquel iadis estant eschaufee (lors que Childebert & sa femme furent faicts mourir par venin) bouilloyt tellement qu'elle ietta à bord vne grande quātité de poisson tout cuit.

La Conuye, petite riuiere passant par ce païs, prend son origine en la forest d'Orleans, pres Arrenay; Et est chose admirable que jamais ne se desborde, ny ne se trouble pour aucune pluye, ains

ains plus tost s'accroist au chaud de l'Esté. Et s'il aduiêt quelques fois qu'elle se desborde plus que de coustume, les habitans se tiennent pour tous asseurez de peste en l'autonne, & l'annee ensuiuãte de famine.

DE LA VILLE ET CHASteau Royal de Bloys.

CESTE ville est fort ancienne, & est située sur Loire, partie en Coline & Rocher, partie en planure: Le terroir d'alentour est plaisãt & fertil en bleds, tref-bõs vins, fruicts, bois, fontaines, riuieres, & estangs, & vn air fort salubre.

Ceste ville est la demeure des Rois de France, & où ils sont ordinairement nourris. Elle participe de la Beaulce & de la Soloigne.

Le chasteau de Bloys assis sur vn Roc, & separé de la ville, fut faict bastir par vn apellé Gelon, cousin de Rollo ou Roul 1. Duc de Normandie. Et en fut le premier Seigneur & Comte, icelui Gelon.

Il y a deux Eglises Collegiales à Bloys, l'vne dedice à S. Sauueur, situee en la cour du Chasteau, l'autre de S. Iacques sise en la ville.

Il y a aussi deux Abbayes, l'vne de s. Lomer bastie l'an 927. par Raoul Duc de Bourgoigne. l'Autre se nomme de Bourgmoyen, dont ie n'ay trouuai la fondation, ni des autres Eglises parochiales, & chapelles, en bon nombre.

L'antiquité de Blois est remarquee à cause des aqueducts, lesquels sont si gráds & tellemét
spa-

spatieux, qu'en d'aucuns endroicts ils sont de largeur & hauteur si grande, que trois hómes à cheual y pourroint aisemét aller, & sont cóme grádes caues & grotesques voultees.

De la ville de Blois estoit ce bon Pierre l'Hermitte autheur du chapellet lequel ayant faict le voyage de la terre saincte, fut cause de ceste grande croisade & expedition, par le moyen de laquelle fut le païs de Pallestine recouuré, & conquis par les Chrestiens, l'an 1096. l'armee estoit de six cents mille hommes.

Enuiron deux lieues de Blois est vne place nommee Orcheze, en latin *horreum Cæsaris*, c'est à dire le grenier de Cesar, duquel, il se seruoit pour la nourriture de ses soldats, & d'où il faisoit venir ses prouisions. On void encor en ce lieu des ruines de plusieurs

Pierre l'Hermitte autheur de Chapellet.

beaux edifices, arcades & murailles de merueilleuse espesseur.

L'estéduë de la iurisdiction de Bloys s'estend plus de 40. lieuës de lõg, ayãt 17. villes qui lui sont subjects en primitiue iurisdictiõ ou par appel, ayant six cents grãdes paroisses, desquelles la ville de Bloys est le chef. Iadis les Côtes auoint priuilege d'y faire forger monnoye.

Henry de Lorraine Duc de Guise fut occis à Bloys l'an 1588. le 22. iour de Nouembre, durant les Estats de France : le lẽdemain y fut aussi tué le Cardinal de Guise son frere.

FON-

FONDATION DV CHASTEAV ROYAL DE Chambort.

LE chasteau Royal de Chambort, pres Bloys, fut faict bastir par le Roy François 1, du nom. Ce Chasteau est des plus admirables, qu'on puisse voir: & si subtilement basti, qu'il est presque impossible d'en imiter le modele, l'escalier de ce chasteau est aussi beau qu'on pourroit voir, par lequel grand nombre de personnes peuuent monter & descédre sans s'entreuoir, l'vn costé estant desrobé de l'autre.

Entre vne infinité de choses remarquables, qui seruent d'embellissement & d'ornement à ce magnifique chasteau, est vne allee

allee au bout d'vn des iardins, nómé de la Roine, laquelle à six toises de large, embellie de quatre rangs d'ormeaux, plantez à six pieds l'vn de l'autre: y en ayant iusques au nombre de six mil plantez en ligne droicte. Et contient ladicte allee enuiron demie lieue de long.

DV PAYS VENDOSMOIS.

LE païs & Duché Vendosmois, dict en latin *Vindocinũ* iadis dependant du Royaume Orleannois, & depuis assujetti aux Ducs d'Anjou, prend son nom de la principale ville d'icelui, dicte Vendosme, qui n'estoit iadis qu'vn chasteau, situé sur la riuiere du Loir, le Vendosmois a pour limites la Beaulce à l'Orient, l'Anjou à l'Occident,
le

le Perche au Septentrion, & la Tourraine au Midi.

Ce païs Vendosmois estoit en renom des le temps des Romains, & des premiers François, & depend du païs Chartrain.

Antiquité de Vēdosme.

L'eglise & Abbaye de la Trinité de Vendosme fut fondee par Geffroi Martel, Comte d'Aniou : à cause d'vne vision de trois estoiles qu'il eut, de laquelle vision desirant sçauoir l'interpretation, les Ecclesiastiques lui conseillerent de faire bastir vne Eglise au nom de la Trinité, au mesme endroict qu'il auoit eu la vision. Ce qu'il feit par apres.

En ceste Eglise est la saincte larme de nostre Seigneur plorāt sur le Lazare : qu'vn Ange recueillit & en feit present à la Magdeleine, & est enclose dans vn petit vase qui est de merueilleux artifice, sans rupture, soudure,

la saincte larme de nostre Seigneur à Vēdosme.

dure, ny ouuerture; le dehors duquel est blanc, transparent comme Christal: & la saincte larme, qui tousiours tréblote en ce petit vaisseau, est de couleur d'eau azuree.

Le susdict Geffroy Martel l'aporta d'outremer l'ayant secretement prise dans le buffet du grád Souldan en l'an 1084.

La femme d'icelui Martel fonda l'Eglise collegiale S. George, au chasteau de Védosme, & la nõma la chapelle le Comte.

Ronsard natif de Védosme. Ce grand & excellent Homere Gaulois Pierre de Ronsard estoit Vendosmois, lequel (comme vn Soleil sorti du Ciel de la noblesse Françoise) a espandu & dardé ses rais, non seulement en France, ains par toute l'Europe, à cause des œuures immortelles & inimitables qu'il nous à laiſ-

laissees. Les Cieux ialoux que les mortels jouyssoint d'vn si rare & diuin personnage, nous le rauirent l'an 1585. enuiron le solstice Hyuernal. Son corps gist à S. Cosme les Tours.

DE HOVDAN, ET Dreux.

Sovbs le païs Chartrain est encor Houdan, assez belle ville; mais ie n'en ay trouué aucūs memoires : Comme est aussi Dreux, qui porte encor le nom des anciens Druydes ayant esté bastie par Drius fils de Saurhon. 4. Roy des Gaulois, homme rempli de sciéce & Philosophie qui regnoit l'an du Deluge 410. Pres celle ville fut donnee ceste fanglante bataille de la noblesse Frãçoise, aux premiers troubles de Fran-

DV PAYS DV PERCHE.

LE païs du Perche, dependant du Chartrain, fut jadis de la contributiõ de la Neustrie, à present Normandie; & estoit vn Côté, & de l'appennage des enfans de Chartres.

Les villes principales du Perche sont, Mortaigne, Bellesme, Fenillet: Puis au Perche Gouet sont Bazoche Gouet, Alluge, Mommiral, Brou, Anthon, Maulues, Roux maillard, Condé sur Huisnes, Nongent le Rotrou. Vne partie du perche depend du Duché d'Alençon.

Le reste du balliage de Chartres est du resort de Paris.

Remy Belleau, l'vn des plus excellents Poëtes de nostre âge, estoit natif du Perche.

DE LA VILLE ET PAYS D'ORLEANS; ET des lieux en dependans.

La fameuse ville d'Orleans est dicte par Cesar *Genabum*. Elle fut bastie par les Druydes, & conuertie à la foy par le S. Euesque Altin.

L'empereur Aurelian la restaura, & amplifia, & luy osta le nom de Genabe, & la baptisa de son nom: en recognoissance de la prediction de son Empire, qui lui auoit esté faicte par les Druydes, en la forest Genabeenne. *Cause du nõ d'Orleans.*

Ceste ville est bastie en haut lieu, principalement du costé de Paris, ayant l'air temperé & fort bon: Elle est recómandable aussi

aussi pour les bons vins.

L'eglise Cathedralle d'Orleás est dediee au nom de S. Croix: Elle fut ruinee par les Caluinistes.

Il y a plusieurs autres Eglises en ceste ville, auec les conuents des quatre ordres mendians, & autres lieux saincts.

Histoire notable de Theodulph Euesque d'Orleans.

Theodulphe trente huictiesme Euesque d'Orleans, estant prisonnier en la ville d'Angers, pour auoir esté accusé d'estre partisan en certaine cōspiration cōtre l'Empereur Louys le debōnaire, voyāt passer la procession le iour de Pasques fleurie, d'vne tour où il estoit enfermé (ou comme veulent quelques vns de la chambre d'vn Bourgeois de la ville, qui auoit iceluy en garde, à peine de sa vie) commença de chanter fort armonieusement ces vers qu'il auoit com-

composez.

Gloria, laus, & honor tibi sit Rex Christe Redemptor,
Cui puerile decus prompsit, Osanna pium. &c.

L'Empereur doctement instruict es sainctes lettres estant à la procession, print plaisir au doux chant & deuotion du bon Euesq; & sur l'heure le deliura, depuis l'on a chanté les mesmes vers par toutes les Eglises, au retour de la procession qui se faict à tel iour. Ceci arriua enuiron l'an 900.

Pape Clemét 5. natif du Diœcese de Bourdeaux (d'où il fut aussi Archeuesque) auoit estudié à Orleans: en memoire dequoy, il donna vne bulle en faueur des estudians de l'vniuersité de ce lieu l'an 1367.

Le Pape susdict ayát esté esleu en son abséce par les Cardinaux trans-

transporta le siege Romain à Auignon, à cause des seditions Italiques, où il feit publier les cõstitutions dictes de son nom Clementines.

Philippes le Bel establit l'vniuersité d'Orleans, en l'an 1312.

Orleans est l'apanage du 2. fils de France, Philippes fils de Philippes de Vallois en fut le premier Duc.

Orleans assiegee par Attila. Ceste ville fut assiegee par Attile Roy des Huns, qui s'appelloit le fleau de Dieu; mais les Citoyens se deffendans vertueusement, il fut contrainct de leuer le siege.

S. Aignan estoit pour lors Pasteur d'Orleans, apres la mort duquel Clouys 2. feit bastir vne Eglise au nom du susdict Pasteur. Et le bon Roy Robert y fonda du depuis vne Abbaye.

Ceste ville fut assiegee l'ã 1428.

soubs

soubs le regne de Charles 7. par les Anglois, qui tenoint les assiegez en grande detresse, mais par la permission diuine, & pour leur secours Ieanne Daré pucelle & vierge natifue de Vaucouleur en Lorraine, vint qui les deliura miraculeusement. En memoire dequoy tous les ans les bourgeois d'Orleans font vne procession generale le huictiesme de may, rendás graces à Dieu de ce qu'ils furent à tel iour deliurez de leurs ennemis.

Orleans deliurée par la pucelle Ieãne.

L'effigie de ladicte pucelle est esleuee en bronze au pied d'vne Croix auec celle de Charles 7. sur le pont de Loire.

Louys le Debónaire & Louys le gros furent sacrez à Orleans.

Les estats generaux de France y furent tenus, par Charles 9. à sõ aduenuë à la couronne.

Du regne de Childebert, ceste vil-

128 DESCRIPTION

ville fut presque toute bruslee du feu du Ciel, comme elle estoit en sa plus grande splendeur.

A cō-ciles te-nus, à Orl.

Quattre concilles y ont esté tenus, le 1. du temps de Clouys. Le 2. soubs Pape Vigilie, le susdict Roy Childebert regnant. Le 3. soubs le Pape Pelagie. Le 4. fut celebré soubs ce mesme Pape, du regne de Clotaire.

Environ vne lieuë d'Orleans est vne fontaine, ou source apellee Loiret (qui est de grand profit aux habitans de tout ce païs) laquelle ne tarit jamais, ny ne gele: & a environ vne lieuë de traict ou longueur.

Orl. siege Presidial.

Orleans à vn siege Presidial, auec ses Cōseillers, joints à iceux les anciens Lieutenants general & particulier, Ciuil, & Criminel; Et deuant ce siege ressortissent le Bailliage & Preuosté d'Orleans, la conseruatiō des Priuileges de l'Vnil'Vniuersité, les sieges du Bois Commun, Chasteau Regnard, Yéuille. Yeure le Chastel, la Neufuille aux loges, Gyen, Montargis, Loris, Meun sur Loire, & Baugency.

DE LA VILLE DE MEVN.

CEste ville est dicte en latin *Mag-dunum*, & y à vn college de Chanoines, iadis n'y auoit qu'vn chasteau, lequel estoit renómé, parce que Charles 5. dict le Sage, y mourut, & depuis à encor accreu só renom, à cause d'vn Poëte nommé Iean de Meun aucteur du Romand de la Rose.

BOISGENCY.

Bois-gency est situee sur la riuiere de Loyre & est vne pla-

ce fort agreable, & des plus plaisantes du Royaume, fertile en
bleds, & vins, & fort commode
pour le trafic.

CLERY.

CEste place n'est qu'vn gros
Bourg ou village, où iadis
estoit vn fort magnifique temple
basti par le Roy Louys 11. à l'honneur de la Saincte Trinité, & de
la glorieuse vierge & y a des Cha
noines richement dotez par icelui Roy, lequel fut enterré en
ce lieu. Son tombeau richement
faict & esleué au milieu de la susdi
cte Eglise, fut ruïné par les Caluinistes comme aussi l'Eglise mesme, il s'y faict des miracles.

LORRIS.

LA plus part des villes du païs
Gastinois, de la Beauce, So-
loi-

loigne, & Orleans, se gouuernent suyuant la coustume de la ville de Lorris: de laquelle estoit natif Guillaume de Lorris qui acheua le Romand de la Rose.

MONTARGIS.

CEste ville est encor dependante du Bailliage d'Orleás, le chasteau de laquelle fut faict rebastir par Charles 5. Sur vn manteau de cheminee d'icelui chasteau, est grauee l'histoire admirable d'vn chien, lequel vengea la mort de son maistre qui auoit esté proditoirement tué par vn courtisan, ayant ledict chié en la presence du Roy recogneu le meurtrier dedans l'armee, & icelui estranglé; quoy que ledict meurtrier fut tout armé au blác, & qu'il se fust deffendu à son pos

Histoire admirable d'vn chien

sible.

Il y a encor plusieurs autres villes & places du ressort d'Orleás, comme Gergeau, dicte en latin *Gergobæum*, Pluuiers, qui est voisine de la forest d'Orleans, laquelle forest s'estend de dix à douze lieuës en longueur; & est de grand profit & rapport à toute la France.

FON-

FONDATION DE LA VILLE DE MELVN, DV Bailliage d'icelle & du Païs Gastinois.

La ville de Melun dicte en latin *Miledum*, à esté bastie par les anciens Gaulois, & est en belle situatió, sur le coupeau d'vne mótaigne, en la Gaule Celtique, sur les bords de Seine: ayát la Brie à l'Orient, le Parisis, ou Corbeil au Septentrion, & à l'Occident la Beaulce.

Ceste ville eut iadis des Comtes & Vicontes: mais depuis elle à esté reünie à la Couronne de France. Elle est à present siege Royal & Bailliage. Il y à bon nombre de Conseillers, & autres magistrats; & y ressortissent les sieges de Nemours, Chasteau landon, la chapelle la Royne, & Milly en Gastinois. Il y a aussi vne Cour d'Esleux qui s'estend jusques en Brie.

Limites du pays Gastinois.

Le païs Gastinois, est de grande estenduë, ayant la Brie & riuiere de Seine au leuant, la Beaulce à l'Occident, la forest d'Orleãs au midi, & au Septentrion le païs Chartrain.

Les places remarquables du Gastinois sont Milli ville principalle, Chasteau-landon, Nemoux, Moret, la Ferté, Fontainebleau, & S. Marthurin de Larchamp (que plusieurs estiment auoir ceste appellation, comme qui diroit Aride champ; estant en vn païs spatieux, sablóneux, & presque infertile, d'autres l'interpretent large champ, à cause de la largeur & espace de la Cãpaigne) place remarquable a cause se des miracles qui s'y sont faicts en grand nombre, & encor à present.

DE FONTAINEBLEAV, Moret & Nemoux.

LE superbe & magnifique Chasteau Royal de Fontainebleau, qui est le siege & deduict des Rois de France, fut faict rebastir par le Roy François 1. du nom.

Ce chasteau est ainsi apellé, à cause des fõtaines d'eaux viues, qui abondent en ce lieu, & qui rẽplissent les fossez du chasteau. *Apellation de Fõtaine bleau.*

La Bibliotheque de Fontainebleau ne cede en rien à celle qui fut iadis dressee en Alexandrie par les Rois Egiptiens: le Roy François ayant faict rechercher par plusieurs hommes doctes *belle Bibloteque à Fõtaine bleau* toutes sortes de liures iusques en Grece, & en Asie.

La ville de Moret est encor du Bailliage de Melum, & est situee sur le fleuue de Loin, en lieu fort fertile, combien qu'elle soit petite.

Sur ceste mesme riuiere est aussi la ville de Nemoux, ainsi dicte du mot latin *Nemus*, estant fort boscageuse: elle n'est pas de grande antiquité.

DV PAYS SENONOIS, ET de la fondation & antiquité de la ville de Sens.

LA Prouince Senonoise situee entre la Gaule Belgique & Gaule Celtique estoit jadis de grande estenduë, mais maintenant elle est fort racourcie : ayát la Champagne au leuant, le Ga-

Gastinois au Ponent, Lauxerrois au midi, la Brie au Septentrion.

Ce païs est fertile en bleds, bõs vins & delicats, chair, poisson, huiles de noix en abondance, & autres commoditez.

Les habitans de Sens ont esté les premiers qui ont faict teste aux Romains, comme les histoires donnent assez de tesmoignage.

Sens est la Capitalle ville de ce païs & des plus anciennes de Gaule; ayant esté bastie par Samothes premier Roy des Gaulois l'an du Deluge cent quarante, auant la natiuité nostre Seigneur deux mil cent vingt ans ou enuiron, deuant la construction de Troye cinq cents vingt neuf ans. Et par ainsi plus ancienne que Rome, de beaucoup de siecles.

Ceste ville est vn Archeuesché, ayant soubs soy les Eueschez de Chartres, Orleás, Paris, Meaux, Troyes en Champaigne & Auxerre.

Situa-
tiõ de
la vil-
le de
Sens.
Sens est vne ville belle & fort grande, situee sur vn costau, en pendant vers la riuiere d'Yonne qui passe au pied d'icelle du costé Gastinois.

Non loin de ceste ville est vn lac, aupres lequel est vne source, dont l'eau se conuertist naturellement en pierres, lesquelles sõt poreuses, & legeres: & se raportent à de l'escume.

S. Sa-
uiniã
pre.
Euef-
que
de Sẽs
Entre plusieurs beaux edifices qui sont à Sens est l'Eglise Cathedrale dediee à S. Estienne des le commencement que l'euangile fut plantee en Gaule, S. Sauinian en fut le premier Euesque, lequel auoit esté disciple de nostre Seigneur, il fut enuoyé en

ce

ce païs par S. Pierre.

Le premier monastere de Sés dedié en l'honneur de S. Geruais & S. Prothais, fut faict bastir par le 9. Euesque de ce lieu nommé Policarpe, suyuant la regle de S. Basile, dont il auoit esté ami.

Il y a aussi vn conuent de filles religieuses dedié au nom de S. Iean Baptiste, du temps du Roy Clouis, en l'an 507. lequel conuent fut faict bastir par Eracle 15. Euesque de Sens.

Sens siege Royal

Sens est vn siege Royal & Bailliage, ayant des Presidens, Conseillers, & vn Bailli auec les Lieutenants.

Pres de ceste ville est Pont sur Yonne, place moderne, & dont les habitans sont braues & vaillants guerriers.

En outre est Ville neufue le Roy, siege Royal dependant de

Sens, & est dicte *Vellaunodum*, par Cesar.

DE LA VILLE D'AVxerre.

Ceste ville est fort ancienne, dicte en latin *Antissiodorum*, & est situee sur les bords de la riuiere d'Yonne en vn terroir fertil & bien plaisant. Des le temps de Charlemaigne elle fut erigee en Comté.

En l'an 841. y eut vne grande bataille pres d'Auxerre, entre les enfans de Louys le Debonnaire, en vn lieu nommé Chableis, & Fontenay: la où toute la fleur de la Noblesse de France fut presque mise à mort. Ce qui fut cause de donner entree aux Normands en Gaule sans crainte, quoy qu'au parauãt ils n'osassent en approcher.

Du temps de Charles le Chauue ceste ville souffrit vn grand desastre par la fureur de certains heretiques, lesquels abbatirent plusieurs Eglises, monasteres & maisós, & iusques aux murailles d'icelles.

Auxerre affligee par les heretiques.

Long temps apres le feu se meit tellement en ceste ville qu'il brusla maisons, Eglises, & tous les edifices d'icelle, la reduisant toute en cendres. Mais Mathilde Côtesse de Neuers feit rebastir les Eglises, & faire l'enceint de la Closture de la ville.

La premiere & principale Eglise est dedice à S. Estienne, & est le siege Episcopal. S. Peregrin Citoyen Romain, en fut le premier Euesque enuoyé en Gaule par Sixte 1. Pape du nom.

Eglise Cathed. d'Auxerre.

Il y a aussi plusieurs Abbayes & monasteres à Auxerre & sept
Egli-

Eglises parochiales, lequelles furét presque toutes ruinees par les Caluinistes, en l'an mil cinq cents soixante sept.

Iadis les premieres escholes publiques de Gaule estoint en ceste ville, auec celles de Paris, Rheins & Tours; & les regens & docteurs estoint les Euesques.

Deux conciles nationaux autresfois y ont esté tenus: l'vn soubs le Pape Pelage, l'an 584. & l'autre soubs le Roy Robert. Il y a siege Presidial auec les Conseillers.

Ce grand & rare personnage Iaques Amyot, versé en toutes sciences & bonnes lettres, estoit Euesque d'Auxerre il y a peu de temps.

D V

DV PAYS DE CHAMPAGNE.

LA Champagne est dicte de l'estédue du Païs, & vient du latin *Campus & Campestris*.

La Champagne & Brie est vn mesme païs, moitié Belgique & moitié Celtique ; ayant pour limites la Lorraine & païs Barrois au leuant: la France & terroit Hurepois au couchant (duquel la Seine les separe) la Bourgoigne au midi : & au Septentrion la Picardie, qui est le vray & naturel siege des anciens Belges.

limites de Champaig.

Les villes principales de la Chāpagne Belgique sōt Rheims qui est la Cité capitale & Metropolitaine (de laquelle nous parlerons ci apres) Claye, Gandelu, Chasteau Tierry, Dormās,

Espernay, Chaalons, Lagny, S. Menehou.

Ville de la Chāpaigṅe Celtique.
Les villes de la Champagne Celtique plus remarquables sōt Nogent, Mery, Troyes, Bar sur Seine, Mussy Leuesque, Donsenay, Vaudœure, Bar sur Aube, Ponts sur Seine, S. Florentin, & Eruille Chastel, Fouuille, Sedane Rebel; Cōme aussi est le Bassigni, & ce traict du païs de Victry le Parthois, qui separe le Barrois de la Chāpagne, & la France d'auec la Lorraine.

La Brie est vne colonie de Normands, qui se vindrent habituer en ceste Region, laquelle estoit fort despeuplee par les longues guerres: d'où ils sont encor appellez en quelques lieux de France Normands Barrois.

La Brie est boscageuse, neantmoins fort fertile, & propre au labourage, comme est aussi la Cham-

Champagne, ayant le Ciel serain, l'air doux & temperé; les riuieres grandes, bonnes & fertiles, le peuple soigneux, vigilāt & bō mesnager, la noblesse gaillarde, courtoise, vaillante & en grand nombre; toutesfois ils sont vn peu opiniastres.

Ce païs à iadis porté tiltre de Duché & de Comté : dont les Comtes estoint ceux qui commandoint sur la ville de Troyes, la fondation de laquelle est telle qu'il ensuit.

DE LA VILLE DE TROYES
en champaigne.

LA ville de Troyes, dicte en latin *Treca*, n'est du bastimēt des Troyens, mais des anciens Gaulois.

Ceste ville est situee sur la Seine, ayant le terroir gras & fertil.

La ju-

Troyes siege presidial

La iurisdiction de Troyes est de grande estendue. Il y a siege Presidial, auec les Conseillers, Iuges, & autres gents du Roy, auquel siege des Presidiaux, ressortissent le siege dudict Troyes, la conseruation des foires de Brie & Champaigne, les sieges de Bar sur Seine, Mussy l'Euesque, la Ferté sur Aube, Nogent, Pont sur Seine, Eruile Chastel, & S. Florentin, villes sises en la Châpagne.

concile à Troyes.

Vn cõcile a esté tenu à Troyes par le Pape Iean 8. & y fut Louys Begue couronné par le suidict Pape.

Ceste ville fut iadis ruinee par les Huns, & depuis par les Normans.

L'eglise Cathedrale de ce lieu est des plus anciennes de Gaule, dediee à S. Estienne. Le premier pasteur fut S. Amator, ou Amadour,

dour, qui viuoit du temps des Apoſtres.

Le païs de Baſsigny eſt vni au Comté de Champagne, ayant le païs Barrois au Septentrion, la Franche Comté de Bourgoigne au midi, la Lorraine au leuant, & la Champagne au ponent.

Du pays de Baſsigny & ſes limites.

DE LA VILLE DE CHAV-mont Capitale du Baſsigny.

CEſte ville eſt ſituee ſur vn rocher, laquelle anciennement n'eſtoit qu'vn Bourg iuſques en l'ã mil cinq cẽts, que l'õ commença de la fortifier ſoubs le Regne de Louys 12. & l'armer de murailles auec quelques tours & Bouleuers, que le Roy François 1. continua, & puis Henri 2. les reduiƈt à quelque perfeƈtion.

A Chau-

A Chaumont y a vn donion ou Chasteau enclos & fermé de murailles, hautes tours & fossez, lequel est aussi fort ancien, & se nomme de Hautefueille dans iceluy y a vne belle & grande salle qui sert de Parquet aux gents du Roy, & à tenir les assemblees de la noblesse du pays au ban & arriereban.

Il y a Bailliage & siege Presidial à Chaumont, & d'autant que ceste ville est de grand raport, il y a aussi vn grenier à sel, les Officiers du Roy pour le Magazin & Gabelle, vn bureau pour la Iustice des passages, & Forains: des Lieutenants particuliers es sieges des eaux & des forests, auec les Officiers Royaux pour icelles. En outre est le Côsular, pour le faict de la marchandise, qui est principallement de draps & toiles, aussi les drapiers & tisserants y tieny tiennent le premier rang entre les marchands.

L'eglise principale de Chaumõt est dediee au glorieux & bien-heureux S. Iean Baptiste, dont les Chanoines sont choisis des seuls enfans de la ville.

Il y a encor plusieurs autres belles Eglises & chapelles, sçauoir S. Michel, S. Aignen, l'hospital, les 3. chapelles de nostre Dame de lorette, de recouurance, & de bonnes nouuelles.

IOINVILLE.

CEste ville est tresancienne, & est l'appanage des puisnez de la maison de Lorraine, situee sur la riuiere de Marne (cõme aussi la ville de Monmirandel) es dernieres limites de la Champagne.

Lors que S. Louys entreprit le vo-

voyage de la terre saincte, il s'y trouua vn des seigneurs de Ioinuille auec bô equipage. Le Roy Louys le Gros feit faire les murailles de ceste ville.

L'Eglise principale est dediee à S. Landeric, dans laquelle est enterré cest illustre & tant renómé personnage Godeffroy de Buillon, chef de la race Lorrainne. En ceste Eglise est aussi le tóbeau de Claude de Lorraine duc de Guise, l'vn des plus magnifiques de France.

Et outre l'Eglise principale de Ioinuille, il y a encor deux autres Eglises parochiales, deux côuents de Religieuses, & deux Hospitaux.

Les seigneurs de Ioinuille sôt Senechaux hereditaires de Chápaigne.

Ioinuille erigé

Ioinuille fut erigee en principauté soubs Henry 2. de laquelle de-

dependent les Barónies de Hailly, Douleuant, Roches, Esclairó, & plusieurs autres chasteaux, bourgs & villes.

Du temps de l'empereur Charles le Quint, ceste ville fut toute bruslee, excepté le chasteau.

DE LA VILLE DE Vaßy.

LA ville de Vassy est vn siege Royal, apartenãt à la maisõ de Guise, & est situee au milieu des bois & forest de Hautefustaye, sur vne petite riuiere nommee Bloisse. Il y a de belles & rares fontaines à Vassy : & entre autres deux, l'vne nómee Brouzeual les Vassy, l'autre est en l'Hospital du Donjon, laquelle rend telle abondance d'eau qu'é moins de six vingt pas, elle faict moudre plusieurs moulins.

Non

Non loin de ceste ville se trouuent des mines de terre, pour faire le boliarmenic, qui sert à diuers vsage: & est portee en plusieurs païs.

massacre à Vassi

En l'an mil cinq cents soixante & deux le duc de Guise meit à mort grand nombre de Huguenots le premier jour de Mars, lesquels contre son vouloir, & mesprisans le Lieutenāt du Roy, entreprenoint de dresser leurs Synagogues à Vassy, Ce qui à rendu ceste place renommee.

DE VICTRY EN PARthois maintenant apellé Victry le François.

SOrtant du terroir de Ioinuille, l'on entre aussi tost au païs de Parthois l'vn des plus beaux Bailliage de Champagne: la la ville Capitale duquel est Victri sur la riuiere de Saux, & tient on que c'estoit vn siege des legions Romaines, pour empescher que les Germains ne feissent des courses sur les Gaules, & que de la legion victorieuse en latin *legio victrix*, ce lieu fut nommé *Victoriacum*; comme aussi celui qui est pres Paris.

Soubs le Bailliage de Victry, il y a huict Preuostez & Chastellenies; sçauoir Chasteau-Thierry, Menehou, Chastillon, Fismes, Espernay, Roueray, Pascauant, Vertus & Larzicourt. *Preuostés de Victry.*

L'an de grace mil cent quarante trois le Roy Louys le ieune estant irrité contre Thibauld Comte de Champagne, pour quelque subiect, & sçachant la loyauté des Victriciens enuers leur Comte, meit le feu en la ville, les surprenant à l'improuiste,

& les

& les habitans se cuidans sauuer dans l'Eglise, y furent bruslez, au nombre de mil cinq cents persōnes: tant hommes que femmes & enfans. Ce qui incita S. Bernard à reprendre aigrement le Roy, d'auoir commis vne telle cruauté: sans respecter les autels, ny la presēce du sainct des saincts. Le Roy touché de repentāce, feit le vœu d'aller en Hierusalem: lequel il executa, pour expiation de sa faute.

Du temps de Louys 11. ceste ville fut aussi toute bruslee par le Comte de Brienne, nommé Iean de Luxembourg, auec plus de soixante douze villages voisins d'icelle.

Elle fut aussi ruinee par Charles Quint, & rebastie de neuf sur vn costau, en la place d'vn petit village nommé Mont-Court, par le Roy François 1. lequel y don-

donna de beaux priuileges, & en outre l'orna de trois belles foires.

DE S. DISIER.

ENviron deux lieuës de Victry est assise la belle, forte & fameuse place de s. Disier portát le nom du sainct à l'hóneur duquel on l'a bastie.

Ceste ville fut aussi saccagee par l'Empereur Charles le Quint en l'an 1544. Les pauures Citoyens n'ayás peu resister à son armee; laquelle estoit de 800000 hómes, depuis elle à esté reedifiee.

DES VILLES DE LA BASSE Brie.

EN la basse Brie au bailliage de Prouins, sont les villes de Sezane, Loy le Chastelet, Bray sur Seine & Montereau dicte en latin *Mons Regalis*, ou bien *Mona-*

steriolum, situee sur Yonne & la Seine, & depend de la jurisdictiõ de Brie: icelle ville est renommee d'autãt qu'ẽ icelle fut tué ce grãd perturbateur de la France Ieã Duc de Bourgõgne, fils de Philippes le Hardy en vengeãce de la mort de Louys d'Orleans, qu'il auoit faict tuer à Paris. Non loin de Mõtereau est le prieuré de S. Martin tres-ancien, dependant de S. Lomer de Blois.

En ce païs sont aussi les places de Celles, Taners, Vernon, Valẽces, Nãgis, & le plaisant Chasteau de Blandy, le sejour & plaisir des Ducs de Longueuille.

DE

DE LA VILLE DE PROVINS.

CESTE ville est assez ancienne, & se dict en latin *Agèdicum*; Elle est situee sur la pointe d'vn costau ayant au pied la riuiere de Morá, qui arrose le païs voisin.

Le terroir de Prouins est abondant en bleds, pasturages, bois, & belles commoditez d'eaux. Et ce, qui donne bien du renom à la ville de Prouins par toute la France sont les roses rouges, qui sont tresodorantes en ce païs; & dont l'on faict grande estime à Paris, à cause de la grande quátité de cóserues qu'on faict d'icelles en la susdicte ville.

Renõmee de Prouins.

Prouins est le plus ancien siege de Brie ayant Bailly, Lieutenant general, & particulier, deux

Aduocats & le Procureur du Roy, & vn Greffier d'appeaux: Comme aussi ce siege a la conseruation des foires de Brie & Champagne.

Ceste ville fut en danger d'estre toute perduë en l'an mil cinq cents septante & vn, par vn grãd orage & rauine d'eaux, qui emporterent & abbatirẽt plusieurs maisons en la pente de la montagne.

DE LA VILLE DE MEAVX.

La ville de Meaux est situee en la Gaule Celtique sur vn mõt, en vne fort belle perspectiue, en la fertilité de Brie: ayant le fleuue de Marne au pied à l'Occident; & est ceste ville separee par vn ruisseau coulant & passant sur le roc: en l'vn des costez est la ville, & en en l'autre le marché ou fort d'icelle.

Meaux est dicte en latin *Meldæ*, pour auoir esté premieremét situee au milieu des eaux. *apellation de Meaux.*

La jurisdiction de ceste ville est la seconde du païs de Brie, contenant soubs soy les sieges de Meaux, Crecy, Colomiers en Brie (qui est vne assez belle ville) la Ferté Gaucher. Brie, Comte Robert, & Thorcy sont de la iurisdiction du Chastelet de Paris.

Meaux porte le nom d'Euesché, des le temps de l'Eglise primitiue, dont s. Denys fut le premier Euesque; lequel ayant conuerti les Citoyens Meldoys à la foy Catholique, laissa S. Sāctin pour son successeur. A l'Euesché de Meaux est affectee la conseruation de l'vniuersité de Paris.

L'eglise Cathedrale est dediee à S. Estienne, laquelle ressentit *Eglise Ca-*

160 DESCRIPTION

the-drale de Meaux ruinee par les Caluinistes   la fureur des Caluinistes durant les troubles, n'y ayans laissé Autel, Image, ny remarque quelcōque d'Eglise.

Aupres de Meaux est la Royale maison de Mōceaux embellie par la Royne Catherine de Medicis. Non loin d'icelle sont deux beaux monasteres des Religieuses, sçauoir de Iouare comme qui diroit *Iouis ara*, & de Fremonstier.

En ce païs est aussi l'Eglise de S. Fiacre, où il se faict tous les *miracles.* iours plusieurs miracles au tombeau de ce glorieux confesseur.

DE LA VILLE DE LAGNY
& autres.

LAGNY est fort ancienne ainsi qu'on peut voir par l'antiquité des bastimens, & principalpallement d'vne Abbaye, qui est au haut de la ville tirant vers Meaux: au deuant de laquelle est vne des plus belles fontaines qu'on sçache voir.

ChasteauThierry est de la haute Brie, ayant Bailliage & siege Presidial auec ses Conseilliers, auquel ressortissent, Chastillon sur Marne, Tresós, Onchie le Chastel, Milly & S. Front.

Fondation de la ville de Rheims.

RHEIMS est vne des plus anciennes villes de France & plus renommee, dicte en latin *Durocortum*, à cause de laquelle la Prouince s'apelle Rhemoise.

La vraye fódation de Rheims est prise des l'an du monde deux cent quinze, du vingt troisiesme

Roy des Celtes nommé Rheme, qui en fut le premier fondateur, Priam regnant encor à Troye; enuiron trois mil ans, deuant que Rome fut bastie.

S. Sixte premier Euesque de Rheims.
Ceste Cité fut conuertie à la foy Catholique du temps des Apostres par S. Sixte disciple de S. Pierre.

Rheims est Archeuesché, ou sont sacrez les Rois. Les Eueschez qui en dependent sont, Soissons (l'Euesque de laquelle est Doyen de la Prouince) Chaalons sur Marne, Cambray: Tournay & Teroüanne, le Siege de laquelle est maintenant à Boulloigne: Puis sont encor Arras, Amyens, Noyon, Senlis, Laon & Beauuais.

Il y a cinq Paireries Ecclesiastiques comprises soubs l'Archeuesché de Rheims, sçauoir Rheis mesmes, Chaalons, Beauuais. Laon,

Laon, & Noyon. l'Eglise Cathedralle de Rheims est dediee à nostre Dame.

S. Nichais & sa sœur Martyrs.

S. Nichais vnziesme Euesque de Rheims, desia fort ancien, fut massacré en ceste Eglise (comme aussi sa sœur saincte Eutropie) par les Huns, lors qu'ils rauagerent & pillerent ceste ville. Plusieurs autres fidelles y souriffrét aussi la mort. Ce fut en l'an de nostre salut 454.

mort de S. Remy

S. Remy 16. Archeuesque de ce lieu, baptisa le Roy Clouis & luy enseigna la foy. Ce bon pasteur mourut l'an de nostre salut 545. son corps repose en l'Eglise S. Pierre, à present consacree au nom dudict S. Remy: laquelle Eglise fut fondee par la Royne Clotilde, en souuenance du bon heur aduenu en ce lieu au susdict Roy Clouis só espoux, lequel y auoit receu le Baptesme auquel l'huile defaillât, fut enuoyee du Ciel la sainête Ampoule, par vn Ange, pour oindre le Roy, suiuant la coustume.

A Rheims y a vniuersité pour les arts & Theologie, laquelle y fut erigee par le Roy Henry 2. à la requeste de Charles de Lorraine Cardinal & Archeuesque de Rheims.

En ceste ville y a Bailliage, Lieutenant general, Criminel, & Particulier, auec les Cōseillers & autres Officiers du Roy.

En outre sont encor les sieges de Chaalons, Espernay, Fismes: Celui de Vertus est du Bailliage de Saudron.

cōcile tenus à Rheims

Deux Cōcilles ont esté tenus à Rheims, le premier en l'an 815. l'autre du temps du Roy Caper.

DE

DE CHAALONS SVR MARNE.

LA ville de Chaalons sur Marne dicte en latin *Catalanum*, fut iadis Comté; depuis elle a esté vnie à celui de Champagne, & en fin donné à l'Euesque, qui est l'vn des douze pairs de France.

Attilla Roy des Huns (nommé le fleau de Dieu) fut desfaict par le Roy Merouee, aidé & secouru d'Ærius lieutenant de l'Empereur Romain, auprés de Chaalons, aux champs dicts *Catalauniens*; où la bataille fut si grande, qu'il y demeura sur le champ cent quatre vingts dix mille hommes.

Le premier Euesque de Chaalons fut Mammé, disciple de S. Pierre.

La

La cité de Chaalons depend de Rheims, pour le spirituel & pour le temporel.

Le païs de Chaalons est fort fertil & abondant en toutes sortes de commoditez.

DV PAYS DE PICARDIE, contenu soubs l'Archeuesché de Rheims.

L A Picardie est l'vne des plus fertiles Prouinces de l'vniuers, en toutes choses, excepté en vin: comprenant plusieurs belles, grandes, & anciennes citez & forteresses contenuës es limites qui ensuiuent: Au leuant elle a le païs de Flandre, au midi la Chāpagne, au ponent la Mer auec vne partie de la Normandie, & au Septention la Mer Oceane, du du costé de Calais.

Quelques vns tiennent que la Picardie prend son nom d'vn illustre Cheualier, nommé Picgnon, fondateur de Pecquigny, & d'Amyens : lequel apres la mort d'Alexandre le grand, fut esleu pour chef par les soldats, & disent qu'ayant conquesté plusieurs païs, il vint surgir aux ports de Neustrie, à present Normandie : & qu'il passa aux lieux susdicts ausquels il donna nom & apellation.

Ce païs est arrosé des riuieres de Seine, Oyse, Ayne, l'Escau, Scarpe, & autres, qui la separent des Prouinces voisines.

Les places plus renommees de la Picardie sont la Fere, Gandelu, Villiers, Corterets, Beaumont, Creil, Verberi, entre Marne & Aine : Mais entre Aine & Bise sont Lyance Chonils : Puis
en-

entre Oyse & Some sont Verum, Guise, la Capelle, Landreci, Fonsomme, Bohan, S. Quentin, jadis nommé Auguste des Vermādois Nolle, Roye, Mondidier, Clermōt en Beauuoisis, Brecueil Pequigny, Blangis, Abeuille, & S. Valeri outre la Some. Du costé de Septentrion sont Ham, Peronne, Dorlās, Ruë, Crotoy, Hesdin, ores en ruïne, Renti, Monstrueul sur Mer, Estaples, Boulloigne, cō prenant soubs soy les villes de Guisnes, Ardres, Harmes, Blarnes, & la forte place de Calais, qui n'estoit jadis qu'vn village, mais elle fut fortifiee par le Roy Philipes le Bel.

Il y a plusieurs Eueschez en Picardie, lesquels depēdent de l'Archeuesché de Rheims.

DE

DE L'ANCIENNE VILLE DE SOISSONS.

LA premiere des citez de la Gaule Belgique dependant de Rheims, est l'ancienne ville de Soissons, qui estoit vn petit Royaume deuant que les Romains vinssent en Gaule, lesquels furēt chassez de ceste place par le Roy Clouis.

Soissons iadis Royaume

Les Soissonnois sōt tousiours lottez, pour estre gents vaillants, & remplis de hardiesse.

A Soissons fut celebré vn Concile ou Sinode des Eglises Gallicanes & Angloises soubs le Roy Philippes Auguste, à cause que le Roy Anglois auoit chassé les Euesques de leurs sieges, ayant iouy des biens de l'Eglise l'espace de six ans. Ce qui contraignit les pauures Prelats

Cōcile de Soissons.

An-

Anglois de se retirer en France: Le susdict Roy Anglois fut denoncé pour excommunié & à lui guerre signifiee comme persecuteur des Eglises: en fin il fut vaincu, & les Flamans qui l'auoint secouru. En ceste guerre se monstrerent fort valeureux les Soissonnois.

L'eglise & Abbaye des Religieuses de nostre Dame de Soissõs fut fondee par Ebrion le Tyran maire du Palais de France.

Le premier Euesque de Soissons fut s. Sixte Romain enuoyé par s. Pierre auec s. Sinicie qui lui succeda. Ces bons Prelats furent martirisez soubs Neron l'an de nostre Seigneur soixante & quatre, ils auoint conuerty ceux de Rheims à la foy.

Entre les Euesques de Soissons le 50. nómé Arnoul, vescut tres-

tres-sainctement & auec grandes austeritez en solitude, & eut le don de Prophetie, à cause de sa saincte vie. Il fut esleu Abbé de S. Medard à Soissons, & finalement consacré Euesque, par le commandement du Pape Gregoire 7.

FONDATION DE LA VILLE de Laon.

LAON n'estoit jadis qu'vn chasteau dict *Laudunum*, lequel fut erigé en cité par le Roy Clouis, & faict Euesché, en l'an de nostre Seigneur 500. par S. Remy Archeuesque de Rheims; lequel feit edifier l'Eglise Cathedrale & la dedia en l'honneur de nostre Dame à Laon, donnant sa Duché à l'Euesque en proprieté.

Il y

Il y a aussi vne belle Abbaye à Laon dediee au nom de S. Iean: autres fois y auoit des religieuses.

miracle de Nicole de Veruin.

Soubs le 72. Euesque de Laon nommé Iean Boursier homme de saincte vie, aduint le prodigieux & insigne miracle d'vne femme demoniacle à Veruin, l'an de grace 1565. par lequel à la grande confusion des Huguenots Caluinistes, a esté veu quelle est l'efficace du sainct & ineffable Sacrement de l'Autel: par la presence duquel, & par les prieres & exorcismes du susdict Euesque, ce malin esprit fut chassé du corps de ceste miserable possedee, en l'Eglise Cathedrale de Laon.

Le Bailliage de Laon est de grande estéduë ayant soubs soy les sieges de Soissons, Noyon, S. Quentin, Ribemont, Concy, Chau-

Chauny, Guiſe, Peronne, Mondidier & Roye, auec vn Bailly, Lieutenant general & particulier auec les Conſeillers, Greffiers & autres gens du Roy.

Enuiron trois lieuës de Laon eſt la fameuſe place de Liance, dicte noſtre Dame de Lyeſſe, le pelerinage ancien de nos Roys: où il ſe faict pluſieurs miracles tous les jours.

Noſtre Dame de Lyeſſe.

FONDATION DE COMpiegne.

COmpiegne eſt dicte en latī *Compendium*, & par d'autres *Carlopolis*, du nom de Charles le Chauue, lequel aggrandit & fortifia ceſte place, à la ſemblance de Conſtantinople en l'an 896. & y fonda l'Abbaye S. Cornile.

L'an mil quatre cents vingtneuf,

neuf, la pucelle Ieanne fut prise à Compiegne par les Anglois, faisant sortie sur iceux, & estant repoussee jusques aux portes les trouua closes, se veid trahie & venduë par les siens mesmes, en recompense des grands biens que la France auoit receus par son moyen. Elle fut bruslee à Roüen au lieu où est de present l'Eglise S. Michel, sur la fin du mois de May, l'an 1431. ayant esté prisonniere l'espace d'vn an en grande misere. Elle fut iniustement condamne d'heresie, & sortilege par Messire Pierre Cauchon Euesque de Beauuais, Anglois de nation, & vray ennemy des François, lequel la mit entre les mains du bras seculier pour estre punie. Pour ceste cause icelui Cauchon fut excommunié par le Pape Calixte apres la mort de ladicte pucelle, laquel-

la pucelle Ieanne trahie à Cōpeigne.

bruslee à Roüē

quelle auoit esté trahye par Guillaume de Flauy Capitaine de Cōpiegne, pour lequel forfaict Dieu permist qu'il fut estranglé par sa femme nommee Blanche Danurebruch, par l'aide de son barbier: dont elle eut remission du Roy, par apres: ayant descouuert & prouué que ledict de Flauy son mary auoit deliberé de la faire noyer.

Le Roy S. Louys feit bastir les Eglises & Conuents des Iacobins, & des Cordeliers à Compiegne.

FONDATION DE LA VILle de S. Quentin, iadis nommee Auguste des Vermandois.

CEste ville s'appelloit anciennement Auguste des Vermandois, comme qui diroit la capitalle de ce païs, ou bien
pour-

pource que les Romains desirans gratifier leur Empereur Octauian Auguste, lui attribuerent ceste appellation.

Elle porte maintenant le nom de S. Quentin Romain de Nation & fils d'vn Senateur nommé Zenon lequel s.y souffrit martire soubs l'Empereur Maximin. Le corps d'icelui fut trouué 55. ans apres sa mort par la reuelation d'vn Ange: vne bonne dame Religieuse aueugle n'eut si tost releué le corps bien heureux, qu'elle fut soudain illuminee.

miracle notable

Ceste ville est situee sur la riuiere de Some, enuironnee de marests, & prairies, & seruant cóme de Clef à ce Royaume, durát les guerres faictes cótre le Prince tenant le bas païs. Elle estoit iadis le siege ordinaire des Comtes de Vermandois.

Ces

Ceste ville fut prise d'assault & pillee par les Espaignols, apres vne grãde defaicte des François qui fut le iour s. Laurens l'ã 1557. & deux autres petites villes, Hã, & Castelet.

DE LA VILLE DE NOYON.

Noyon est situee sur la riuiere d'Oyse & est vne des plus anciennes citez de Gaule. Quelques vns voulans recercher l'Etymologie disent quelle est presque des le temps de Noé, & que d'icelui elle a ceste apellation par les fondateurs d'icelle, peu de temps apres le deluge. Toutesfois elle ne porte le nom de Cité que depuis l'an de nostre Seigneur quatre cents dix, ou enuiron.

Sainct Eloy, natif du païs de Ly-

78 DESCRIPTION

Lymosin, fut le 20. Euesque de Noyon lequel mourut l'an 663.

h'stoire d'vn Symoniaque.

Vn nommé Fulcher moyne de Soyssons, bastard du maistre Queux du Roy Loys d'outre mer, obtint & paruint à l'Euesché de Noyon, par vne meschante & sinistre voye, l'espace d'an & demy: durant lequel temps il exerça toute sorte de desbauche & meschanceté, & puis mourut de la maladie pediculaire: Car les poulx ne cessants de sortir en abondāce de sa peau, il fut cousu en vn sac de cuir de cerf, & ainsi enterré. Exemple certainement digne d'esté consideré par les ambitieux & Symoniaques.

L'an de grace mil cent cinquante & deux, vn feu general brusla presque toute la ville de Noyon excepté les Eglises : ayāt esté bruslee vne autre fois l'an 1131. auec la plusart de l'Eglise Cat-

Cathedrale & de la maison Episcopale.

L'an mil deux cent vingt huict, ceste ville fut aussi toute ruinee par le feu.

Elle fut encor bruslee pour la 4. fois par vn grand & impetueux vent, soubs le regne de Guy des prez 63. Euesque de Noyon.

Ceste pauure ville passa encor par la rigueur & misericorde des flames, en l'an mil cinq cēts cinquante & deux: durant les guerres d'entre les Rois de France & d'Espagne.

Philippes fils de S. Louys fonda le monastere des Chartreux pres Noyō, au lieu apellé le mōt S. Louys.

Le monastere de s. Barthelemi sur le mont des monuments hors la ville de Noyon, fut fondé par vn nommé Baudouin 50.

Euesque de ce lieu, lequel y meit des Chanoines de l'ordre de s. Augustin.

Renaud 57. Euesque de ce lieu fonda l'hospital de s. Iean, qui fut doté de rentes & reuenus par Iean de s. Eloy, & Adde son espouse, l'an mil cent soixante & dixhuict.

DES VILLES DE GVISE, Peronne, Corbie, & autres.

AV païs de Picardie vers le païs Luxembourg est la ville & forteresse de Guise, ancien patrimoine des puisnez de la maison de Lorraine.

Apres est Peronne situé sur la riuiere de Some, place forte: en laquelle Herbert Comte de Vermandois, feit mettre prisonnier le Roy Charles le simple, la où il il mourut, laissant son Royaume, plein de troubles.

Corbie, Roye, Mondidier & Nelle sont villes Modernes. De ceste derniere só sortis plusieurs illustres Seigneurs, iadis alliez à la maison de Courtenay sortie d'vn puisné de France.

DV PAYS BEAVVOISIN ET de la fondation de la ville de Beauuais.

LE païs voisin des Vermandois est celui des Beauuoisins, qui sont proprement les Belges, desquels la cité se nómoit iadis Belgie, ores Beauuais fondee par le 14. Roy de Gaule dict *Belgius*, fils né Lugdus fondateur de Lyõ; long temps deuant que Troye fust en estre.

*Situa-
tiõ de
Beau-
uois.*

La ville de Beauuais est situee en fort belle asiette, ayant les monts non trop hauts & les Colines fertiles, d'vn costé les prairies & de l'autre les pasturages & terres labourables, qui ne lui manquent, non plus que le vignoble, & laquelle a esté des plus belliqueuses du Royaume: & est des plus grandes & remarquables.

L'Eglise Cathedrale de Beauuais dediee en l'honneur de S. Pierre, est l'vne des plus magnifiques de France, dans laquelle sont les ossements de S. Iust martir, de S. Eurot, & S. Germer, il y a aussi l'Abbaye de S. Luciã & plusieurs autres belles Eglises, en grand nombre.

La police de Beauuais est qu'il y a vn Maire, qui est comme vn Preuost des Marchãds à Paris, & douze Pairs qui sont comme les Es-
che-

cheuins, lesquels sont annuels, & esleus par les voix du peuple: ainsi qu'on eslisoit iadis les magistrats à Rome.

L'euesque de Beauuais est Seigneur pour le spirituel & pour le temporel, & est l'vn des douze pairs de France.

Enuiron trois ou quatre lieuës de Beauuais y a si grande abondáce de Bourgades & gros villages, que l'vn ne sçauroit estre esloigné plus d'vn quart de lieuë de l'autre.

Ceste ville est riche en drapperie: & où l'on faict des meilleures sarges de France.

Il y a eu vn Concille national tenu à Beauuais en l'an 1114.

Ce grand historien Vincent, frere prescheur & docteur regét au Conuent des Iacobins de Beauuais, estoit de ceste ville Icelui cóposa ce grand & admirable

volume, des Miroirs, à la requeste de S. Louys, & vne infinité
d'autres liures. Icelui volume
des Miroirs comprend tout sçauoir qui peut tomber en cognoissance. Il viuoit en l'an de grace
1240.

 Guillaume Durand, dict le
Speculateur, estoit natif de Beauuais, d'où il fut aussi Chanoine,
puis Doyen de Chartres, & en
fin Euesque de Mande. Il viuoit
en l'an de nostre salut 1286.

 Iean Cholet estoit natif du
Diocese de Beauuais, lequel
fonda le college des Cholets à
Paris & fut Cardinal, nay de fort
bas lieu.

 Iean Michel Euesque d'Angers, que les Angeuins tiennent
en reputation de Sainct, estoit
aussi de Beauuais.

beaux priui- A ceux de Beauuais furent
concedez priuileges & immuni-
tez

rez de tenir fief, sãs payer au Roy // leges
aucunes finances: & ce par le Roy // à
Louys 11. pour auoir refisté con- // ceux
tre Charles de Carolois Duc de // de
Bourgongne l'an milquatre cēts // Beau-
feptante & deux; Et auſsi permiſt // uois.
aux femmes, pour auoir aidé à re
pouſſer l'ennemi, que au iour S.
Agadresme, à vne proceſsion generale qui se faict: les femmes &
les filles marchent deuant les
hommes. Et le iour de leurs nopces permiſsion de s'habiller cōme Princeſſes.

Au terroir de Beauuais eſt vne // Bule
petite ville nommee Bule, où l'ō // ville
faict des plus beaux lins qu'on // riche
ſçache voir, & defquels les habi- // en
tãts tiſſent grand nōbre de bel- // toilles
les & fines toilles: dōt il ſe faict // fines.
trafic preſque par tout le mōde.

DE LA VILLE DE CLERMONT EN BEAVVOISIN & autres.

SOVS le païs Beauuoisin est comprise la ville de Clermót erigee en Comté, apartenante à la Royale maison de Bourbon. Ceste ville fut donnee en appanage par le Roy S. Louys à Robert son fils: lequel du depuis fut Seigneur & Comte de la Marche & de Bourbonnois.

Ceste ville est le lieu de la naissance du sieur de la Roque, excellent poëte François.

La ville de Beaumont est encor du païs Beauuoisin, situee sur le fleuue d'Oyse: & apartient aux Princes de Vendosme: lesquels en sont Ducs & Seigneurs.

FONDATION DE LA VILLE DE SENLIS, ET autres places voisines.

Ceste ville est de grande antiquité, & se dict en latin *Syluanectum*: par ce qu'elle estoit iadis situee entre les bois & forests, qui se disent en latin *Syluæ*. Elle est en Picardie & depend de l'Archeuesché de Rheims. Il y a Bailliage, soubs lequel ressortissent les sieges de Compiegne, Clermont en Beauuoisis, Creil, qui fut bastie par Charles 5. la Preuosté d'Angy, Chaumont en Vvelxin, Pontoise, Beaumont sur Oyse, Crespy, la ferté Milon, & Pierre sons.

Senlis est honoree du titre d'Euesché, & fut conuertie à la foy par S. Denis. Le premier Euesque en fut S. Regule, fondateur de l'E

Sēlis par qui cō uertie à la foy.

glise Cathedrale de nostre Dame de Senlis: lequel estant à Arles, cogneut par reuelatiō la mort de s. Denis son maistre, que l'on auoit martirizé. Et pour ce subiect il s'achemina à Senlis; Et à son arriuee les idoles des Payens tōberét. Ce qui fut cause q̃ ce peuple se cōuertit à la foy Chrestiéne.

L'Abbaye de nostre Dame de la Victoire pres Senlis, fut faict bastir par le Roy Phillippes Auguste.

L'Abbaye de Chaſlis, qui est auſsi pres de Senlis, fut fondee par le Roy Louys le Gros.

DE LA VILLE DE MOMMOrency.

MOmmorency porte le nō des Seigneurs d'icelle. Ceste ville n'est pas loin de Senlis.

La maison de Mommorency est vne des premieres baronnies de France, qui a faict profession de la foy Chrestienne, des le téps de S. Denis, & de S. Regule. D'icelle ont sorti de grands & illustres Seigneurs, & encor jusquà present.

Ceste place fut erigee en Duché, par le Roy Héri 2. en l'an 1552 Le premier Duc fut Messire Anthoine de Mommorency Connestable de Fráce, lequel a ioinct à ceste Duché plusieurs belles Seigneuries.

FONDATION DE LA VILLE d'Amyens.

LA ville d'Amyens est situee sur sa riuiere de Some, & toute enuironnee des eaux d'icelle, à cause dequoi elle est di-

dicte en latin *Ambianum*, ou *Ambiaquensis*; estant vne des plus fortes places du Royaume, ayāt des fossez les plus beaux, profonds & effroyables qu'aucune ville de la France.

par qui fut fōdé Amyēs.

Le premier fondateur d'Amiens (suiuant l'opinion de plusieurs autheurs) fut vn grand & renommé Cheualier, qui fut esleu, apres la mort d'Alexandre le Grand, par les soldats pour chef & conducteur de l'armee, nommé Picgnon, lequel auec ses troupes ayāt long temps vogué sur mer, vint aborder en Neustrie, ores Normandie: & ayant mis pied à terre, assujetit le païs de Beauuais, & fōda le chasteau de Picgnon: (maintenant nommé Pecquigni qui lui seruit de retraicte pour enuahir la Gaule, & pour mieux se fortifier feit bastir Amyēs, qu'il apella (cóme dict

dict est) à cause de l'enuironnement d'eaux, *Ambiaquensis* &c.

Il y a Bailliage à Amyens auec les Conseillers, Lieutenants & autres gens du Roy, pour l'administration de Iustice. Mais pour le faict de la police, elle appartient aux Maire & Escheuins & Seigneurs de l'hostel de ville.

L'eglise Cathedrale d'Amyés est des plus magnifiques de Fráce, ornee de beaux & admirables tableaux, à chacun des pilliers d'icelle, representans diuerses histoires. Elle fut bastie par Firmin confesseur, lequel auoit esté leué du baptesme par S. Firmin 1. Euesque du lieu, natif de Pampelune, fils d'vn grand Senateur; lequel sainct personnage quittát ses parens, païs & richesses, s'acheminaà Angers, où il fut vn an & trois mois, la où il en cóuertit
plu-

plusieurs: Puis s'en vint à Beauuais, où il feit baftir quelques Eglifes; apres auoir efté deliuré du peuple par force, de prifon: où il auoit efté mis par le Gouuerneur nommé Valere, là où il fut eftrangement batu, affligé & tourmenté.

En fin defirant de plus en plus trauailler en la vigne du Seigneur, il vint à Amiens où en trois iours il conuertit enuiron trois à quatre mil hommes. Mais les Gouuerneurs d'Amiés faſchez de voir leur idolatrie à neant, qui eſtoint ces Iuges nommez Longin & Sebaſtien, vrais miniſtres de Sathan, lui feirent ſecretement trancher la teſte en prifon, craignans la fureur du peuple. C'eſtoit enuiron l'Empire de Diocletien.

Dans l'Eglife Cathedrale d'Amiens eſt le precieux chef de S. Iean

Saint Firmin decapité dãs la priſõ.

Iean Baptiste tout entier. Siluius & Fernel grāds medecins estoint d'Amiens, & l'orateur Siluius, qui à commencé plusieurs liures de Ciceron.

DV PAYS DE PONTHIEV & places dependantes d'icelui.

CE païs est ainsi nómé pour l'abondáce des ponts qu'ō y void, pour la diuersité des palluds & marets se dechargeants en la Mer, pres la place de S. Valery.

Les places contenues soubs Ponthieu sont Abeuille, Pequigny, Dourlan, Auti, Creci, Rue, & Crotoy, le tout estant encor de Picardie.

Abeuille est la Capitalle de ce païs, & n'est pas beaucoup loin d'Amiens, Elle est situee sur la riuiere d'Oyse. Et y a Bailliage & siege Presidial ressortissant à Paris.

Cas estrãge d'vn escholier.

L'an mil cinq cents trois vn escolier natif d'Abeuille, aidant à dire Messe à vn Prestre en la saincte chapelle de Paris, print la sacree Hostie comme le Prestre la leuoit, & s'encourut furieusement jusques au bout des degrés de ladicte Chapelle, où pressé de gens qui le suiuoint, la rompit en pieces : lesquelles furent deuotement resserrées, & mises sur vn drap d'or, auec deux cierges allumez aupres : Le peuple pleurant & criant misericorde à lentour. Ce miserable estant pris & arresté, fut mené prisonnier, & apres condamné à auoir le poing couppé, & estre bruslé tout vif.

La place de Pecquigny (ainsi que nous auons dict) tient son nom

nom du Macedonien Picgnon; Et est renommee, par ce que Guillaume surnommé longue espee, Duc de Normandie, y fut tué en trahison, par Baudouin le Court fils du Comte de Cãbray.

A Pequigny furent tous deffaicts les Anglois excepté ceux qui pouuoint prononcer le mot de Pecquigny, iceux ne pouuãs prononcer que Pecqueny.

Anglois desfaicts à Pecquigny.

La place de Crecy est remarquable, pour vne malheureuse bataille, où presque toute la Noblesse Françoise fut desconfite, soubs Philippes de Valois : l'an 1346. Il y eut iusques au nombre de trente six mille hommes tuez.

Crecy remarquable.

Il y a encor pour places fortes en ce païs Monstreul sur Mer (où il y a Bailliage) Renty renommé pour la rencontre d'entre les Fráçois & Espagnols, il y a encor

Hes-

Hesdin, maintenant ruinee, & la cité suiuante.

DE TEROVENNE.

CESTE ville s'apelloit jadis la cité des Morins, elle est situee sur le fleuue de Leyr, & bié renommee par Cesar. Il y a siege Episcopal.

Les Morins ou Teroüennois furent conuertis à la foy Catholique, soubs l'Empire de Diocletian par s. Fuscian & s. Victorique.

Terouenne bruslee par les Normáds

Du temps d'Adalbert 19. Euesque de Teroüenne (lequel mourut l'an 869.) ceste ville fut ruinee, & mise à feu & à sang par les Normáds, auec plusieurs autres villes de ce païs.

Elle fut aussi bruslee par la fureur des Anglois, soubs le regne du du Roy Philippes de Vallois.

Pour la troisiesme fois elle fut encor pillee & demolie en l'an 1514 par les Anglois.

Ceste ville fut ruinee par les siecles derniers pour vuider les differents d'entre les Rois de Frãce & d'Espaigne, chacun se l'atribuant.

Or par octroy du Pape & concordat desdicts Rois de France & d'Espaigne le siege Episcopal de Teroüenne à esté transporté à Boulloigne soubs le pontificat d'Anthoine de Cregui, 53 Euesq̃ de Teroüenne.

FON-

FONDATION DE LA VILLE DE S. OMER.

CEste ville est situee sur le fleuue d'Aa, & est subiecte au Roy d'Espaigne, quoy qu'elle soit au païs des Morins. Iadis ce n'estoit qu'vn petit village nõmé Sithiu; où il y auoit vne Abbaye, dont le premier Abbé fut S. Omer, dict en latin *Audomarus*: apres la mort duquel ceste place s'accreut & s'augmenta, & lui fut donné le nõ de ce s. personnage, enuiron l'an six cents nonante & cinq.

L'an huict cents soixante vn ceste place fut bruslee par les Danois: lesquels y feirẽt mourir par diuers tourmens, & cruels supplices les gens d'Eglise.

Baudouin le Chauue surnõmé
bras

bras de fer feit refaire ceste place, & éclorre de fortes murailles, en l'an 902. & y feit enclorre l'Abaye s. Bertin, dás laquelle il n'estoit jadis permis enterrer aucune femme.

DES COMTEZ D'OYE, GVISnes, & Boulloignois places encor dependantes de Picardie.

LEs Comtez d'Oye, Guisnes & Boullognois maintenát vnis à la couronne, sont ainsi limités: Au leuant leur est le païs de Flandre du costé de s. Omer; Au midi le vray païs de Picardie, & Bailliage de Monstreul; duquel le Boullognois est separé par le fleuue Canche. Au ponent & Septentrion tout ce païs est arrousé de la Mer: A l'occident de l'Occean Aquitanic & Oc-

Occidental, au Septentrion de la Mer Britannique.

Soubs ceste estenduë de païs sont comprises les places de Bétin, Brequesen, Formensen, Courteuille, & Estaples: De laquelle estoit natif ce grand Philosophe Iacques Faber, ou le Febure l'ornement de son siecle, lequel voulant penetrer trop auāt en la Theologie, fut supçōné du lutheranisme, & quelques siēs liures censurez.

Apres Estaples au plat païs sont les monts de Neuf-chastel & Dannes: puis apres sont Nanuiller, Bernieule, Engoulen, Enequin, Besingen, Parenti, Engimehaut, Engersen, Letarsé, Eren, Hedigen, Le neuf-chastel, Dannes, Connel, s. Ferié, Nielle, Hardelot, Saquel, Vverlu Iehan, Cordelle, Maint, Caux, & Hesdinien situé pres la forest d'Ardedelot: Toutes lesquelles places sont du Boulognois. D'autre part on y void encor Dalles, Cour, Courses, S. Riquier, Lon fossé, Gredile, Compsalli, Desurene, Manelle, le bois de Celles, la forest de Surene, Cremar, Belle-brune, la grande forest de Boullongne, Vvireuiga, Hesdin l'Abbé, Banitha, la Chapelle le Pont de Brique, Eclan, S. Estiéne, & le fort d'Outre l'eau, & Boulemberg. Il y a la haute & la basse Bouloigne.

DE LA VILLE DE BASSE Bouloigne.

CESTE ville n'estoit anciennement qu'vn bourg deuât que les Anglois y meissent le siege, y ayant vn Conuent de freres Mineurs, & l'Eglise dediee à l'honneur de s. Nicolas. La mer Angloise arrouse ceste ville, & pres le Conuent des Cordeliers on s'embarque pour estre pluftost en Angleterre; Elle fut fortifiee par Henry 2. Quelques autheurs souftiennent que la Boulloigne à ce nom, à cause de l'ardeur & bouillonnement des sables & arenes de la Mer, qui est voisine: joint aussi que le sablon de ce païs est celui qu'on nomme ardent.

DE LA VILLE DE HAVTE Bolloigne.

CESTE place est des plus fortes, ayant des murailles tref hautes, & des fossez merueilleusement profonds, & presque imprenable.

L'eglise principale est dediee à l'hon-

à l'honneur de la tressacree vierge mere de Dieu; laquelle Eglise fut douee de tresgrandes richesses par le Roy Louys vnziesme, lequel fortifia ceste place pour tenir teste aux Anglois.

Ceste ville fut prise soubs le regne de Henry 8. Roy d'Angleterre, mais Henri 2. du nom Roy de France, lui osta par force, & partie par composition. Elle est erigee en Euesché, & obeir au Roy de France.

Plusieurs Papes ont sorti de Bouloigne. Lucius 2. Pape du nõ en estoit natif: lequel ayant esté blessé par la commune de Rome, à coups de pierre (pour ce qu'il leur vouloit, oster certains officiers) mourut l'vnziesme mois de son Pontificat.

Papes sortis de Bouloigne.

Gregoire 13. Pape du nom, estoit aussi Boullognois, Gentil homme de race, lequel meit fin à la reformation du Calendrier, l'an 1582 (Ce que ses predecesseurs n'auoint peu faire) iceluy ayát faict assembler tous les plus sçauants hómes de la Chrestienté & les plus celebres vniuersitez pource que dessus.

Klendrier par qui reformé

Innocent 9. du nom, au parauant Cardinal, natif de Bouloigne fut aussi Pape de Rome, & predecesseur de Clement 8. tenant à present le siege, qui est le 239. des Papes qui ont succedé à S. Pierre Chef & premier d'iceux.

Des le temps de Philippes Auguste, les Comtez de Bolloigne & de Guisnes furent vnies à la couronne de France.

DE LA VILLE ET COMTE DE GVISNES.

La ville de Guisnes est des plus fortes, & est separee en deux, l'vne partie d'icelle situee dans les palluds maritimes, & l'autre en terre ferme & si forte qu'elle semble du tout imprenable; Elle est distante de Bouloigne d'enuiron 16. lieuës.

En la Comté de Guisnes sont les places de Blannes, S. Ingleuert, & les monts portans mesme nom.

Entre Guisnes & Ardres qui est vne belle ville & puissante (en laquelle fut l'entreueuë du Roy de France François 1. & de celuy d'Angleterre Henry 8.) l'on void les marests flotans de Belingen & d'Ardres : & le canal de la mer qui passe à Guisnes, separe les Côtez de Guisnes & d'Oye, rendans le païs presque inacessible; delà on vient à Hames, & au haut pays de Guisnes à Hartincourt, Peuplinque & Conquelle, & puis au fameux port de Nieullet gagné par les François l'an 1558, soubs la conduite du vaillât Seigneur François de Guise.

DE LA VILLE ET COMTE d'Oye.

LA Comté d'Oye est renommee à cause d'vne petite ville, ainsi nommee & voisine de la place de Hosterkc, qui est en la haute terre à labeur de ce païs d'Oye.

DE PLVSIEVRS PLACES DE LA GAVLE CELtique restantes du ressort de Paris: & premierement de la fondation de Lãgres.

POVR mieux reuenir en la Gaule Celtique & à ce qui restoit de la prouince de Sens, il falloit descrire la Champaigne & Brie, qui participent des Belges & des Celtes. Recomençãs par l'ancienne & belle ville de Lãgres bastie sur le mont de Vogese d'où prend sa source la riuiere de Marne, & est aussi sur les frõtieres de la frãche Comté, qui lui est au leuant.

La ville de Langres dicte en latin *Lingonensis*, est Episcopale dependante de Lion; Elle a pris sa fondation de Longon fils de

Barde Roy des Celtes, qui regnoit l'an du monde deux mil cent trente neuf. Depuis ce peuple fut nommé Longon, & en changeant vne lettre Lingon. Et depuis les François corrompans le mot, l'ont apellé Longrois & la cité Langres.

En ceste ville on void des arcs triomphāts où sont statuës de Cheuaux, Lyons & hommes qui sont des marques de grande antiquité.

L'an de grace quatre cents onze, Langres fut pillée par les Vvandales: & le bō & tresainct Prelat de ce lieu S. Didier meurtry & martirizé, auec plusieurs autres saincts personnages de son troupeau, qui estoint allez au deuant de ces peuples Barbares, les prier d'auoir pitié des Citoyens & habitans de Langres.

L'eglise Cathedrale est des plus

plus belles & plus magnifiques du Royaume, fondee en l'honneur du martir S. Mammé, au parauant elle estoit dediee au nom de S. Iean l'Euangeliste.

S. Vrbain natif d'vn petit village prochain de Langres dict Colomiers, fut le sixiesme Euesque de ce lieu.

A Langres y a Bailliage, Iuges & Conseillers, les appeaux vont au siege Presidial de Sens.

FONDATION DE LA VILle de Vaudœure &c.

AV terroir de Langres est la ville & forteresse de Vaudœure bastie par les Vvandales, & non loin de là est la source de la grande riuiere de Seine.

Le païs d'alentour est des plus fertils en bleds, vins, boscages

source de la Seine.

& mesmes en mineraux: & principalement en fer.

Nicolas Borbonie, le plus accompli des Poëtes de son temps, estoit natif de Vaudœure : ayant commencé deuãt l'aage de douze ans à faire resusciter la Poësie, qui sembloit presque enseuelie: comme l'on peut voir en plusieurs Epigrammes & autres petites compositions de son liure intitulé Nugæ, il estoit enuiron le temps d'Erasme.

DV CHASTEAV DE Monteclair.

EN ce païs est le Chasteau de Monteclair assis sur le coupeau d'vne montaigne la plus haute de tout le païs, fortifié par les Rois François 1. & Henri 2. & armé de beaux bouleuerds & rem-

remparts; est à la premiere place forte de France, à l'arriuee de Lorraine.

DES PLACES D'ANDELOV, & Rimancourt.

AV pied du chasteau de Mõteclair, est vn gros bourg apellé Andelou, où il y a iurisdiction & Preuosté Royale, ayāt vne belle estenduë. C'estoit autrefois vne belle ville, comme l'on void par les ruines & masures, & qui seruoit de frontiere: Les Citoyens estans encor de present affranchis, ou plus tost anoblis: ne deuans aucun hommage ny subiection à Seigneur quelconque de leurs acquests ni ventes.

Non loin de là est Rimancourt, qui estoit vne ville, ainsi qu'il apparoist par les portes &

murailles que l'on y void encor; & par les chartres & memoires qui y sont.

DV RESTE DES VILLES DV pays d'Auxerre, soubs le ressort de Paris.

SVIVANT la diuision des fleuues, separans les Prouinces, nous viendrons à la description des villes restantes de l'Auxerrois: En premier lieu à Ioigni ville moderne, dont les Comtes & Seigneurs sont venus de la maison d'Auxerre.

La ville de Tonnerre en latin *Tronodorū*, estoit aussi iadis soubs le Comté d'Auxerre.

Au terroir de Tonnerre furent deffaicts les Normants en grand nóbre, par Richard Duc de Bourgoigne.

DE

DE LA VILLE DE VEZELAY.

EN ce païs est Vezelay, de l'ãciéne contribution du Duc de Bourgoigne, & renómee pour vne belle Abbaye, qui est en icelle, dans laquelle estoit le sacré vase, ou chasse contenant les sacrez ossements de la Madelaine.

Gerard de Roussillon fonda ladicte Abbaye, du temps de Pepin Roy de France.

Theodore de Beze, ministre de la Religion pretendue reformee à Geneue, estoit de ceste ville.

DV

DESCRIPTION DV PAIS NIVERNOIS, ET DE LA VILLE DE Neuers.

SORTANT des finages de Vezelay, l'on entre au Duché Niuernois, arrosé de trois belles riuieres nauigables, sçauoir Yonne, Allier, & Loire.

Le païs Niuernois a pour limites la Bourgoigne au leuant, le Bourbonnois au midi, le Berri à l'Occident, & le Gastinois & la Solloigne au midi.

La ville principale est Neuers tirant son nom d'vne petite riuiere, dicte Nyeure, (comme aussi tout ce païs) laquelle passe ioignant les murailles d'icelle: lesquelles sont tres-belles, & remparees de grosses tours, à l'en-

l'enuiron: & n'y a point de Faux-
bourgs.

Il y a vn beau pont à Neuers
faict de pierre de taille, ayãt vingt
arcades & voultes d'admirable
structure.

Le païs Niuernois est riche en
bestial, & ne se soucie pas beaucoup le peuple du labourage, ny
du vignoble, sinon en quelques
endroicts.

Iadis y auoit des mines d'argent en ce païs, pres vn lieu nommé S. Leonard: mais elles ne
sont plus frequentees. Celles de
fer y sont mises en œuure: par
ce que lebois y est fort à commã-
dement.

La Duché de Niuernois comprend soubs soy vnze villes closes, desquelles Neuers est la Ca-
pitale, contenant vnze paroisses: Apres est Desize situee en
vne isle sur le Loire, Clamecy,
Don-

Dózy, Molins, Angilberts, Corbigni les s. Leonard. s. Sauge, Luizi, Premeri, & autres.

Dans l'enclos de Niuernois est S. Pierre le monstier, ville située sur le fleuue d'Alier, & auoisinant le Bourbonnois.

Il y a Bailliage soubs lequel ressortissent la ville dudict S. Pierre, Douziois, Xaincoings Cusset, & le bourg S. Estienne de Neuers. Le reste respond à Neuers & Preuosté d'icelle, comme Charité sur Loyre, Chastel Chinon, l'Ornie & Cosne, qui regarde la Soloigne,

Neuers fut erigé en Euesché enuiró l'an de nostre Sauueur six cents, & est soubs l'Archeuesché de Sens. Le premier Euesque fut S. Are, en latin *Aregius*.

L'eglise Cathedrale auoit esté premierement dediee à S. Geruais, mais le Roy Charles le
Chau-

Chauue la feit dedier au nom de S. Cir martir, auquel il auoit deuotion: & y donna des reliques dudict sainct.

A Neuers y a vne Abbaye d'Augustins, vne de filles sacrees à la vierge Marie, deux prieurez conuentuels de s. Sauueur & de s. Estienne: les couent de s. Fraçois, & s. Dominique.

Ce grand & insigne personnage Iean Tissier ou Textor estoit Niuernois.

DV PAYS DE BERRY.

LE BERRY est voisin de la Touraine, ayant vne infinité de villes & villages, gros bourgs & hameaux, forests & montagnes, ruisseaux, fontaines, vignobles, & pasturages, & fertil en tout ce qui est necessaire à la vie

vie de l'homme.

Ce peuple est dict Bituriges & par les François modernes Berruyeres; mais de sçauoir la cause, il est impossible, y ayant vne infinité d'opinions toutes diuerses, & qui n'ont point d'apparece de verité.

Ce païs est renommé entre autres pour l'abōdāce du bestial, qui y est nourry, & duquel l'on faict trafic par toute la France.

Les places & villes principales du Berry, outre la capitale (qui est Bourges) sont du costé d'Oriēt: la premiere est celle ci.

DE SANCERRE.

LA ville de Sancerre porte le nom de Comté des y a fort long temps, & est sise sur vn môt ayant au pied d'icelui le Loire.
Ce-

Ceste ville est dicte par les latins *sacrum Cæsaris*: qui demonstre qu'elle est fort ancienne, & qu'autre fois il y a eu quelque temple de Cesar.

Ceste ville fut demantelee enuiron le temps des premiers troubles: pour les reuoltes d'aucuns Huguenots, qui s'en estoint saisis, contre la volonté du Comte du lieu.

DE PLVSIEVRS AVTRES VIL-les de Berry.

SVr le fleuue de Loire, au païs de Berri est éçor la ville Royale de Cosne situee au Niuernois.

Puis vers le Septentrion est Concressaut auec les chastelenies dependantes du siege d'icelui: entre lesquelles est Aubigni sur

sur Nerre: de laquelle sont seigneurs les successeurs de ce grād & vaillāt seigneur Escossois, d'Aubigny, qui feit preuue de sa vaillance, au voyage de Naples, soubs Charles 8.

Vers la Beaulce est Romorantin assise sur le fleuue de Saux, dépēdante de Blois; puis Selles en Berry, Menestro sur la riuiere de Cher, & l'ancienne ville de Vierzon.

Du costé du leuant sur le fleuue Auron est la ville de D'vn le Roy: en apres est Chasteau neuf, Boussac, Aigurande, Cluys, Argenton, le Blanc en Berri separāt le Limosin du Poictou & Berri, par la riuiere de Crense.

Sur Indre est la place de Chastre, appartenante aux genereux seigneurs de la Chastre; puis apres Chasteau roux, Deols, Issoudun, & plusieurs autres places

ces remarquables ; dont nous traicterons ci apres de quelques vnes.

Sur ceste mesme riuiere on voit Burançois, Paluan & Chastillon, & plus vers le Limosin est Preulli, lieu beau & plaisant separant aussi le Limosin d'auec le Berri : puis reuenant vers le midi, du costé de la Chastre, est Chasteau-Meillant, Linieres & Charroix & puis la belle ville d'Issoudun, le principal siege dependãt de Bourges de laquelle il faut parler.

DE LA VILLE DE BOVRGES.

BOVRGES est la ville capitalle du Berry, & est vn Archeuesché. Elle est dicte par Cæsar Auaricum. C'est l'vne des plus grandes villes de France & des plus

plus fortes, enuironnee de marests, procedāts de sources viues, & presque faicte en Ouale, fortifiee de quatre vigts hautes tours, & de murs fort massifs cō tenāt enuiron quatre mille quatre toises, & fort espois: ayant sept portes, & autāt de faux bourgs: sans parler de plusieurs Poternes, qui ne s'ouurent qu'aux vrgentes affaires.

Ceste ville à esté iadis demolie & ruinee par plusieurs fois, mais depuis reedifiee & fortifiee par diuerses fois, tant par Charlemaigne, que par vn Abbé de S. Ambrois.

Il y a sept Eglises canoniales à Bourges ; sans conter dix-sept autres Eglises ou paroisses, & plusieurs Abbayes, Conuents & prieurez.

La premiere Eglise canoniale est la cathedrale dediee à l'hōneur

neur de s. Estienne, & est le chef de la premiere Aquitanie: Bordeaux la seconde.

Le premier Euesque de Bourges fut s. Vrsin. Ie me suis autre fois trouué à la predication d'vn des plus celebres Docteurs de Paris, lequel dist que plusieurs affermoint que le premier pasteur de Bourges fut l'Aueugle né: apres qu'il fut gueri par nostre Seigneur.

Les autres Eglises canoniales sont la saincte chapelle dediee à nostre Sauueur, faicte à l'imitatió de celle de Paris: de la fondation de Iean Duc de Berri, frere du Roy Charles. 5.

Apres sont S. Vrsin, S. Austrille, s. Pierre le pueillier, nostre dame des Sales, & nostre dame de Monstier moyen.

La ville de Bourges fut ruinee par Cesar, & depuis battuë par

par les Vvisegots; & encor par apres tellement ruinee par Didier Comte de Blois, general de l'armee du Roy Chilperic, allant contre Goutran à Orleans; qu'il ne laissa Eglise, maison, ni muraille, qui ne fust renuersee par terre.

La veille de la S. Iean Baptiste, en l'an mil deux cents cinquante cinq, soubs le regne de S. Louys, la cité de Bourges fut presque toute bruslee fortuitement.

Ceste ville fut encor bruslee au mois de May l'an mil quatre cents soixante & sept.

L'an mil quatre cents nonante deux, le 22. de Iuillet elle fut encor embrasee.

L'vniuersité de Bourges fut fondee du temps de S. Louys, mais de beaucoup accreüe sous Louys 11. le frere duquel, sçauoir Charles obtint de beaux priuileleges, du pape Paul.2.

A Bourges y a vne haute & admirable tour, ronde en sa figure, du costé de Dun le Roy, entre l'Orient & le Midi, de dessus laquelle l'on descouure trois ou quatre lieües de païs, à l'enuiron de la ville, les murailles de ladicte tour, sont espoisses enuiron de trois toises.

Entre les logis superbes de Bourges, est la maison des Allemants, & celle de Iacques Cœur thresorier de France, soubs Charles 7. mais ledict Cœur fut banni de France, tous ses biens confisquez, pource qu'il auoit pillé le païs de Languedoc, & retenu l'argent, auec plusieurs autres finances du Roy. Ce fut en l'an mil quatre cents cinquante & trois.

Bourges est exempte de garnison, en laquelle il y a bailliage & con-

& conseillers, où ressortissent les sieges d'Issoudun, de Dun le Roy, Meun sur yeure, Concressault, & plusieurs autres places en grand nombre.

Iaques Cuias Tholosan, l'honneur & lumiere de tous les Iurisconsultes, deceda à Bourges le 3. d'Octobre, 1590. Il fut extresmement regreté de tous les hommes doctes: cóme l'on peut voir par plusieurs Epitaphes, consacrez en sa loüange: desquels en voici deux assez bien faicts:

Erexit Leges & iura iacentia Cuias,
Ipso nunc etiam iura iacente iacent:
Quid tumulum erigitis? potius date legibus ipsis,
Magno sufficiunt hæc monumenta viro.

Autre.
Le grand liure des Loix jadis n'estoit qu'vn corps,

Mais

Mais Cujas en viuant mit vne a-
 me en ce liure:
Puis voyant les Fraçois en leurs
 cruels discords
Renuerser toutes loix, il s'est fasché de viure.

DE LA VILLE D'YSSOVDVN.

CEste ville est la secóde Royalle de Berri, fort ancienne,
ayát esté iadis brusleepar les Gau
lois, & depuis rebastie au lieu où
elle est de presér, sçauoir joignát
la riuiere de Theo.

Ceste ville est forte & bien
muree, ayant le chasteau vn peu
plus haut: Il y a grand trafic en
icelle, & principalement de
laines.

Dedans Issoudun sót les Eglises S. Cire, & s. Iean, Canonial-
le, puis s. Estienne, & le conuent

L

des religieux de S. Benoiſt.

Aux faux-bourgs d'Iſſoudun ſōt auſsi pluſieurs belles Egliſes.

Les places dependantes du ſiege d'Iſſoudun ſont, S. Seuere Barōnie, & Linieres, Fins, Bouſſac, Perouſe, Bomiers, Ouſſay, Lazenay, Villemant, Auaithes, Millandres, Villaines, & S. Leger qui ſont de la ſeigneurie.

Du bailliage de ceſte ville dependent, les villes de Chaſteauroux, Gracay, Argenton, la Chaſtre, Linieres, Bouſſac, & la Perouſe ci deuant nommees, Chaſteau milland, Chaſtelet, la Motte fulli, Agurande, Charrots, Rulli, S. Chartier, & pluſieurs autres Chaſtelenies, Villes, Bourgs & paroiſſes.

DE LA VILLE DE CHARROTS.

CHarrots eſt vne anciēne ſituee ſur le fleuuue d'Arnon

nõ entre Bourges & Iſſoudũ, qui appartint iadis aux Seigneurs de la Roche Chouard en Limoſin, leſquels la vendirent à la Comteſſe de Buzançois, veſue de l'Admiral Chabot, Seigneur de Brion.

DE CHASTEAV ROVX.

Ceſte ville eſt ſituee en Berri à ſeize liëues de Bourges, auoiſinee du Limoſin & du Côté de Blois ayant quatre paroiſſes, ſçauoir S. Denys, S. André, S. Martin & S. Criſtofle & vn conuent de Cordeliers. Elle eſt ſituee ſur la riuiere d'Indre, Il y a vn beau Chaſteau. Aux fauxbourgs eſt l'Egliſe S. Gildas, où il y a vne Abbaye de S. Benoiſt: Aux Religieux de laquelle fut dõnee la ville & reuenu de Deols pour y demeurer, laquelle place fut ainsi renommee.

Le païs de Deol est fertil en vins & laines, la iurisdiction de ce lieu a plus de vingt lieuës de circuit, comprenant mil deux cents fiefs & arrierefiefs, qui en dependent. Ce fut vn seigneur de ce païs, nommé Raoul, qui feit bastir Chasteau roux, pour se tenir.

DE LA VILLE D'ARGENTON & cetera.

Argenton est vne ville forte situee sur la riuiere de Crense es dernieres limites de Berri qu'elle separe de la Guyéne.

Il y a en ceste ville vn fort chasteau, armé de dix tours, sept grosses & trois plus petites, l'vne desquelles est nommee la tour d'Eracle, où il y a vn taureau effigie gié, auec ces deux mots, VENI, VICI.

Ceste place est fort ancienne, ainsi qu'on peut voir par les ruines des anciens bastiments, & vestiges des Romains, & n'est si grande qu'elle fut jadis. Elle appartiét aux Seigneurs de Mōtpensier, par accord faict entre vn Seigneur de Montpensier & le Seigneur de Chauuigni Barō de Chasteauroux.

La susdicte tour d'Eracle print son nom d'vn gouuerneur Romain du temps de l'Empereur Dece, lequel feit martirizer deux gentils hommes Romains, Marcel & Anastase, lesquels faisoint profession de la foy Euágelique.

martirs d Argentō.

Boussac & Perouse sont aussi deux villes & chastelenies.

Boussac est situee sur les limites de Bourbōnois, & de la marche de Limosin. Perouse est du mesme costé, en vn terroir sterile, ne se ressentant plus de la fertilité du Berri.

DE LA VILLE DE LA Chastre.

EN Berri vers le païs Lymosin, est situee ceste ville non loin du fleuue Indre: & est vne forte place, close de bonnes murailles, tours & fossez profonds, auec vn beau chasteau.

En ceste ville y a deux Eglises. La premiere dediee au nom de S. Germain où il y a des Chanoines bien rentez par les anciens Seigneurs de Chauuigni fondateurs d'icelle, & est la paroisse. L'autre est vn couent de Carmes.

Soubs la iurisdictiō de la Chastre sont plusieurs bourgs & villages du païs.

DE CHASTEAV-MEILLAND.

CEste ville fut iadis close, cō-me lon void encor par les ruines des murailles anciennes, à present elle est chapestre, toutesfois le Chasteau est fort, & bien muré: auec de bons fossez, dans lequel y a encor vne tour du temps des Romains.

DE DVN LE ROY, ET DE Chasteau neuf.

DVN LE ROY est aussi vne ville Royalle de Berri, cōprenant soubs soy plusieurs belles places & chastelenies: puis est Chasteau neuf sur Cher, qui est aussi vne autre bonne ville.

Description de la ville de Vierzon.

Vierzon est la 3. ville Royale de Berri, erigee en bailliage par le Roy François 1. Elle estoit anciennement l'heritage du bon seigneur Beues pere de Lancelot du Lac.

Ceste ville fut ruinee par les Gaulois, & depuis bruslee par les Anglois, l'an mil cent nonāte sept. Elle est en bonne asiete à cause des bois, forests, garennes, & des riuieres de Cher & Eure qui sont voisines, mais le terroir est areneux & sablonneux, plus propre au iardinage qu'au labourage.

Ceste place estoit autrefois vn Comté appartenāt à Robert d'Artoys, qui la perdit par confiscatiō, pour s'estre reuolté contre le Roy Philippes de Vallois.

Sur

Sur la porte de Vierzon sont escrits ces deux vers.

Verzio, villa virens, aliunde pauca requirens,

Syluis ornata, vineis, pratis decorata.

DE MEHVN SVR YEVRE.

Mehvn sur yeure est le 4. siege Royal de Berri, iadis subiette au Comte Robert d'Artois. On y void encor les apparences d'vn vieil chasteau, ruiné par les Anglois, prés lesquelles est l'Eglise collegiale de nostre Dame, où il y a des Chanoines, & droict de paroisse. Ceste place fut establie en bailliage par le Roy Charles 7.

DE LA VILLE D'AVbigni &c.

La ville d'Aubigni fut iadis Royalle, & du precedent dependoit de la Duché de Berri, le Duc Iean l'ayant racheptee des Chanoines de S. Gratiá de Tours.

siege Royal à Aubigny.

Louys 11. establit le siege Royal en ceste place, & son fils Charles 8. la donna à Beraut Stuard, capitaine de ses gardes, doù est sortie la famille d'Aubigni.

Ledict Charles 8. transporta le siege à Concressaut, dicte par les latins *Concordiæ saltus*, qui n'est qu'vn gros bourg sis sur le fleuue de Sâdre, fortifié toutesfois d'vn bon chasteau, & des mieux bastis de Berri.

DV RESTE DES AVTRES PLACES REMARquables de Berri.

Angillõ est vne place moderne, fondee par vn Seigneur

gneur nómé Gillon, dót elle porte le nom, cóme qui diroit Dam Gillon.

S. Aignen est vn comté voisin de la Touraine, six sur le Saudre & est la place tres-forte, Les riuieres de Cher, Eure & Saudre, iointes ensemble, & portans bateaux, passent pres les murailles de ceste ville, laquelle s'apelloit iadis Chasteau hagat, mais depuis elle a porté le nom de S. Aignen Eglise du lieu.

Leuroux est bien close, ayāt vn prieuré tresriche fondé au nó de S. Syluain auec Chanoines, & demi Chanoines rentez par les Seigneurs de Chasteau roux.

Varan est encor vne ville close ayant vne Eglise collegiale bien rentee dediee au nom de S. Laurens, & fondee par Gui Comte de Blois, & les Seigneurs de Varan.

DV

DESCRIPTION DV PAYS DE TOVRAINE.

La Tovraine ou païs Tourangeau, n'est pas de grande estenduë, ayant l'Aniou à l'Occident, duquel elle est separee par le terroir de Saumur, & vne partie du Poictou, duquel il est diuisé par la riuiere de Crése, au midi lui est le Poictou le long de ceste riuiere de Crense, vers le port de Pile separant la Guyenne des Tourangeaux, & de la part mesme du Midi lui est le Berri, duquel il est separé par les finages de Chastillon, sur Indre, vers l'Orient selon le cours de Loire, lui est le païs de Blois, & vne partie du Berri, duquel le fleuue de Cher la diuise.

Soubs la Duché de Touraine sont

sont cōprises les places de Chisnon, Lodun, Thouars, Langests Amboise, Loches, Chastillon sur Indre, Montrichard, & autres lieux.

FONDATION DE LA VILLE DE TOVRS CAPITALLE DE TOVRAINE.

TOVRS est la principalle & capitalle ville du païs Tourrangeau, & l'vne des plus anciennes de Gaule, bastie sur le Loyre long temps deuant Troye par les vieux Gaulois & Aborigines, & non par vn Turnus Troyen, comme ont voulu conter quelques vns, bien pourroit estre vray que le premier fondateur fut Turnus, mais non pas qu'il fut Troyen.

Tours

Tours est vn Archeuesché, contenant soubs soy les Eueschez du Mans, Angers, Rennes, Nantes, Cornoüaille, Vannes, Leon, Tregnier, Dol, S. Malo, & S. Brieu.

Le 1. pasteur des Tourangeaux fut S. Gratian, du temps de Diocletian Empereur.

L'an huictiesme de Valent Empereur, (sçauoir l'an de nostre salut trois cents soixante & quinze) S. Martin natif de Pannonie en Hongrie, fut cree troisiéme Archeuesque & pasteur des Tourangeaux. Icelui auoit esté Cheualier soubs Iulian l'Apostat, duquel apres auoir obtenu son congé s'en vint en Gaule auec S. Hilaire Euesque de Poictiers, lequel estoit allé au Concile de Millan disputer contre les Arriens.

Ce fut ce bon pasteur s. Martin qui

qui apprit aux Tourangeaux le vray moyen de seruir & honorer Dieu, & feit baſtir l'Egliſe cathedrale dediee au nó de S. Gratian. Il fut Archeueſque 26. ans 4. mois 17. iours.

Sainct Brice lui ſucceda, & commença à faire baſtir vne Egliſe au lieu où repoſoint les ſacrez oſſements d'icelui, laquelle Egliſe fut acheuee par S. Perpetue & dediee au nom du bien-heureux S. Martin. S. Brice tint l'Eueſché quarante ſept ans.

L'egliſe de S. Geruais & S. Prothais fut faict baſtir par le douzieſme Eueſque nómé Ommar, ſenateur, citoyen d'Auuergne: lequel commença auſsi celle de noſtre Dame.

L'abbaye de Marmonſtier fut fondee par S. Martin. Ce mot de Marmonſtier ſignifie autant

Marmonſtier

comme maieur monstier.

 Ce grand & docte personnage Gregoire de Tours (noble de race & de vertu) fut le dixneufiesme Euesque : ayant esté auparauant moyne, & disciple de S. Auic Euesque d'Auuergne.

Greg. de Tours

 Martin quatriesme Pape du nō estoit natif de Tours.

 La ville de Tours est des plus riches du Royaume, tant pour la fertilité du païs, que pour le bon mesnage & trafic des Citoyens, qui s'y sōt exercez à faire la soye, aussi bien qu'é Italie. C'est pourquoy on nomme ceste place le iardin de France.

DE PLVSIEVRS CHOSES
memorables aduenues à Tours.

DV temps de Charles Martel, en l'an sept cēts vingtneuf,

neuf, il y eut iusques au nombre d'enuiron trois cents quatre vingts mille Sarrazins, & leur chef nommé Abderame, tous deffaicts pres la ville de Tours, par le susdict Martel, asisté des Tourágeaux. Ces barbares estás venus en Gaule, pour penser l'occuper.

Du temps d'Eufronie 18. Archeuesque de Tours, la cité fut toute esprise en feu, & bruslee auec toutes ses Eglises, deux desquelles ce bon Euesque feit rebastir.

L'eglise s. Martin fut aussi toute bruslee du temps du Roy Clothaire par ses gens, lesquels poursuiuoint vn Duc d'Aquitanie nommé Vvillecarie, qui s'estoit sauué dans ceste Eglise. Le susdict Roy Clothaire la feit rebastir plus belle qu'au precedent & recouurir d'estain.

Trois

Trois Conciles ont esté tenus à Tours, le premier l'an 462. pour le faict de la religion. Leon surnommé le grand seant à Rome.

3 Cõciles tenus à Tours Le 2.

Le 2. concile fut tenu en l'an 556 ou enuiron, soubs le Pape Pelagie 1. du nom: touchant le faict de plusieurs ceremonies qui se ressentoint encor du Paganisme.

Le 3. contre Berengarius.

Le 3. fut en l'an mil cinq cents six soubs le pontificat de Victor 2. contre Berenger Archidiacre d'Angers, niant que le corps & sang de Iesus Christ fussent au sainct Sacrement; la consecration estant faicte par le prestre. Auquel concile presida vn Cardinal nommé Hildebrand, au lieu du Pape: là fut conuaincu Berenger, par vn Abbé de Caen nommé Lanfranc, qui fut par apres Archeuesque de Cátorbie.

En fin Berenger se recogneut & confessa son erreur: comme il est mesme porté *Can. Ego Berengarius, de consecrat. Distinct. 2.*

En memoire de laquelle confession & recognoissance, les Angeuins ont de coustume de celebrer le iour du S. Sacrement à Angers tous les ans, depuis ce temps la, plus sollennellement qu'en aucune ville du Royaume.

Sacre. d'Angers.

DE LA VILLE D'AMBOISE.

LA ville d'Amboise (qui n'estoit iadis qu'vn bourg fort ancien) est situee sur le long de la riuiere de Loire, en vn tres-beau paisage, terroir plaisant & bien aëré, la où les Rois font leur seiour.

S. Martin y feit bastir la premiere Eglise appellee Marmonstier;

Idoles demolies par S. Mar.

stier; ayant faict demolir les autels & idoles des faux Dieux.

L'eglise de S. Florentin d'Amboise fut fondee par Foulques de Nerra Comte d'Aniou, lequel y meit des Chanoines, & les renta fort bien, & dõna vne piece de la vraye Croix, qu'il auoit aportee de la terre saincte.

Ceste place auoit esté subiette aux Princes Angeuins iusques au tēps de s. Louys, que l'Aniou fut vni à la couronne, & qu'il en feit Duc Charles son frere.

Amboise ruinee par les Danoys.

L'an huict cents quatre vingts deux, au temps que les Danois coururent la Gaule, soubs le regne de Louys 3. iceux abbatirent le chasteau d'Amboise & saccagerent la ville. Par apres vn Comte d'Aniou, nommé Ingelgerie feit rebastir le chasteau.

Mort subite de Charles 8.

Charles 8. mourut à Amboise tout subitement regardãt iouër
à la

à la paulme les gentils hommes de la cour.

Ce fut à Amboise que commencerent les premieres semences des guerres ciuiles de Frãce, en l'an mil cinq cents soixante & vn soubs le Roy Frãçois 2. du nõ; & où premierement fut mis en auant le nom de Huguenot en France.

DE LA VILLE DE MONtrichard & autres.

DV costé d'Amboise, entre l'Orient & le Midi, est la place de Montrichard situee en belle planure, enceinte de rochers & boscages d'vn costé; & de l'autre de belles prairies, ayant la riuiere de Cher qui l'auoisine.

Hors ceste ville y a des maisõs soubs

248 DESCRIPTION.
soubsterraines, & au deſſoubs d'icelles des iardins & vignobles

Du temps du Roy Robert ceſte place fut baſtie par Foulques Nerra, Comte d'Aniou, dans laquelle il y a vne fort groſſe & admirable tour.

Chaumont eſt auſsi vne belle & forte ville ſituee en lieu plaiſant. Comme eſt encor l'Abbaye de Cormeri, de laquelle eſtoit religieux le docte & inſigne perſōnage Ioachim Perion, qui a traduict treſelegamment les œuures d'Ariſtote, & celles de S. Denis: Et pluſieurs autres liures ont ſorti de l'eſtude & labeur de ce perſonnage.

DE LA VILLE DE LOCHES.

SVr le fleuue d'Indre, au païs Tourangeau eſt ſituee la ville
&

& fort de Loches, laquelle ne donne memoire de soy que depuis l'an de nostre salut neuf cents, quoy qu'elle semble estre plus vieille.

Le chasteau de Loches est tellement basti qu'il est presque imprenable: estant situé sur vn haut rocher, n'ayant qu'vne seule entree deffenduë d'vn beau & superbe portail, armé d'vn gros boulleuert, de fortes murailles, & doubles fossez, fort profonds : & ne se peut prendre ce chasteau par escalade; de sorte qu'estant fourni de ce qui est necessaire pour vn fort, n'y a force humaine qui le sceust forcer.

Chasteau de Loches.

Pres de Loches est l'Abbaye de beau lieu, fondee par le susdict Foulque Nerra, en laquelle reposent les corps de S. Daire & S. Crisant, & vn morceau de la pier-

pierre du sainct Sepulchre de nostre Seigneur.

Dans l'Abbaye de Beaulieu y à vne pyramide toute de pierre de dix à douze coudees de haut, en la cõcauité de laquelle, il y a écor des lettres Gothiques, fort anciennes, qui demóstrét ce lieu estre de grande antiquité.

Ceux de Loches, ayans esté fideles au Roy Charles 7. obtindrent de lui le droict de huictielme de vin, & de peage.

L'eglise principale de ce lieu fut fondee en l'honneur de la sacree vierge Marie par Geffroi Grisegonnelle, Cõte d'Anjou, soubs Clothaire. C'est vn des plus somptueux edifices que l'on scauroit demander, tout basti de pierre de taille: Auparauant y auoit vne petite chappelle dediee à la Madeleine.

En ladicte Eglise est vne ceinture

re noſtre Dame, & le corps de S. Herimellant Eueſque. Dans le Chœur eſt auſsi le corps de la belle Agnes amie & fauorite du Roy Charles 7. effigiee au naturel ſur vn tombeau de marbre; Plus y eſt le corps de Louys Sforce, iadis Duc de Milan.

Dedans le chaſteau de Loches fut deſcouuert par vn capitaine nommé Pont-Briant, des voultes ſoubs terraines, fermees auec des huys de fer, & au bout vne chambre carree, dans laquelle eſtoit vn geant de merueilleuſe ſtature, aſsis ſur vne pierre, tenant ſa teſte appuyee contre ſes deux mains, comme s'il euſt dormi: mais auſsi toſt q̄ l'air eut touché ce corps, il s'en alla en poudre, excepté la teſte & les coſtes, & autres oſſements, qui furent encor lõg tẽps gardez en l'Egliſe de Loches.

Voultes ſoubs terraines à Loches.

Auprés de ce geant estoit vn petit coffret de bois, dans lequel y auoit quelque quantité de linge, beau & bien ployé, lequel fut aussi reduict en poudre, au mesme temps qu'on y toucha.

Dans le susdict chasteau est encor vn logis Royal, nõmé par les habitans les Sales, de la fondatiõ du Roy Louys 11. Et tout ioignãt est celui de la belle Agnes : mais les deux ensemble n'ẽ font maintenant qu'vn.

Dauantage y a vne belle tour pareille à celle de Montrichard, carree, & fort ancienne, faicte des le temps des Romains. Auprés de ceste tour, on void vn gros donion basti depuis deux cents ans : & paracheué par le Roy Louys 12. & sert de prison pour ceux que le Roy veut tenir en seure garde.

Donion de Loches.

Dans ce donion sont deux cages

ges de fer, qui sont les logis des prisonniers, ainsi recommandez. Lesdictes cages peuuent contenir six pieds de large, & huict de long, ny ayant place que pour mettre vn petit pauillon pour coucher.   *Cages de fer.*

Le siege de Loches depend du presidial de Tours.

DV CHASTEAV DE Paulmy.

Non loin de Loches est le chasteau de Paulmi situé sur vn haut lieu, en vn air fort bon, ayant par derriere vn beau parc fermé de murailles, contenant enuiron deux lieuës d'enceint: & au dedans deux grands estangs venans de plusieurs fontaines. Tellement que c'est vn des plus beaux & plus rares chasteaux de la France, il est arrosé du fleuue nommé Brignon.

Ce chasteau fut commencé à bastir l'an mil quatre cents quarante neuf par messire Pierre de Voyer Cheualier, & Marguerite de Bets son espouse; lequel feit rebastir la chapelle de ce lieu que les Anglois auoint ruinee, cóme aussi le chasteau.

Il y a quatre Chapelains en la susdicte chapelle, & est dediee à l'honneur de S. Nicolas erigee en doyenné, la collation duquel appartient aux Seigneurs de ce lieu comme Patrons.

En ce lieu reposent les corps des Seigneurs de Paulmi. Auquel y a haute & basse iustice, bailli & lieutenant; Il y a aussi 4. foires par an.

Les Seigneurs de ceste place sont nommez Voyers, descédus d'vn vaillant Cheualier Grec nómé mé Basille, lequel estoit en grand credit & authorité soubs Charles le Chauue: & fut surnommé Voyer, nom qui est demeuré à ses successeurs.

DES VILLES DE LO-
DVN ET DE CHINON.

LODVN est encor du ressort de Touraine, situee entre les riuieres de Touer & de la Crense, qui iadis eut vn Seigneur particulier.

A Lodun y a siege Royal, ayant son Bailli ou Vice Bailli, auec les Lieutenants.

Apres est la ville de Chinon, assez ancienne qui n'estoit iadis qu'vn simple bourg: & qui fut autrefois vne des maisons de plaisir des Rois de France, & particulierement de Charles

Lodun siege Royal. Chinon.

du temps que ses ennemis & haineux ne l'apeloint que Roy de Touraine.

Ce fut en ce lieu que lui fut amenée la pucelle Ieanne, natifue de Vaucouleur en Lorraine, qui n'estoit qu'vne simple bergere, guidee & fauorisee de la grace de Dieu, par le moyen & secours de laquelle il recouura sa couronne.

Rabelais, natif de Chinon. François Rabelais, vray Atheiste, estoit natif de Chinon, lequel fut Religieux: mais en fin il ietta le froc es orties, pour exercer plus librement sa vie lubricque: viuant comme vn Epicurié, ne passât iamais aucun iour qu'il ne fust yure, & tout barbouillé de vin.

Il composa le liure de Pantagruel, & autres discours pleins de bouffonnerie, qui tesmoignent assez quel estoit son genre de viure, bien qu'il fuſt treſdocte, principalement en medecine & iuriſprudence.

DV PAYS DV MAINE.

LE païs du Maine eſt treſancien, car la ville de Rome prenoit encor ſon commencement, lors que les Manceaux paſſerent en Italie, & eſtablirent leur ſiege en Lombardie contre le Pau: où ils baſtirét pluſieurs villes, comme Bergame, & Breſſe, chaſſans les Toſcans & Etruriens, qui poſſedoint la pluſpart d'Italie.

FONDATION DE LA VILLE DV MANS.

L E M A N S principale ville du Maine à prins son nom de Leman Roy des Celtes fils de Paris (qui bastit la ville de Paris) toutesfois deuant qu'il feit enuironner de murailles la ville du Más, Sarrhon petit fils de Samothes 4. Roy des Gaules, l'auoit faicte bastir, & l'auoit faist apeler Sarthe, de son nom, enuiron trois céts quatre vingts dix ans, apres le deluge. Mais elle auoit esté ruinee par des seditions, qui furent entre les anciens Druides, ayant demeuré en cest estat durant le regne de trois Rois Allobrox, Remus, & Paris, qui fut enuiron cent trente six ans. Alors Leman, fils de Paris, la redifia, & lui donna son nom.

Le Mans a pour limites le païs Per-

Percheron à l'Orient, la Bretaigne à l'Occident, le Bessin & Normandie au Septentrion, & la Flesche au Midi.

Ce mot de *Cænomani*, ou plustost *Senomani*, qui signifie les Manceaux, est venu de ce que les peuples Senonois puissans en Gaule, ayans iadis eu guerre contre les Manceaux, feirent vne paix, qui estoit telle: sçauoir qu'ils viuroint soubs les loix & statuts du Mans, & qu'en memoire de ce, les deux peuples vniroint leurs noms, & s'appelleroint Senomans.

Au chasteau du guey dans le Mans, est vn fort ancié tombeau, où ces mots sont escrits:

L. A. Mainio: E Q. ob eius merita.
Plebs vrbana Senoni. D.

Plusieurs tiennent que Simon lepreux, chez lequel nostre

Seigneur repeut, & donna pardon à la Magdeleine, fut ce Iulian 1. Euesque du Mans, lequel y fut enuoyé pour prescher l'Euangile. Toutesfois plusieurs Autheurs sont d'autre aduis, affermans que ce Iulian fut vn gétil-homme Citoyen Romain, grand orateur & philosophe, cōuerti par S. Clement, & enuoyé en Gaule.

Il y a la Comté de Maine & le Marquisat, qui apartient à la maison de Lorraine, & maintenant erigee en Duché par le Roy Charles 9.

Le Mans est Bailliage & siege presidial, où ressortissent le chasteau de Loir, Laual (qui est vne belle & forte ville, situee tout contre la riuiere de Marne & où l'on faict grand trafic de toiles blanches) Beaumont, S. Susanne, Chasteau Gonthien, la la Flesche, Maine la Iuhais, Sablé, & la Ferté Besnard, d'où estoit cest excellét poëte François Robert Garnier.

Les Manceaux sont des premiers Chrestiens de Gaule.

Le païs du Mans est arrosé de trois riuieres, sçauoir celle de Maine, du Loir, & de Sarthe ou Sarrhe, Roy des Celtes, & premier fondateur du Mans: comme nous auons dict.

Ceste derniere riuiere arrose la cité du Mans, & prend son origine pres Chasteau Dun au païs Chartrain.

Foulques trẽteneusiéme Comte d'Aniou, fonda le prieuré de la Fontaine S. Martin au païs du Maine.

Guillaume des-roches mareschal de France soubs Philippes Auguste fonda l'Abbaye de Beaulieu au Maine l'an 1219.

Le

Le sieur Ollenix de Montsacré, vn des plus gallands esprits de ce siecle (ainsi que l'on peut voir en plusieurs œuures de son inuention, fort prisées & recerchees en la France) est gentilhóme Manceau.

DV PAYS D'ANIOV.

LE païs d'Aniou, voisin du Maine, est de petite estenduë, montaigneux & inegal, seruant de bornes & finages à la Gaule Celtique; toutessois l'vn des plus fertils de Gaule, & principallement en bons vins.

Les habitans de ce païs sont apellez Andeens, Andegaues, & plus vulgairement & proprement Angeuins, qui sont gents fort

fort humains, gratieux, & de bõne conuerſation, ſyncerement adonnez à pieté & deuotion. De tout téps ils ſont cogneus ſoubs le mot de Andes.

Le païs d'Aniou eſt arroſé de plus de quarante riuieres, ſans comprendre les fontaines, viuiers & eſtangs, leſquels y ſont en grande abondance. A cauſe de quoy pluſieurs ont eſtimé que ce païs fut premierement apellé Aiguade, pour l'abondance des eaux, que ceux d'Aquitaine nomment Aigues. Il eſtoit iadis tout rempli de boſcages leſquels furent donnez à cultiuer aux pauures gents, par Foulques Comte d'Aniou 2. du nom, & ainſi fut rendu propre & fertil à planter les vignes comme on void à preſent.

Le païs d'Aniou eſt limité à l'Orient de la Touraine & Van-

Vandoſmois, ſelon Loyre; au ponent de la petite Bretaigne, ou païs Armorique: au midi le Poictou : & au Septentrion, les comtez du Maine & de Laual deuers Normandie lui ſeruent de bornes.

FONDATION DE LA VILle d'Angers.

LA ville d'Angers eſt ſituee ſur la riuiere de Mayenne, dicte par les latins *Meduana*, & fondee par Sarrhon 4. Roy des Gaules, & non pas (comme veut l'Annaliſte d'Aniou) par ie ne ſcai quel Angion deſcendu des fugitifs de Troye.

Iean Sans terre, dernier prince Angeuin, de la premiere lignee ſortie de la maiſon d'Aniou, & depuis Roy d'Angleterre; la l'acreut du costé où elle fut premierement fondee; & deuers Occident, où il n'y auoit eu aucun edifice, & feit rebastir les murailles de la ville, qu'il auoit faict renuerser estant venu auec vne forte armee assieger & prendre de force Angers: laquelle auoit esté sur lui occupee par le Roy Philipes Auguste.

Auprès de l'Eglise collegiale de S. Lau se voyent encor des vestiges des murailles & anciens bastiments, qui monstrent bien que ceste ville à esté autrefois ruinee, & depuis reparee & reedifiee, comme on la void de present.

En l'enclos de la premiere ville, qui est sur vn costau, on void les Eglises collegiales & paroisses qui furent iadis des maisons des Seigneurs Romains & Gaulois conuertis à la foy

Cat-

Catholique: sçauoir l'Eglise cathedrale dediee à S. Maurice (laquelle fut anciennement ruinee, & depuis commencee à rebastir par Hubert Comte Vendosmois: & paracheuee par Hubert son fils) Aupres de laquelle est le conuent des Iacobins: puis est celui des Cordeliers, l'Eglise S. Pierre, iadis le siege Episcopal, S. Martin Eglise Royalle fondee par Ananias espouse du Roy Louys Debonnaire, S. Maurille, S. Mainbœuf, S. Denis, S. Iean (à present dicte S. Iulian, ou autrefois estoit l'Abbaye S. Lezin, auparauant Comte d'Anjou l'an 581.) qui fut le quatorziesme Euesque d'Angers, lequel entre plusieurs miracles qu'il feit, guarit vn iour douze paures malades, tant boiteux, qu'aueugles & autres sortes de maladies, par la ver-

Miracles de S. Lezi.

tu du signe de la Croix: en memoire & action de graces à Dieu de ce grand miracle, il feit bastir l'Eglise S. Croix.

Dans l'Eglise S. Iulian est encór son chasuble & son aube qu'ó trouua en só tombeau plusieurs siecles apres sa mort, lesquels ornements sont encores tous entiers: comme l'on peut voir du haut du chœur de ladicte Eglise, où ils sont móstrez aux festes solennelles.

Reliques de S. Lezin.

Dans ceste Eglise est aussi vn tableau, representant la sacree vierge, faict sur vn de ceux que S. Luc auoit tiré de sa propre main: durant que la bien-heureuse vierge estoit encor en ce monde.

L'on y void aussi des chaisnes de fer, dont estoint attachez de pauures forçats & captifs, lesquels par l'intercession
de

de s. Iulian furent miraculeusement deliurez.

Dans le Cemitiere de ladicte Eglise y a vne pierre au pied d'vne Croix, qui remarque ceste place estre de grande antiquité, & auoir esté habitee par les Romains: sur ladicte pierre sont escrits ces mots.

VXORI OPTIMÆ T.
FLAVIVS AVG. LIB.
ASIATICVS.

Apres S. Iulian est l'Abbaye de Toussains & celle de s. Aubin, laquelle fut fondee par Childebert premier du nom. Dans l'Eglise de laquelle y a grand nombre de belles & precieuses reliques de diuerses sortes, & en plusieurs des autres Eglises d'Angers: auec les chasses où reposét les ossements de plusieurs Saincts: cõme aussi en l'Eglise cathedrale susdicte est vne des cruches dans les-

lesquelles nostre Seigneur mua l'eau en vin.

Il y a encor s. Michel du Tertre, s. Michel de la pallud, s. Ouuron, s. Aignen.

A costé de s. Maurice est le chasteau, qui est vne place tres-forte; ayant de hautes & fortes murailles, & des fossez profõds; l'on ignore la fondation d'icelui. Toutesfois ce chasteau fut faict rebastir par la belle Bertrade, ou Bertrande, que le Roy Philippe 1. du nom entretint, dechassant son espouse: à cause dequoy il fut excommunié par le Pape.

Chasteau d'Angers.

Ioignant les murailles de la ville deuers l'Orient est l'Abbaye de s. Serge, dont s. Seuerin fut premier Abbé. Et est de la fondation de Clouis premier Roy Chrestien.

Aupres est l'Eglise S. Sanson, &

& les faux bourgs S. Michel du Tertre, sur le chemin de Paris.

Entre la porte S. Michel & celle de S. Aubin estoit encor vne porte, dicte la porte S. Iean, à present comdamnee. Vis à vis de laquelle porte est bastie assez pres vne Chapelle en l'honneur de S. Sauueur, à cause d'vne grande bataille qui fut gaignee par les Angeuins sur les Normáds, cõduicts par vn Capitaine nommé S. Sauueur, qui estoit venu assieger la ville.

Tout ioignant sont les fauxbourgs de Bressignei sur le chemin de Saumur, & des ponts de Ceæ; dans lesquels fauxbourgs l'on void encor les ruïnes d'vn amphiteatre nommé Grohan, basti par les Romains.

Entre la porte S. Aubin & celle de Toussaincts hors les murs d'Angers, sont les faux-bourgs de de s. Lau, où il y a Eglise canoniale, dans laquelle est vne belle & riche Croix d'argent doré, ornee de pierres precieuses : dans laquelle est enchassé vn morceau du bois de la vraye Croix en laquelle nostre Seigneur fut crucifié.

Vn peu plus bas que s. Lau, est le monastere ou conuent de la Baumette, où il y a des Religieux de l'ordre de s. François de l'obseruance, maintenant & depuis peu de temps fort bien reglez, viuants sainctement, & auec grande austerité. L'eglise fut fondee par René dernier Duc d Aniou.

L'autre partie d'Angers est du costé de Bretaigne sur le bort de Mayenne, où elle a esté bastie depuis six cents ans, separee par ladicte riuiere de Mayenne : Et en ceste partie sout les Eglises de de la Trinité (fondee par Agnes femme de Guillaume surnommé teste d'estoupe, seiziéme Duc d'Aquitaine) ioignant laquelle est l'Abbaye des dames Religieuses du Ronceray, fondee par les premiers Comtes d'Aniou: Puis y a s. Laurens, Eglise tresancienne (ores ruinee) & l'Hospital s. Iean.

Apres sont encor en ceste partie les Conuents des Carmes & Augustins; Et de ce costé est le village de Reculee, ou il y auoit autres-fois vne maison de plaisance, bastie par le denier Duc d'Aniou René Roy de Sicile; dans laquelle on void encor des Galleries painctes de la main dudict René.

Tout aupres est le Conuent des bons & deuots peres Capucins, fondé depuis peu de temps par les liberalitez & aumosnes des

De la France. 273

des citoyens Angevins. Héry 4. du nō Roy de France & de Nauarre, à present regnant, meit la premiere pierre qui est soubs le grād Autel de l'Eglise de ce lieu: comme il aparoist en vn tableau de cuiure, qui est au bas d'icelle, sur lequel sont grauez ces huict vers suiuants, de l'inuention du sieur de Morelles, l'vn des beaux esprits de ce temps:

Ce grand Henry qui rend nos iours si beaux & calmes,
Dont le front est orné de lauriers & de palmes,
Pour marque memorable à la posterité
De son zele enuers Dieu, & de sa pieté.
Dessoubs ce grand Autel meit la premiere pierre,
Et voua son desir & ses vœux en ce lieu.
Monstrant que si sa main fut ardente à la guerre,
Son cœur ne le fut moins au seruice de Dieu.

Auprés de ce lieu sont les faux-bourgs de S. Lazare, ou S. Ladre, à la sortie de la porte Lion-

Lionnoise. Puis sont encor de ce costé les faux-bourgs & l'Eglise S. Iacques, & tout ioignant est le Prieuré de S. Nicolas, commencé à bastir par Foulques Nerra, & paracheué par son fils. Geffroy Martel, qui s'y rendit Religieux & y est enterré. Il mourut l'an 1061.

Dans Angers y a trois Colleges pour les lettres humaines & pour la philosofie, sçauoir le College neuf, le College de la porte de fer, & celui de la formagerie.

Vniuersité d'Angers. Ioignant l'Eglise S. Pierre, sont les grandes escoles & auditoire public des loix: pour lequel l'vniuersité fut fondée par Louys 2. Duc d'Anjou & Roy de Sicile; en l'an mil trois cents quatre vingts dixhuict: lequel obtint du Roy & du Pape, regnâts pour lors, plusieurs priuileges & im-

& immunitez, pour les estudians en icelle. Il y a tousiours eu de celebres Docteurs en ceste vniuersité, comme sont encor de present Messieurs Dauy, le Grand, le Deuin, du Fresne, & Bereau, lecteurs publics en ce lieu : soubs lesquels i'ay eu cest honneur de receuoir quelques leçons en l'vn & l'autre droict. Dauantage y sont les Escoles pour la Theologie & pour la Medecine.

Le college de Bueil (où il n'y a de presét aucũ exercice) fut fódé par Hardoüin de Bueil, 58. Euesque d'Angers, & est affecté aux boursiers Percherons.

Angers est vn siege presidial, où il y a plusieurs doctes conseillers auec les Lieutenant general, Ciuil & Criminel, & vn Conseruateur des Droicts & priuileges de l'vniuersité. Il y a aussi le siege de la preuosté.

En outre est l'Hostel de ville, ayant vn Maire annuel & electif, il y auoit de coustume d'y auoir vingt-quatre Escheuins, lesquels par arrest de la Cour souueraine de Paris, furent reduicts à quatre, en l'an mil six cents vn; pour les ambitieuses dissentions qui se meurent entre quelques vns.

Les sieges qui ressortissent à la Seneschaussee d'Aniou, sont Baugé (qui est vne assez gentile ville) Beaufort en Vallee, puis Saumur place tresforte, situee sur la riuiere de Loire, distante d'Angers enuiron de dix lieuës vers le Midi. Ioignant les murailles d'icelle est la chapelle de nostre Dame des Ardillieres, auiourd'hui tresrenommee par la France, pour les miracles qui s'y font de iour en iour.

Saumur.

Nostre dame des Ardillieres.

L'ab-

L'abbaye de s. Florent non loin de Saumur, fut edifiee par Thibault Comte de Champaigne & de Bloys.

Les ponts de Cee ou de See à vne lieuë d'Angers, furent bastis par Cesar, selon l'opinion du vulgaire en latin apellez *Pontes Cæsaris*, mais le Sieur le Loyer Conseiller Angeuin docte personnage, n'aprouue pas ceste opinion ; disant que See est vn mot Allemand, qui signifie *Stagnum*, c'est à dire estang, & que le pont de See est nommé comme *Pons stagni*, ou *Pons stagnantis Ligeris*.

Le bourg du Pont de See contient pres de demie lieuë en longueur, & y a deux Eglises, l'vne desquelles est dediee, au nom de S. Aubin, & fut fondee par Hubert Abbé du conuent de S. Aubin d'Angers.

A Angers se bat la monnoye, les gardes de laquelle sont priuilegiez & exempts de subsides.

Les Angeuins furent apellez à la cognoissance Euangelique du temps que s. Iulian prescha au Mans, & qu'il cōuertit les Manceaux: lequel ayant presché la parole de Dieu en Aniou, se retira au Mans: laissant pour Prelat des Angeuins vn sainct personnage, qui estoit auec lui nommé Defensor, lequel est canonizé en Paradis.

Entre les pasteurs Angeuins S. Maurille fut le quatriesme, homme de tres-saincte vie, auquel S. René succeda. La mere duquel S. René estoit femme du Capitaine du chasteau de la Possonniere non loin d'Angers, & estoit sterile. Toutesfois sur ses vieux ans (comme vne autre s. Elizabeth) elle engēdra miraculeuleusemét s. René, lequel mourut sans baptesme, par la faute de s. Maurille, qui s'arresta vn peu trop lóguemét en la contemplation du sacrement de la Messe: Dont icelui Euesque fut extremement desplaisant, & apres auoir espandu vn torrent de larmes, en fin il quicta son païs, & s'en alla fort loin se rendant en la maison d'vn honneste Seigneur, où il seruit en qualité de iardinier, l'espace d'enuiron sept ans, pendant lequel temps toutes choses prosperoint tellement chez ledict Seigneur que c'estoit merueille: Comme au contraire toutes infortunes arriuoint aux Angeuins. Ce que voyans ils establirent certain nombre d'hommes aux despens de la ville, pour aller chercher leur Euesque. En fin ayant esté trouué par quelques vns d'iceux il s'en reuint à Angers, pour regir & gouuerner son troupeau, & à son retour il s'en va droict au lieu où estoit enterré ledict enfant mort sans baptesme, sçauoir en vn lieu qui est ores dans l'Eglise S. Pierre, à costé de la porte, par où l'on entre dans le Chœur; & apres auoir encor espandu grande abondance de larmes, & faict vne tres-ardente priere à Dieu : incontinent sa priere finie, voyla l'enfant qui ressuscite : & fut appellé René, comme qui diroit deux fois né. L'on void encor les fosses où auoit esté enterré ledict s. René, & y dict on la Messe quelques fois : Lequel succeda à S. Maurille, & fut prelat des Angeuins apres luy.

Messire Charles Miron, l'vn des plus insignes & sages pasteurs de France, gouuerne à pre-

present la Bergerie Catholique des Angevins, & est le 66. ou 67. Euesque de ce lieu.

Entre les hommes doctes sortis d'Angers, l'on conte Guillaume du Poyet, Chancelier de France, Lazare & Iean Anthoine de Baif, Eginard Baron, maistre René Benoist l'honneur des Docteurs de ce temps, Ioachim du Bellay, Pierre Airault Lieutenant Criminel à Angers, lequel a doctement escrit sur le droict; il mourut l'an mil six cents vn. Butin Medecin, Pierre le Loyer à present Conseiller au presidial d'Angers, l'vn des doctes personnages de la France, comme l'on peut voir par son liure des Spectres & apparitions des Esprits, & autres qu'il a mis en lumiere, & côme il pourra encor faire paroistre par plusieurs œuures parfaictemét elabourez desquels il fera part au public, & obligera vn iour la posterité, quand il lui plaira ; ayant vn fils duquel l'on en doit pas moins esperer ; & auquel ie suis bien obligé pour m'auoir fourni quelques memoires, dont j'auois besoin pour ceste œuure : & l'amitié duquel ie prise beaucoup. Au nombre des hommes sçauants de ce païs se doiuent encores conter, Alexandre Beguier, Martial, Guiet, & Lezin freres, Iacques Bouin President en Bretaigne, Bodin Aduocat au parlement de Paris, grand Historien. Comme aussi Iean le frere de Laual, Paschal Robin, Seigneur du Faux, Iean Auril Prieur de Corzé (lequel i'ay eu cest honneur de frequenter) contemporain du Seigneur Pierre de Ronsard, & vn de ses amys, Messieurs Guillaume & René

René Bautru, le sieur de Morelles, Guillaume le Gaigneur, le premier de tous les Escriuains du Royaume, & qui à frayé le chemin à vne infinité d'hommes, qui font auiourd'huy profession de l'art d'escriture.

Il y a encor grand nombre d'autres excellens personnages à Angers honorablemét cogneus en la France.

Ie diray dauantage que considerant bien l'histoire, l'on pourra trouuer que le Poëte Virgile est descendu des Angeuins, lesquels accompaignerent les Manceaux leurs voisins : lors qu'ils furent si long temps en Italie, là où ils edifierent plusieurs villes : ayans chassé les Toscans, qui occupoint la pluspart d'Italie (comme nous auons dict en la description du Maine) & qu'iceux Angeuins bastirent pres Mantoüe le bourg ou village dict *Andes* (d'où estoit natif Virgile) au nom de la ville d'Angers, ainsi appellée en latin de tout temps.

En Aniou y a encor plusieurs villes de remarque, comme Ingrande, où il y a vne belle forest, Chasteau Gontier, Durestal, de la fondation de Foulques de Nerra, & autres villes en grand nombre.

Ce Comte fut surnommé Nerra, pource qu'il n'erra point és voyages qu'il feit en la terre saincte: pour penitence d'auoir tué le fils du Comte de Nantes (dont il estoit tuteur) afin de lui succeder.

Icelui Foulques de Nerra estoit fils de Geffroy Grisegonnelle, ainsi surnommé: pour auoir porté vn hocqueton gris, allant combattre vn Geant

Da-

Danoys, deuant Paris.

Enuiron dix lieuës d'Angers est la Flesche, où de nouueau est érigé le College Royal des Peres Iesuistes, par la liberalité du Roy Henri 4. reuoquez en France au grand contentement de toutes gens de bien.

Iesuistes à la Flesche.

Enuiron six à sept lieües d'Angers, est vne petite ville nommee Doüay, d'assez ancienne fondation: en laquelle est vn Theatre encor en son entier, basti par les Romains, dont Lipse faict mention, dans lequel y a des voultes & grottes soubterraines, fort admirablement basti, & à l'entrée de ces voultes vn puits merueilleusement profond. Ce Theatre ne contient que cent soixante pas de circuit, & est tellement basti & côposé, qu'il est capable de contenir plus de quinze mille personnes,

sans

sans que l'vn puisse empescher l'autre, de voir ce qu'on pourroit representer dans le milieu d'icelui Theatre. Sur la porte duquel sont escrits ces vers suiuans sur vne pierre de marbre noir, laquelle y a esté mise puis peu de temps, comme ie remarquay l'an 1601 estant allé voir ceste place, comme chose rare, auec feu monsieur Galland poëte Lionnois.

PERPETVÆ DOVadræi Theatri memoriæ, hos versus consecrarat L. Nobletus Saluilocensis, medicus.

Donadius celebri percurrens acta Theatro,
   Quæ tragico proflat gutture Melpomene,
Quicquid & Eoo noctum, & quicquid Ibero
   In Reges memorat noxia facta solo:
Quisquis amas ergo maiorum audire triũphos
   Hinc repetat quicquid lubricus orbis habet.

EPIGRAMME.

Quand on raporte ici d'vne graue faconde.

Et

Et d'vn Tragique vers, les histoires des Rois.

En extase raui syncerement ie croy.

Que ce Theatre soit vn abbregé du monde.

En plusieurs lieux, non loin d'Angers, l'ō void de belles perrieres d'ardoise, lesquelles sont de grand rapport au païs.

Il y a aussi grande abondance de tuffeau blanc en ce païs, & mesme du marbre en quelques lieux, dont l'on faict de beaux bastimens.

DV

DV PAYS DE NOR-
MANDIE IADIS APELLE
Neustrie, & de l'origine
des Normans.

Normans d'ou sont venꝰ.

Es habitans du païs de Normandie ont pris leur nõ du mot *North* qui signifie en langage Allemand, Septentrion: & de *Man*, qui vaut autant à dire, que Homme; comme qui diroit Homme Septentrional: Par ce que ce peuple est venu des extremitez du Septétriõ, & des limites d'Allemaigne.

LA Normandie a pour ses limites les Picards Beauuoisins au Leuant: les Manceaux au Midi: l'Ocean au Septentrion, & au Ponent la Bretaigne.

Du temps de l'Empereur le Debonnaire, enuiron l'an de nostre salut huict cents trente, iceux Normands n'ayans encor aucune cognoissance du vray Dieu, adorans les Idoles sortirent hors de leur païs; & se meirent courageusement en campaigne, s'asseurans en leur force: & coururent la coste des Saxons, puis passerent iusques en Gaule: estans pour lors conioincts aux Danois (auec lesquels ils auoint eu guerre du precedent) mais le susdict Empereur Louys le Debonnaire, les poursuiuit tellement, qu'ils furent contrains de se retirer: Apres auoir faict beaucoup de maux le long de la mer, au païs d'Aquitaine, le long des costes de Bretaigne, Neustrie & Picardie: Mais ils furent deffaicts, aupres de Sithin, où est maintenāt situee située la ville de sainct Omer.

Or iceux ne perdans courage, & desirans se faire fortune, reprennent les armes deux ans apres; & s'en viennent à Bordeaux, qui leur fut venduë par les Iuifs y habitans, & laquelle ils bruslerent, comme aussi celle de Perigueux, puis deffaicts par les François se retirent.

Environ quatre ans apres s'encourageans de plus en plus, il arment deux cents cinquante vaisseaux, & se ietterent sur le païs de Frise, & de là vindrent par mer descendre à Nantes; où d'abordee ils tuerent l'Euesque la vigille de Pasques, comme il benissoit l'eau des fonts baptismaux. De là ils allerent à Angers, & d'Angers à Poictiers, où ils tuerent aussi *Erebonius* ou Ebron 42. Euesque du lieu, & bruslerent l'Eglise sainct Hilaire
&

& l'Abbaye saincte Radegonde. Puis s'en allerent à Tours, où ils bruslerent l'Eglise S. Martin (le corps duquel auoit esté transporté à Orleans) Neantmoins ils furent deffaicts par les Aquitaniens, aupres de Poictiers: de sorte qu'il ne s'en sauua qu'enuiron trois cents.

Toutesfois ne voulans quitter ainsi leurs poursuites, ils se fortifient de iour en autre, auec plus grande resolution qu'auparauant; si bien que deux ans apres ils vindrent à Paris, qu'ils bruslerent, excepté les Eglises de S. Estienne, S. Vincent, S. Germain, & S. Denis, pour le rachapt desquelles ils eurent grand nombre d'argent; Et feirent encor plusieurs rauages soubs la conduicte de Godeffroy & Sigeffroy leurs chefs: tellement qu'il n'y eut endroict, où ils

Paris bruslé par les Normans.

ils ne feissēt sētir l'effort de leurs bras, & où ils n'exerceassent de grandes cruautez.

Mais en fin ils furent appaisez par le moyen d'vn mariage qui se feit: Charles le Gros donnant vne sienne niepce pour espouse à Godeffroy: lequel fut tué bien tost apres à la ruine de plusieurs bonnes villes de France.

Par apres vint en Gaule Rollo ou Rhou, vaillant prince, neantmoins qui affligea bien les Gaulois l'espace de treze ans; estant chef de l'armee des Normands, apres la mort du susdict Godeffroy: mais par vn accord final Charles le Simple lui donna sa fille nommee Gille pour espouse, auec la terre de Neustrie, à conditió qu'il la tiendroit de la couróne de France, à foy & hommage; & que ledict Rhou se feroit baptiser comme il feit apres
&

& tous les autres Seigneurs d'auec lui à son imitation.

Ledict Roul fut donc baptizé à Roüen par Francion Archeuesque dudict lieu: & tenu sur les fonts par Robert Comte de Paris, frere du deffunct Roy Eudes, qui de son nom l'apella Robert l'an de grace 912. Et depuis qu'il fut baptizé il fut vn des bons & deuots Princes de France: qui feit de grands dons & liberalitez es Eglises de Roüen, de Bayeux, d'Eureux, de S. Denys, S. Michiel à Tombelaine & autres.

Ce fut icelui qui voulut que la terre de Neustrie portast le nom de Normandie du mot *North*, & de *Man*, qui signifient homme Septentrional (comme nous auós desia dict.)

Ce bon Prince auoit la iustice en telle recommandation tádis qu'il qu'il viuoit, que depuis sa mort les Normands en ont eu, & auront tousiours la memoire. Car si on leur faict quelque tort, ils s'escrient ordinairement HaRol, ou Ha Rou: comme s'ils vouloint encor appeller & inuocquer leur ancien Iusticier, pour leur faire raison. C'est pourquoy la clameur de Harol n'a lieu qu'en Normandie. Il mourut l'an de grace neuf cents dix-sept. Son fils s'apelloit Guillaume Longue espee. D'vn autre Robert sixiesme Duc de Normandie, le plus liberal & magnifique Prince de son temps, & d'vne concubine, nasquit Guillaume surnommé le Bastard qui succeda à son pere. Toutesfois il fut fort persecuté par ses parens, lui voulans oster son Duché, comme illegitime; mais Henri 1. du nom Roy de France qui

D'où vient le mot Harol, en Normandie.

qui estoit son tuteur le secourut, & chastia les ennemis dudict Guillaume.

Icelui Guillaume espousa Mathilde fille de Baudoüin le Debōnaire Côte de Flandres, de laqlle il eut trois fils, sçauoir Robert Duc de Normandie, Richard qui mourut ieune, & Guillaume surnommé le Roux fondateur de Gisors, & qui fut en fin Roy d'Angleterre.

Ce mesme Guillaume le Bastard eut encor cinq filles, la premiere nommee Cecille, qui fut Abesse de Caen, Gertrude mariee à Baudoüin de Boulloigne, Duc de Lorraine, & Roy de Hierusalem; Constance, mariee à Allain Comte de Bretaigne; Elesque, fiancee à Harald Prince Anglois, mais le mariage ne s'accomplissant, Estienne Comte de Chartres l'espousa. La ciquiéme fut

fut Alis ou Adelis.

Ce Guillaume Bastard fut nommé le Conquerant, ayant à force d'armes conquis & gaigné l'Angleterre, qui lui apartenoit, par le testament du Roy Edoüard son cousin, qui mourut sans enfans.

Ledict Guillaume deceda le sixiesme iour de Septembre, l'an mil nonante & trois, aagé de septante quatre ans : son corps gist en l'Abbaye S. Estienne de Caen, par lui fondee. Au tombeau d'icelui (que l'Euesque de Bayeux feit ouurir, l'an mil cinq cents quarante deux) fut trouué vne lame doree auec cest Epitaphe.

Qui regit rigidos Northmanos atque
 Britannos
 Audacter vicit fortiter obtinuit,
Et Canomaneses virtute coërcuit enses
 Imperiique sui legibus applicuit.
       Rex

Rex magnus parua iacet Gulielmus in vrna,
Sufficit & magno parua domus domino,
Ter septem gradibus voluerat atque duobus
Virginis in gremio Phebus, & hic obiit.

Il y a eu plusieurs autres grãds & puissans Ducs en Normandie, entre lesquels fut Robert le Diable, & Richard sans peur, desquels l'on a conté plusieurs discours fabuleux.

Iean Sans terre, dernier Duc de Normandie de la race de Guillaume le Bastard, fut homme de meschante vie, & pour vn excecrable forfaict qu'il auoit commis, declaré par le Roy Philippes Auguste, & par les Pairs de France, inhabille à posseder terre, d'où il fut nommé Iean Sans terre, & le païs de Nor-

Normandie reüni à la couronne l'an mil vingt deux. Icelui fut enterré à Vvesthmõstier, lieu des sepulchres des Rois d'Angleterre, d'où l'on fut contrainct de l'oster pour les grands effrois, & espouuentables visiõs, desquelles estoint tourmētez de nuict ceux qui se tenoint audict lieu.

La Normandie contient sept Bailliages, sçauoir Roüen, Caux, Caen, Constantin, Eureux, Gifors, & Alençon, qui est à presēt vn Eschiquier.

Outre la capitale ville de Normandie, qui est Roüen, & les six Episcopales, qui sont Auranches, Constance, Sees, Bayeux, Lysieux, Eureux, sont encor nonante quatre villes: sans conter vn nombre infini de bourgs & de chasteaux.

FON-

FONDATION DE LA VILLE DE ROVEN.

Rouen est vne des premieres & capitalles villes de Normandie, & l'vne des plus anciennes de toute l'Europe, & de laquelle ont eu bonne cognoissance les Romains.

Ceste ville est Archeuesché contenant soubs soy les Dioeceses ci dessus nommez. Le docte & insigne Prelat d'Auranches Robert Cenalis, la dict estre moitié Belgique, & moitié Celtique: comme aussi est celle de Paris.

Roüen est dict par les latins *Rothomagus*, & prend son nom du mot *Roth*, qui estoit vne Idole anciennement adorée en ce païs qui fut faict demolir par S. Melon 2. Archeuesque de Rouën; & au lieu mesme où il la feit abattre fonda vn temple, ou plustost feit accommoder cestui ci au seruice du Dieu viuant, & le dédia pour ceste fin : lequel au parauant n'estoit basti que pour vn Dieu imaginé. Depuis ce téple a esté erigé en Prieuré de Religieux ou Chanoines de S. Augustin, portant maintenant le nõ de S. Lo. Or de ce nom susdict *Roth* & de *Magus*, fils de Samothes 1. Roy des Celtes, & de toute la Gaule, fondateur de Rouen; est donc venu *Rothomagus*, qui signifie Rouen.

Ceste ville est des plus marchandes de toute la France, sise en lieu commode, sur les riuages de la Seine, & non loin d'vn bras de mer qui vient en son

son reflux iusques fort pres de la ville.

Roüen a du costé d'Orient deux petites rivieres qui l'arrosent, & passent au travers de la ville, sçauoir Robec & Aubette, au Midi la Seine, & au Septentrion vne grande prairie, s'estendant en vne longue plaine, auec plusieurs hautes montaignes iadis chargees de bois de haute fustaye lesquels ont esté abattus, pour descouurir le païs, & pour rendre l'air de la ville plus sain, & pour fuir les embusches qu'on y eust peu dresser durant le temps de la guerre. A Rouën y auoit enuiron soixante neuf Eglises, Abbayes & Chapelles, tant en la ville qu'aux faux-bourgs, mais durant ces troubles derniers, les faux-bourgs furent ruinez, & plusieurs des lieux saincts.

Entre les Eglises de Roüen, celle de l'Abbaye de S. Oüen, (fondee du temps du Roy Clothaire) est l'vn des plus beaux artifices qu'on puisse voir au monde, de ce qu'elle peut contenir, ayant esté faicte comme par enuie de deux grands Architecteurs.

Aussi l'on trouue par escrit en vn Epitaphe de ladicte Eglise, que le seruiteur du maistre Masson qui auoit entrepris de bastir l'œuure, oyant le renom qu'on donnoit à son maistre, pour la façon d'vn œil d'vne des aisles dudict edifice taillé en forme de rose, fort magnifiquement : le seruiteur obtint permission de son maistre de faire seul l'autre qui restoit. Ce qu'estant faict & dressé : le seruiteur receut plus de loüange que son maistre, dont icelui maistre

fa

fasché & prins de cholere tua son seruiteur.

Or entre les peines à lui enioinctes pour tel meurdre, il fut comdamné à faire vne tombe à sondict seruiteur, & engrauer l'histoire en maniere d'Epitaphe: laquelle se void encor de present dans vne des chapelles de ladicte Eglise.

Quand les Rois vont visiter Roüen, ils font ordinairement leur seiour en ceste Abbaye.

Le Roy Louys douziesme erigea le Parlement de Normandie à Roüen au mois d'Octobre l'an mil quatre cents 99. Au parauant les causes se decidoint par Eschiquier, comme elles font à Aleçon. Le Roy susdict y establit vn Parlement sedentaire & perpetuel auec les Presidens, Conseillers & autres gens de iustice y requis.

Erection du parlement de Roüen.

Deuant le Parlement fut instituee la Cour des aides (qui comprend la iurisdiction des Esleus) par Charles 7. D'iceux Iuges dependent plusieurs Esleus, Greneriers & Contrerolleurs, ayans leur iurisdiction à part. Et outre les eslections du Duché de Normandie, y sont comprises celles du Perche, de la preuosté de Chaumont, & accroissement de Maigni, compris aussi Pontoise. A Rouën est aussi la Cour du Bailliage, & le siège presidial, & vicomté, & iurisdiction ordinaire, que ceux du païs appellent la Cohuë. Il y a plusieurs autres Chambres, pour le faict de la Iustice & des tailles, &c.

Entre les edifices plus admirables de Rouën, est le pont sur Seine, fort ingenieusement basti: eu esgard à la difficulté grande de de la Mer, qui deux fois le iour y faict son flux & reflux.

L'eglise cathedrale de Rouen dediee au nom de la tres-sacree Vierge mere de Dieu, fondee par Roul, depuis nommé Robert, 1. Duc de Normandie, est fort superbement bastie, armee de trois grosses tours : La premiere fort ancienne & nommee la tour S. Romain. La seconde est dicte la tour de Beurre: par ce qu'elle fut bastie des deniers recueillis du peuple, pour la dispence obtenuë par le Legat George d'Amboise, du S. Siege Apostolique, pour manger du beurre en Caresme chacune personne donnant six deniers. De la somme desdicts deniers qui furent cueillis, l'on feit parfaire ladicte tour de hauteur admirable; Dans laquelle le sudict Legat feit mettre vne cloche,

Tour de Beurre à Rouen.

la plus groſſe qui ſoit en France, & la feit nómer de ſon nom George d'Amboiſe, ſur ladicte cloche eſt eſcrit ce quatrain:

Ie ſuis nommee George d'Amboiſe
Qui plus de trente ſix mil poiſe,
Et cil qui bien me poiſera,
Quarante mil y trouuera.

La troiſieme tour eſt baſtie ſur le paruis de ceſte Egliſe, & eſt faicte d'vn artifice autant merueilleux qu'on en ſçauroit voir, comme auſsi tout le reſte de ladicte Egliſe.

Le premier paſteur des Rouennois fut S. Nichais enuoyé par S. Clement, apres la mort duquel ſe paſſerent enuiró cent ou ſix vingts ans d'interualle iuſques au 2. paſteur qui fut S. Meló: à cauſe de la grande perſecution que l'on faiſoit aux Chreſtiens. L'on conte iuſques au nombre de treize ou quatorze des Eueſques,

ques de Roüen lesquels sont canonizez en Paradis.

Plusieurs des prelats de Rouen ont faict octroyer à leur Eglise de beaux priuileges par les Rois de France: Entre lesquels est celui que le Roy Dagobert donna & octroya aux Chanoines, par les prieres de S. Ouën son Chancelier, vingt vniesme Archeuesque de Roüen, & successeur de S. Romain: & lequel priuilege tous les Rois de France ont confirmé l'vn apres l'autre. C'est que le iour de l'Ascensiõ de nostre Sauueur Iesus Christ, tous les ans lesdicts Chanoines ont puissance de deliurer vn prisonnier le plus prest à estre condamné, & à leur choix en est faict la deliurance en ceste sorte.

Messieurs de la iustice sõmez par le Chapitre de leur deliurer le prisonnier qu'ils demandent, lequel ayant obtenu, le conduisent en la chapelle S. Romain, bastie en vne grande tour nommee la vieille tour, où il se confesse de ses pechez : puis leue la riche & saincte Chasse où sont les sacrez ossements de S. Romain (20. Archeuesque de Rouen l'an 622.) Et ledict prisonnier secouru de quinze ou seize personnes il la porte en procession solennelle, où tout le Clergé assiste, & y sont portees toutes les reliques de la ville, vers la grand Eglise. Apres la Messe le malfaicteur est conduict deuant le maistre de la confrairie S. Romain qui le traicte tres-honnestement, & lui donne ce soir à souper & bon gist. Et le lendemain est conduict au Chapitre de l'Eglise; où par le sieur Penitencier lui est remonstré l'enormité de sa vie passee, qui le-

l'exhorte de se gouuerner sage-
mét à l'aduenir, & apres ce il est
absous & deliuré auec ses cópli-
ces, & les depositiós des autres
criminels, qui n'ót point esté nómez ou esleus, bruslez sur l'Autel
du Chapitre.

La cause de l'octroy de ce priuilege est que du temps de S. Romain, il y eut vn serpent de
monstrueuse grandeur, en la forest de Rouueray, de l'autre part
de la riuiere de Seine, lequel faisoit de merueilleux dommages,
aux enuirons de la ville, passant
l'eau, & rauissant toutes sortes
de bestes, & bien souuent des
hommes : lors qu'il ne trouuoit
rien dans le bois, pour se repai-
stre. S. Romain se fiant en Dieu,
s'adresse aux citoyens, leur pro-
posant que s'ils vouloint donner des hommes pour l'accom-
pagner, il se faisoit fort, auec
la

la grace de Dieu, de les deliurer de ce monstre. Mais nul ne fut si hardi de s'aduenturer à le suiure. Ce que voyant, il leur demanda deux pauures Criminels qui estoint aux prisons, afin de lui tenir compagnie: lesquels on lui octroya, sans aucune difficulté. Ainsi le S. Euesque sort auec ces deux gallands, l'vn meurtrier, & l'autre larron. Le serpent leur vint au deuant; le larron prit la fuite, l'autre croyant en Dieu, & s'appuyant en la vertu de l'Euesque, demeure asseuré. Lors S. Romain inuoquant le nom de Dieu, ietta son estole au col du serpent, l'en lia, & le donna à conduire à ce prisonnier. Et estant là au milieu de la place, le feit attacher & brusler; & les cendres furent iettees en la riuiere de Seine. Le Criminel qui estoit demeuré auec l'Euesque, fut absouls.

Admirable miracle.

souls de ses crimes, par la iustice.

Apres le decez de S. Romain S. Ouën lui succedant, & admirant les œuures de Dieu, & afin de ne laisser perdre la memoire de ce grand miracle, obtint du Roy Dagobert (auquel il en feit recit) le susdict priuilege.

Le Roy S. Louys feit bastir les Monasteres de S. Mathieu à Rouen, & celui des Iacobins, & le Couent des Emmurees, & des Beguines. Henri 2. du nó Roy d'Angleterre & Duc de Normandie, fonda les Cordeliers, les Monasteres du Pré & de Mortemer à Rouen.

DES EMBRASEMENTS DE
la ville de Rouen.

Ceste ville eust peu estre vn iour esgale à vn Paris sinon qu'elqu'elle a esté bruslee iusques au nombre de treze ou quatorze fois; comme ie vous deduiray suiuant que ie l'ay trouué par memoire au second chapitre du liure des Antiquitez & singularitez de Roüen.

Le premier embrasement qui aduint donc à la ville de Rouen, (comme font mention les Annales de Normandie) fut l'â de grace huict cents quarante & deux, lors que Hastenc, ou Hastingue, Seneschal du Roy de Dannemarche, vint au païs de Neustrie, lequel meit le feu à la ville, & à toutes les Eglises, qui y estoint sumptueusement edifiees.

L'an mil cent dix-huict, semblable embrasement aduint, qui brusla encor toute la ville; le feu commençant en la rue des Iuifs, qui pour ceste cause furent condamnez à de grandes amendes.

L'an

L'an mil cent vingt, le tonnerre tomba sur la grande Eglise de Rouën, lequel abatit le Crucifix & les vouftes de ladicte Eglife.

L'an mil cent vingt fix, le feu fe print derechef pres le pont de Seine qui brusla prefque toute la grande ruë du pont iufques à la rue Beauuoifine, & paffa le feu par deuant l'Eglife noftre Dame, fans toucher, ny endommager aucunement ladicte Eglife, mais par le changement du vent ou par permiffion diuine, aduint par apres que le feu fe retourna vers les Abbayes de S. Amand & de S. Oüen, qui brusla ces deux beaux monafteres.

Ce feu dura depuis prime iufques à heure de vefpres, le iour de l'Exaltation S. Croix en Septembre.

L'an mil cent foixante & treze
le

le Ieudi abſolut en la ſainɛte Semaine, le iour que le Sieur Guillaume de Dreux fut ſacré en la grãde Egliſe de Roüen, le feu prit en la ville, & bruſla treze paroiſſes, & les maiſons d'icelles, auec pluſieurs hommes & femmes, & petits enfans qui furent eſtouffez du feu.

L'an mil cent quatre vingts quatorze aduint par permiſsion diuine, que toutes les maiſons des Chanoines de noſtre Dame furét abattues & miſes par terre.

L'an mil deux cents trois enuiron vne heure apres minuiɛt, le feu prit pres le pont de Robec & bruſla la grãde Egliſe de Roüé, l'Egliſe de S. Maclou, & preſque toute celle de S. Denis, la vieille tour, & auſsi la plus grãde partie de la ville, & des Egliſes d'icelle, preſent le Roy d'Angleterre, qui pour lors eſtoit à Roüen.

L'an

L'an mil deux cents quatre, ladicte Eglise de nostre Dame fut derechef toute bruslee, les cloches, les liures, ornemens, reliques, fiertes, & grande partie des autres Eglises & maisons de la ville.

L'an mil deux cents dix, la nuict ensuiuant le iour de Pasques, le feu prit aux maisons de S. Claude le vieil, qui fut cause que l'Eglise fut toute bruslee, auec celle de S. Denis, tellement qu'il n'y demeura q̃ peu de maisons qui ne fussent bruslees.

L'an ensuiuant le feu prit en la paroisse de S. Maclou, en la semaine de Pasques, d'où arriua que toute la ville fut bruslee; hors mis les maisons & edifices de l'Archeuesque, lesquels furent miraculeusem:nt conseruez. Les monasteres de S. Ouen & de S. Lo, furent à l'instant du du tout bruslez, dont fut grand dommage, tant pour la sumptuosité des bastimens, que pour les biens meubles, qui y furent perdus.

L'an mil deux cents vingt, tout le pont de Robec fut bruslé, & plusieurs autres maisons prochaines.

L'an mil deux cents vingthuict le iour S. Laurens au mois d'Aoust l'Eglise S. Patrice fut bruslee, & toutes les maisons iusques à la riuiere de Seine.

L'an mil deux cents quarante & trois, le iour de Pasques fut esleu Odo Rigaut Cordelier, pour estre Archeuesque de Rouen, & ce dict iour le feu prit en la ruë Beauuoisine, qui brusla les Eglises S. Laurens, S. Godard, & de S. Oüen.

L'an mil cinq cent quatorze le quatriesme iour d'Octobre, qui

qui est le iour S. François, le feu prit en la haute tour, du milieu de l'Eglise nostre Dame de Rouën; & furent fonduës les cloches d'icelle tour, & en tomba le clocher sur la vouste du Chœur, & vint choir sur les chaires des Chanoines: & fut bruslé tout le comble dudict Chœur. Vn Chanoine nommé maistre Estienne Haro, Penitentier deladicte Eglise, disoit la grande Messe pour lors: toutesfois (par la grace de Dieu) n'y eut personne blessé.

L'an mil cinq cēts vingt & vn, la pestilence fut si grande à Rouën, qu'il sembloit voir parapres dedans la ville, qu'il n'y eust plus personne au monde; tant elle fut laissee deserte, par ladicte pestilence; l'herbe y estāt d'vn pied de haut.

Non loin de Rouen fut iadis
le

Roy-aume d'Y-netot.

le petit Royaume d'Yuetot, erigé du temps de Clothaire 2. du nom; lequel ayant tué, sans aucun subiect, le Seigneur Gaultier d'Yuetot (qui estoit à son seruice) par le faux rapport de quelques courtisans enuieux sur la vertu dudict Seigneur d'Yuetot, fut icelui Clothaire excommunié par le Pape Agapit, s'il ne reparoit la faute ainsi temerairement commise. Adonc ledict Clothaire exemta de tout hommage, les Seigneurs successeurs dudict deffunct Gaultier, auec pouuoir de faire batre monnoye & autres dignitez. Mais les hoirs masles deffaillás en ceste maison ce priuilege s'est aussi perdu. Messieurs du Bellay sont à present heritiers de ce lieu.

Enuiron l'an de grace mil soixáte & quatorze fut instituee à Rouën la feste de la Conception noſtre Dame, à cauſe d'vne apparition qui ſe fit à vn Abbé voguant es perils de la mer, durant la tépeſte. Laquelle feſte eſt speciallement ſolennizee à Roüen. Et y a prix & gage propoſé à vn puy & eſchauffault, qui y eſt ouuert à ceſte feſte, à tous Orateurs & Poëtes, en toutes langues, qui auront le plus doctemét & mieux à propos celebré les loüanges de la Vierge, ſur la ſaincte Conception.

Conception de noſtre Dame.

DE LA VILLE d'Eureux.

Entre les peuples de la Gaule (ſelõ les anciés Autheurs) ceux d'Eureux tiennent vne des premieres places, & s'apellent *Eburonicos*; La ville eſt baſtie ſur le fleuue d'Iton, autrement dict Eſſe-

Esseline du nom de la Comtesse Esseline, femme de Raoul iadis Comte d'Eureux.

Ceste ville est vn siege d'Euesché, & porte ce nom d'*Eburouix*, qui signifie yuoire: à cause que la pluspart du terroir d'Eureux est blanchissant comme yuoire.

Le premier Euesque qui fut à Eureux fut S. Taurin, du téps de Domitian, apres la mort duquel Euesque, Richard Comte de ce lieu feit bastir en son nó l'Eglise de S. Taurin, & vn monastere de Dames Religieuses.

Messire Iacques Daui sieur du Perron à present Euesque d'Eureux, est l'vn des plus insignes & plus sçauát personnage de tout le Royaume: comme l'on peut voir par plusieurs œuures admirables, de son inuention; & est le vray fleau des Heretiques, tres grand zelateur de l'honneur de Dieu.

Dieu.

Eureux est limité de la Seine à l'Orient, du terroir de Lisyeux à l'Occident; au Septentrion des finages de Rouën, & au Midi, du Perche.

Au terroir d'Eureux sont les villes de Vernon, L'aigle, Passey, Iurey, Tuillieres, Conches, Bretueil, Rugles, Bruin, & Hermenuille. Non loin d'Eureux fut la memorable bataille d'Iury l'an 1590. La ville d'Eureux fut toute bruslee l'an mil trois cents cinquante huict; le feu ayāt esté mis au fort d'icelle, par Iean Meudon, pour lors gouuerneur; afin d'empescher que l'ennemi n'en iouïst. Il y a Bailliage & Cour de Presidiaux.

DE LYSIEVX ET AVTRES villes.

Lisieux, non loin d'Eureux, est une ville Episcopale, ayāt ces païs pour limites: Eureux à l'Orient, le païs d'Auge au Septentrion; & au Midi le Perche & Alēçonnois; & à l'Occident les finages de Sees. Et est le païs de Lysieux fort ancien & bien cogneu par Cesar.

Ceste partie de la Normandie qui regarde les Armoriques est Celtique, n'y ayant de Belgique que vne partie du Rouënnois, & le païs de Caux auoisinant la Picardie. Lisyeux est bastie entre Seez & Vernueil, assez loin de la mer.

Le païs Lexouien est arrosé du fleuue d'Iue, qui le separe d'auec celui de Seez.

Non loin de Lisieux est Ponteau de mer: & en ce cartier est l'Abbaye de Bernay, fondee par la femme du Comte Richard ci de-

deuant nommé.

Apres est Honfl-eu, ville maritime portát ce nom à cause des eaux qui s'escoulent en la mer, par cest endroict.

En ce païs y a plusieurs monasteres & Abbayes, de l'ancienne fondation des Normands; comme ceux des Preaux & de Grestain, & autres villes & places, comme sont le Pont de l'arche, la Bouille, sur le bordage de la Seine.

DV PAYS DE CAVX.

E païs est celui que Cesar apelle *Caletes*, & est de belle estenduë & plus en long que en large, ayant le terroir d'Abeuille au leuant : au Midi le Beauuoisis; au Septentrion l'Ocean, & à l'Occident la riuiere de Seine, auec partie du Rouënnois.

Les villes plus fameuses de ce païs sont Gisors, S. Cler sur Epte, Pontoise, Gournay, Aumale, maintenant Duché, apartenant à l'illustre maison de Guise, Neuf-chastel siege Royal, Heu Comté apartenante aux heritiers des Ducs de Neuers, Arques, & le fameux port de Dieppe, l'vne des plus fortes places de la coste Belgique, ayant son nom d'vne petite riuiere laquelle y passe.

Le long de ceste coste Septentrionale de Normandie, est la place de S. Valeri situee sur la mer.

FONDATION DE FESCAMP, & autres.

En

EN ce païs de Caux est la fameuse & ancienne place de Fescamp, ainsi nommee comme qui diroit Champ de Fisc, ou campagne publique, fondee par S. Vvandrille, nepueu du Roy Pepin; lequel ayant abandonné le palais Royal, se rendit Religieux. Il fonda aussi l'Abbaye de Fontenelles en Normandie, Richard 1. du nom, & Richard son fils Ducs de Normandie reedifierent ledict monastere, & y donna cestui ci, la Baronnie d'Argences.

A Fescamp est bastie ceste grande, riche & memorable Abbaye, où furent iadis enterrez les Rois d'Angleterre, & Ducs de Normandie; tant pour la deuotion du lieu, que pour la saincteté des hommes qui y celebroint le diuin seruice ; pource que aussi ils en auoint esté les fondateurs.

En la Normandie Belgique est encor assise ceste forte & imprenable place du Haure de grace, seruant de clef au Royaume de France, pour faire teste à l'Anglois, laquelle le Roy François 1. du nom feit bastir.

Outre les villes susdictes sont encor au païs de Caux les villes maritimes de Harfleu, qui signifie autant que contre flux de mer, & Gaudebec, laquelle semble porter le nom du païs ; bien qu'il y ait encor vne place nommee Cailli se ressentant de l'ancienne apellation de Calet ruinee par les Romains. Caux est vn Bailliage ressortant au parlemēt de Rouen, & ayant soubs soy les villes susdictes, excepté celles qui sont subiectes à leurs Comtes, ou Ducs, & ayans leur Bailliage, vont respondre à la Cour
sou-

souueraine.

En ce païs eſt vne loy par laquelle tant Nobles que Roturiers venans à mourir, il n'y a que l'aiſné qui emporte l'heritage ſolidement; & ſans que partie aucune d'icelui puiſſe eſtre conferee au puiſné, ſinon quelque prouiſion pour ſon viure.

Loy ſeuere pour les enfants de Caux.

Et ceſte couſtume eſt procedee des anciens Noruegiens & Danoys, leſquels de tout temps faiſoint leurs aiſnez heritiers generaux de toute la ſucceſsion & patrimoine. Et les autres enfans eſtoint enuoyez hors de leur païs, pour conquerir leur fortune.

Ceſte loy fut occaſion que les premiers Normands qui paſſerent en Gaule, auoint quicté leur païs; ne leur reſtant par la couſtume que l'eſpee & le courage, pour s'en aller ailleurs cercher leur auantage. De quoy l'effect donne plus de foy que escriture qu'on en puisse monstrer. Voyla pour la Normandie Belgique, reste encor la Celtique.

DV PAYS DE SEES, ET D'ALENÇON.

V terroir de Lisyeux est voisin celui de Sees, le peuple duquel s'appelloit iadis *Sessuuien*, ou *Sagien*. La capitalle ville de ce païs est situee sur la riuiere d'Orne, laquelle se va ruer dans l'Ocean, au dessoubs de Caen. Ceste ville est illustree de Siege Episcopal, ayant soubs soy plusieurs bonnes villes, & la pluspart de l'Alençonnois, auec
par-

partie du Perche.

La terre de Sees est au milieu de Normandie entre l'Orient & l'Occident, ayant le terroir de Lisieux au Leuant, le Bessin au ponent, la Duché d'Alençon au Midi, & au Septentrion les Bailliages de Caen & d'Auge en la basse Normandie.

L'Eglise cathedrale de Sees est dediee en l'honneur de nostre Dame: le premier Euesque de laquelle s'apelloit Sigebolde Celui qui tient à present le siege Episcopal, est nommé Messire Claude de Morenne.

Alençon estoit jadis vn Comté, dont Pierre quatriesme fils de S. Louys, fut le premier Comte, lequel espousa Ieanne fille vnique de Iean de Chastillon, Cóte de Blois.

Alençon fut erigé en Duché soubs Charles 6. l'an 1414. Le

Alençon erigé en Duché.

Bailliage de ce lieu est vn des plº grands de Normandie, ayant Iuges, Conseillers & autres gents de Iustice.

FONDATION DE LA VILLE
de Falaize, & autres.

Soubs le Diocese de Sees est la ville de Falaize, ainsi dicte, de *Fales*, ou *Feles*, mot Hebrieu; qui signifie la languette qui tient vne balance en son contrepoids; lequel nom fut iadis donné à ceste ville, par les enfans de Noé possedans la Gaule; A cause que ladicte ville est situee, comme en esgale distance, au fond d'vn vallon, enuironnee de montaignes de toutes parts.

La figure de Falaize est comme vne nef, estant longue & estroiſtroicte, n'ayant que trois rues, deux deſquelles vont d'vn bout à l'autre de la ville, où le chaſteau (qui fut faict baſtir par Ceſar) eſt comme la poupe de la nauire, eſtant ſitué ſur vn roc, commandant à la ville, ayant des foſſez fort profonds, & enuironné de deux eſtangs, l'vn deſquels ne tariſt point, à cauſe des ſources qui y ſont.

En icelui chaſteau ſe tenoint iadis les premiers Ducs de Normandie.

Il n'y a que deux paroiſſes à Falaize l'vne fondee au nom de la tres-ſaincte & indiuiſee Trinité, & l'autre de S. Geruais, La ville de Falaize eſt plus habitee de gens de Iuſtice & Nobleſſe que de marchands: Parquoy il n'y a pas grand trafic.

Non loin de Falaize eſt ce gros & fameux bourg nommé

la Guibray, où se tient la foire tant renommee par toute la France & Germanie; laquelle se commence le lendemain de la mi Aoust, & dure huict iours. A vne lieue de Falaize vers le Ponent est le mont surnõmé d'Airienne où l'on prend les oiseaux de proye, & passagers: tels que sont Faucõs, sacres, Tercelets, Espreuiers Esmerillons, & souuent des Aigles, & plusieurs autres sortes d'oyseaux.

Guil-bray

Guillaume le Conquerant fils de Robert 1. du nom, Duc de Normandie estoit natif de Falaize.

Falaize est du Bailliage de Caen, comme aussi Bayeux & Vire, qui est vne assez belle ville, ayant chasteau & siege d'assises, & receptes de tailles & aides. Par ainsi les citoyens sont fort honorables.

Robert & Anthoine dicts le Che-

Cheualier freres sieurs d'Aigneaux Poëtes François (lesquels ont elegamment traduict les œuures de Virgile & d'Horace) estoint natifs de Vire. Le terroir voisin de ceste ville porte le nom de Vau-de Vire, de laquelle & du susdict païs ont & tiennent leur nom les chansons anciennes & communes, apellees vulgairement Vau-de Vires. Desquelles fut autheur vn apellé Oliuier Basselin.

FONDATION DE LA ville & terroir de Bayeux.

AYEVX est vne ville Episcopale, voisine de Sees: & des plus anciennes de la Gau-

Gaule, & la capitale du Bessin. Lequel païs est limité du terroir de Sees à l'Orient, & du Costantin au ponent, du Maine au Midi: Et du Bailliage de Caen au Septentrion.

L'estendüe du Bailliage de Bayeux est plus grande que celle de l'Euesché, ayant soubs sa iurisdiction la pluspart des villes de Sees.

Quelques vns tiennent que Bayeux prend son nom de *Belus* 2. Roy de Babylone, estant venu surgir vers les parties du North du costé de la basse Normandie, la où il fonda ceste ville, apellee de son nom Belocase: comme qui diroit *Beli casa*, c. à d. la maison ou la demeure de *Belus*. Comme aussi ce peuple est nommé *Bellocassi*.

Ceux de Bayeux furẽt des premiers apellez à la cognoissance de de l'Euangile par S. Exupere, qui fut enuoyé en ce païs du temps de Domitian l'Empereur, par S. Clement successeur de S. Pierre, duquel il fut promeu, & vint cóme Euesque à Bayeux prescher la parole diuine.

L'eglise de Bayeux est des plus belles de Normandie, pour la magnificence de sa structure, & colomnes de toutes sortes: embellie de diuers ouurages, & les deux tours de merueilleuse hauteur, & faictes en forme de piramides: estans soustenuës du corps de cest edifice, & au milieu est vne magnifique tour, ornee d'arches, & arcs boutants, & claires voyes, q̃ feit faire Louys de Harcourt iadis Euesque de Bayeux, en laquelle tour est l'horloge de la ville, qui est des plus exquix, qu'on sçauroit desirer, marquár & sonnant les quarts, & demi mi heures, d'vne agreable melodie, par le moyen de quelques clochettes sonnantes l'antienne *Regina cæli &c.*

Ceste Eglise est des bien seruie de la France, ayant son Euesque qui est vn Doyen entre les Prelats de Normandie, & lequel es assemblees publiques, est Lieutenant de l'Archeuesque ou Metropolitain.

Il y a cinquante Chanoines en ceste Eglise, y comprenant les douze dignitez telles que sont le Doyen, Chantre, Chancellier, Archidiacre, soubs Doyen, maistre Escole : puis les grands Vicaires, & grand nombre de Chapelains, & le Theologal, & la Salete, & enfans de Chœur.

Il y auoit de grands thresors & riches chasses, où reposoint les sacrez ossements & reliques de plusieurs saincts, emportees par

par les Huguenots & Caluinistes, l'an mil cinq cents soixante & trois, durãt les troubles & guerres Ciuiles du Royaume. Soubs ce Bailliage & Vicomté est la place de Thorigny qui n'est qu'vn petit bourg, & qui iadis estoit vne belle ville cõme les marques tant de murs que de portaux le font paroistre.

Thorigny iadis ville.

En ce païs est encor la ville d'Argenten, situee sur la riuiere d'Orne, de laquelle ont sorti plusieurs braues esprits. Non loin de laquelle est Hiesnes dicte *Oxinium.*

FONDATION DE LA VILLE de Caen, &c.

Caen est apellee *Cadomus*, par les latins, cõme qui diroit *Caii domus*, & non pas de *Cadinus*, comme quelques vns ont pensé;

D'autant que le Dictateur Caïe Cesar, en fut le premier fondateur, & est ceste ville situee sur la riuiere d'Orne ou d'Aulne, & est la seconde en ordre entre les principales de Normandie, estimee des plus belles & plaisantes qu'on puisse voir à cause de son assiette.

La maison de ville de Caen est fort magnifique, bastie sur des pilotis en l'eau: sur des arcs boutants, & faicte à quatre beaux & grands estages, & armee de quatre tours es quatre coings de l'edifice. La principale tour est celle de Befroy, en laquelle est la grosse horloge, où l'on void des cadrás pour cognoistre l'accroissement & decroissement de la Lune.

C'estoit en ceste ville que faisoit iadis sa demeure Guillaume le Conquerant auec son espou-

espouse Mathilde, & où ils feirent baſtir l'Abbaye S. Eſtienne, & le monaſtere des Religieuſes, dedié au nom de la ſaincte Trinité; auquel la premiere Abeſſe fut vne des filles du ſuſdict Duc, comme nous auons dict, & lequel y fut enterré, comme auſsi ſa femme. Les Epitaphes deſquels y ſont engrauez & leurs effigies dreſſees; & par ce que i'ay mis ci deuant celui du Duc, ie mettray celuy de ſa femme qui eſt tel:

Egregiam pulchri tegit hac ſtructura
   ſepulchri
Moribus inſignem, germen Regale Mat-
   hildem
Dux Flandrita pater, huic extitit Ada-
   la mater,
Francorum gentis, Roberti filia
   Regis,
Et ſoror Henrici Regalis ade po-
   titi,

Regi magnifico Gulielmo iuncta marito.

Præsentem sedem, præsentem fecit & ædem,

Tam multis terris, quàm multis rebus honestis,

A se ditatam, se procurante dicatam.

Hæc consolatrix inopum, pietatis amatrix

Gazis dispersis, pauper sibi diues egenis:

Sic infinitæ petiit consortia vitæ,

In prima mensis, post primam lucem Nouembris.

1087.

Ce Duc Guillame secouru de Henri 1. de ce nom, Roy de France, gaigna vne bataille aupres de Caen, au val de Dunes, contre les Comtes de Bessin & de Constantin, qui le vouloint chasser de sa Seigneurie, comme illegitime. Apres ceste bataille il il feit vne assemblee de Prelats à Caen, où presida Maurille Archeuesque de Roüen: & pource que les susdicts Prelats auoint porté les reliques de leurs Eglises, & mises toutes en vn lieu: il feit depuis bastir en la mesme place vne Eglise, apellee l'Eglise saincte paix de Toussaincts: en l'an mil cinquante & cinq.

Le chasteau de Caen est haut esleué sur la ville, & est situé sur vn roc, & fortifié de son Dongeon. Au milieu y a vne tour fort haute & grosse, flanquee aux quatre coings de quatre autres grosses tours, & armee de fossez tres-profonds.

A Caen y a Bailli, Lieutenant general, Ciuil, Criminel & particulier, auec les Conseillers, Aduocats, & Procureurs du Roy, gardes des Seaux, &
au-

autres Officiers neceſſaires. Il y a en outre vne chambre de Generaux, & la demeure des Threſoriers & Financiers & Eſleux, maiſtre des eaux & des foreſts, le Grenetier, Vice bailli, Vice admiral, chambre des monnoyes, & de la Cour Epiſcopale de l'Eueſché de Bayeux.

L'vniuerſité y fut inſtituee, l'an mil quatre cents trente vn, auec fondation de pluſieurs Colleges, regie par ſon Recteur, Chancelier, & Conſeruateur des priuileges, tant Eccleſiaſtiques que Royaux.

Les Eccleſiaſtiques ſont tels, que l'Eueſque de Bayeux en eſt Chancelier, & ceux de Liſyeux & Conſtances Conſeruateurs pour l'Egliſe. Le Bailli de Caen l'eſt pour les priuileges Royaux.

Encor qu'on die qu'il ne croiſt de vin en Normádie, ſi eſt ce que

à

à Argences qui est enuiron quatre lieuës pres de Caen il y en croist quantité, comme aussi en la haute Normandie y en croist de tresbon, dont est fournie la pluspart de la Prouince.

A Caen y a dix neuf ou vingt maisons consacrees à Dieu, tant en la ville qu'aux faux-bourgs, c'est à dire Eglises, Conuents, Hostel Dieu, & autres lieux saincts.

De Normandie reste encor le terroir de Cóstantin comprenant les Eueschez d'Auranches & de Constances, les deux pieces plus Occidentales de toute la Normandie.

DE

DE LA VILLE ET PAYS D'Auranches.

La ville d'Auranches est celle qui fut iadis chef des Ambiliates, renommez par Cesar, & est dicte en latin *Arborica*, ou *Abrinca*, en nombre pluriel, pour la grande abondance des bois, qui iadis l'auoisinoint, & qui depuis furent couppez.

Auranches est situee sur le sommet d'vne montagne, sur vn rocher assez difficile à monter du costé de la mer. Estant sur les murailles de la ville on descouure du costé du mont S. Michel plus de trois à quatre lieuës de terre blanche, ou greue : sur laquelle la mer vient flot-

De la France. 345

flotter, iusques fort pres du rocher: lors qu'elle est en son plain flux, venant s'espandre sur vne petite riuiere nómee See, laquelle passe par le bourg de Ponts soubs Auranches.

Du costé de Septentrion l'on void le plat païs, couuert de bois de haute fustaye, en plusieurs endroicts; & celui du parc à deux lieuës d'Auranches, apartenant au Seigneur Euesque de ce lieu; où il y a aussi vn fort beau chasteau, basti par Louys de Bourbon quarante vniesme Euesque d'Auranches; lequel feit aussi bastir la maison Episcopale d'Auranches, laquelle est l'vne des plus fortes, & plus belles du Royaume: mais ce magnifique bastiment fut tout ruiné par le dedans (ne demeurant que la superficie du logis) en l'an mil cinq cents qua-

Chasteau du parc.

quatre vingt dix, ce qui fut faict pour fortifier la ville, qui eſtoit aſſiegee: les faux-bourgs de laquelle furent auſsi preſque tous ruinez.

De deſſus les murs d'Auranches l'on void le merueilleux rocher, ſur lequel eſt ſituee dans la mer l'Egliſe & monaſtere de S. Michel, tant renommé par toute la France, & honoré des Catholiques, qui de loingtain païs y vont en voyage; n'eſtant diſtant d'Auranches qu'enuiron de trois lieües.

Le mont S. Michel.

La figure d'Auranches eſt preſque toute ronde en ſa circonference, bien cloſe, muree, ayát des foſſez profonds, & larges, eſtant des plus fortes.

Les faux-bourgs ſont plus grands que la ville, contenans trois Egliſes parochiales: ſçauoir noſtre Dame deſ-champs.

au-

aupres delaquelle est le College (qui est vn des meilleurs & plus fameux de Normandie) apres est S. Geruais, & puis S. Saturnin où estoit autrefois le corps entier d'vn des Innocens martirizez par Herodes : mais du temps que les Caluinistes ruinerent les Eglises de ce lieu; celle ci entre autres fut bruflee auec le corps du susdict Innocent, & y fut perdu vn calice d'argent doré, le plus grand, & le plus beau qu'on eust peu voir. Ceste ville est Episcopale: l'Eglise cathedrale de laquelle est dediee au nom de S. André Apostre & disciple de nostre Seigneur: en icelle ont presidé les Euesques qui ensuiuent: Le premier fut S. Leonce qui presidoit des le temps que les François commençoint à se domiciler en la Gaule. Le 2. fut Nepe, qui viuoit

Q

du temps de Clouis 1. du nom, & assista au premier Concile national d'Orleans, le 3. fut S. Perpetue, qui fut au deuxiesme Concile d'Orleans, le 4. fut S. Pair, le 5. fut Fegase ou Fegasie, qui assista au quatriesme Concile d'Orleans, le 6. fut S. Senier, le 7. S. Seuer, le 8. S. Rahentrace, le 9. S. Leodenalt, le 10. S. Aubert. Et du temps de cestuy qui fut enuiron l'an de grace sept cents & huict, Childebert deuxiesme du nom regnant en France, fut bastie l'Eglise & monastere du mont S. Michel, pres Tombelaine, au peril de la mer, à cause de l'aparition d'vn Ange faicte audict Euesque. Le 11. fut Norgot, le 12. fut Iean 1. du nom, le 13 fut Maugis, Euesque de grand renom: lequel institua les Moines au mont S. Michel, & en chassa les Chanoines, qui n'en'eſtoint pas bien viuans en leur eſtat. Le 14. qui ſucceda à Maugis fut Anſegand, le 15. fut Iean deuxieſme du nom, fils de Raoul Comte d'Eureux & viuoit l'an mil ſoixante & trois. Et fut ceſtui qui conceda aux Eueſques d'Auranches le lieu de S. Philebert, auprès de Rouen, d'ou il fut Archeueſque, & vn iour comme il vouloit dire la Meſſe ſolennelle le iour de S. Oüen, en l'an mil ſoixante & treze: les Religieux de l'Abbaye, ſainct Oüen le chaſſerent auec main armee, & le ietterent furieuſement hors de l'Egliſe. Parquoy le conſeil aſſemblé par ceux de noſtre Dame Egliſe cathedrale, là où preſidoit le Duc de Normandie, Roy d'Angleterre, furent leſdicts Religieux, les vns punis & mis en priſon, & les autres s'enfuyrent. Le 16.

fut nommé Michel, qui assista au Concile de Rouën, l'an mil septante quatre. Le 17. Turgis, le 18. Richard de Subligny, le 19. fut Richard de Belle-faye, lequel est inhumé en l'Eglise nostre Dame du Bec, il deceda l'an mil cent soixante & vn. Le 20. estoit nommé Hebert, qui mourut l'an mesme, le 21. fut Richard Abbé de S. Victor, le 22. fut Richard de Constantin troisiesme du nom auparauant Archidiacre de Constance, le 23. Guillaume Burel, le 24. Guillaume Foulon, lequel fut tout surmonté d'orgueil en son viuant, le 25. Guillaume d'Ostilli, le 26. Guillaume quatriesme du nom, Doyen de nostre Dame de Paris, esleu l'an mil deux cents trente neuf, le 27. fut Richard l'Ange, quatriesme du nom. Son corps repose en la Cha-

Chapelle nostre Dame dans l'Eglise cathedrale d'Auranches, le 28. Raoul de Thieuille, qui fut Euesque l'espace de vingt-quatre ans, & deceda l'an mil deux cents nonante, le 29. fut Geffroy le Boucher, le 30. Nicolas de Luzerche, lequel est inhumé en l'Eglise S. Geneuiefue de Paris, le 31. fut Michel de Pontorson, qui fut Euesque vn an cinq mois, le 32. fut Iean de la Mousche, qui plaida contre les Seigneurs, pour les poissons de la greue, & pour les bestes rousses de la forest de Lande pourrie, & pour les franchises d'icelle. Le 33. fut Iean dict Vienne lequel regit son Euesché en bonne paix puis il mourut à Rheims en Champaigne, le 34. fut Iean cinquiesme du nom, surnommé de Haut fumé, lequel est enterré à Rouën, en l'Eglise S. Oüen, le 35. auoit

nom Foulques Bardoul natif de
Rhennes, le 36. auoit nom Robert de la Porte, le 37. Robert
du Fay, qui trespassa subitement
tout aupres de sa porte l'an mil
quatre cents nonante, le 38.
Iean sixiesme dict de S. Auit, le
39. Martin Pinard, natif de Bayeux, qui tint l'Euesché dix ans,
le 40. auoit nom Iean Bouquard, septiesme du nom Docteur en la Sorbone de Paris, le
41. Louys de Bourbon lequel
mourut le vingt vniesme d'Octobre mil cinq cents dix. Iceluy auoit faict bastir la maison
Episcopale, le 42. fut Louys Herbert Prelat de grand merite &
auctorité, natif de Paris & fils
d'vn des douze Pairs de France.
Ce fut iceluy qui feit bastir la
Chapelle de nostre Dame de Pitié, dans l'Eglise cathedrale & y
est inhumé ; & regit l'Euesché
seize

seize ans puis deceda le quatriefme iour d'Auril, mil cinq cents vingt six, au chafteau du parc, qu'il auoit aufsi faict reedifier. Le 43. fut Iean de Langheac, le 44. auoit nom Robert Cenalis Parifien né de bas lieu, qui fut comme vne lumiere de tous les Docteurs & Prelats de fon temps, iceluy fut efleu Euefque l'an mil cinq cents foixante, & est enterré dans le Chœur de l'Eglife S. Paul à Paris, & auprés eſt vn tableau de cuiure, fur lequel eſt graué fon Epitaphe dót voici l'extraict.

Ego Iehouad, hoc eſt nomen meum
Vni trino nomini ac nomini facrum,
Huc ades, quiſquis, es Chriſtianæ
    cultor,
Pietatis, hoc monumentum vocat
Suadetque, vt te eſſe mortalem vel ca-
    fibus
Diſcas noſtris, tumq́; fequuntur legas,

Q 4.

EPITAPHIVM ROBERTI CE-
nalis, Arboricensis Episcopi, Do-
ctoris Theologi, & ordine
Parisiensis.

En moriturus ego vixi, quo viuere possim
Iam moriens mortem vita beata manet,
Vixi equidem, fateor, sed quę vixisse pigeret,
Ni mihi spem faceret gratia larga Dei,
Bustá tui miseranda vides, qui forte Roberti,
Die tandem æterna pace fruatur, Amen.

Obiit 27. Aprilis 1560.

Le 45. Euesque fut Anthoine le Cirier, Parisien aussi homme de grande & singuliere doctrine, lequel feit son entree à l'Euesché le iour & feste S. André, l'an mil cinq cents soixãte deux, il assista au Concile de Trente. Le 46. Augustin le Cirier, frere dudict Anthoine, lequel gouuerna fort vertueusement son Euesché quatre ans & demi, & trespassa le troisieme iour de Mars, mil cinq cents quatre vingts

vingts, le 47. fut Georges Pericard, natif de Roüen, Prelat tres-digne, & de grand merite: qui mourut l'an mil cinq cents quatre vingt sept, le treziesme iour de Iuillet, enuiron minuict. Son corps repose en la Chapelle S. George en l'Eglise cathedrale d'Auranches, & y est son Epitaphe graué sur vn grand tableau de cuiure, le 48. est Messire François Pericard, frere dudict Georges, à present tenant le siege Episcopal: qui est l'vn des insignes pasteurs, qui soit en la France, homme de saincte vie: lequel entreprit le voyage de Rome, l'an mil cinq cents nonante sept: enuiron la S. Michel, son retour fut l'an 1600. à l'entreé du Caresme, au grand desir & contentement de son troupeau; icelui visitant incontinent apres son dict retour toutes les paroisses de son Diocese, faisant en chacun lieu de belles & sainctes exhortations, conferant le sacrement de Confirmation à vn chacun qui se presentoit: d'auantage il feit imprimer plusieurs beaux liures, tant pour l'instruction de son troupeau que pour le reglement de son Eglise. Ce qui a incité le peuple à grande deuotion. Bref c'est vn pasteur qui peut veritablement dire & prononcer de soy ceste heureuse rencontre comprise soubs le voile de son illustre nom.

François Pericard Euesque d'Auranches
Pacquers Paradis facond en heur sacré
Multipliant tousiours d'vn fidelle
    deuoir
Le sainct talent, duquel Dieu m'a voulu pouruoir.
A cercher le salut, la paix, & l'asseurance

*De mon troupeau tref-cher, où mon
 foin eſt ancré:
Laugure de mon nomme faict auoir
 croyance
Que l'ACQVERS PARADIS,
FAECONDEN HEVR SACRE.*

Entre les Euesques Normands, celuy d'Auranches eſt le ſecond en honneur es Conciles de la Prouince, & autres aſſemblees, qui s'y font, pour le faict du Clergé (comme il eſt plus amplement porté es anciennes memoires.)

L'egliſe cathedrale d'Auranches eſt dés mieuxſeruie, y ayant vingt Chanoines (comprenant les dignitez ordinaires des Egliſes cathedrales) leſquels viuent conuenablement à leur eſtat. Et entre iceux, y en a quatre qui ſont comme les quatre lumieres, ſçauoir maiſtre Iean Fortin Docteur en la Sorbone de Pa-

Paris, Doyen & grand Vicaire du Seigneur Euesque d'Auranches, homme des plus celebres & plus parfaicts de ce temps. Maistre Vincent le Got Docteur en l'vn & l'autre droict, & Archidiacre, lequel est aussi assez cogneu par la France pour son sçauoir : Maistre Denis Luquin, aussi Docteur Theologal, & Official, grand Orateur & des plus eloquens; Comme est aussi Maistre Christofle de S. Geneuiefue, Penitentier en ladicte Eglise, lequel a passé la meilleure part de son eage pour profiter au public en la fameuse vniuersité de Paris, ainsi qu'ont faict les precedents nommez.

A Auranches y a siege de Bailliage, Vicomté, & Ellection, auec les Lieutenants generaux & particuliers & autres gents du Roy, fort signalez.

En-

Enuiron sept lieuës d'Auranches est la petite ville de Mortain, apartenante à monsieur de Mont-Pensier, laquelle fut erigee en Comté, & donnee à Messire Pierre de Nauarre en l'an mil quarante & vn. Il y a aussi Bailliage & Vicomté, dont les appeaux vont à la Cour de Parlement à Roüen. Auprés ceste ville sont deux Monasteres de Religieuses.

Au terroir de Mortain est aussi l'Abbaye de Sauigny, situee sur les bornes de la Normandie, de la Bretaigne Armorique, & du païs du Maine, dont est à present Abbé Messire Claude du Bellay, sorti de l'illustre maison du Bellay.

Apres est encor l'Abbaye de Mont-morel, non loin du bourg de Ducey, apartenant au Seigneur de Mongomeri, gou-

gouuerneur de la ville de Pont Orson, qui est vne forte place arrosee de la riuiere de Cœsnon, separante la Bretaigne d'auec la Normandie.

A vne lieuë d'Auranches vers le Midy, est le Pont-aubault, fort remarquable, par soubs lequel passe la riuiere de Selune, qui se va ruer non loin de là en la mer Occidentale, ioignant le mont S. Michel.

DE PLVSIEVRS CHOSES
memorables aduenues d'Au-
ranches.

L'An mil cinq cents soixante deux, vn lundi huictiesme iour de Mars, fut venduë & trahie la ville d'Auranches aux Huguenots Caluinistes ; lesquels ruinerent entierement l'Eglise cathedrale, & en emporterent tous

tous les thresors & richesses, cóme aussi des autres Eglises.

L'an mil cinq cents soixante sept l'Eglise cathedrale d'Auranches fut poluë, par vn nommé le Preudhomme, lequel donna vn coup de cousteau à vn sergeát nommé Noel le Follon, estant dans le Chœur de ladicte Eglise: laquelle fut reconciliee & rebenie par l'Euesque de Rhennes, le vingt-neufiesme iour de Iuillet audict an.

L'an mil cinq cents soixante dixneuf, le iour de la decolation S. Iean, le feu prit en la ruë pendante aux faux-bourgs d'Auranches, & brusla grand nombre de maisons.

L'an mil cinq cents quatre-vingts dixsept, le feu prit le lundy de deuant Pasques en la ruë des trois Rois aux faux-bourgs d'Auranches, & y eut plusieurs
mai

maisons bruslees ; & dautant que le feu estoit si violent qu'on ne le pouuoit esteindre, à cause du grand vent qu'il faisoit, & que les forces humaines estoint trop foibles contre sa force, l'on alla querir auec grande reuerence le sainct Sacrement, & aussi tost que le peuple se fut mis en deuotion & prieres, le feu cessa & s'esteignit miraculeusement.

Miracle memorable aupres d'Auranches.

L'an mil cinq cents quatrevingts dix-sept, le vingt-cinqiesme iour d'Aoust, qui est le iour S. Louys, vn nommé Iean Alix, aagé de vingt huict ans ou enuiron, sourd & muet de nature: natif de la paroisse du Mesnilthoue, Diœcese d'Auranches, Comté de Mortain, receut le don de l'ouye & de la parolle dans l'Eglise S. Pair le Seruain, paroisse voisine, où se faict le fer-
en-

entre la premiere esleuation du corps de nostre Seigneur & celle du Calice. Vn nommé maistre Pierre Foulques prestre celebrant la Messe, en l'intention dudict Alix, lequel Alix (presence de grand nombre de peuple qui estoit assistant) vint à prononcer hautement IESVS IESVS IESVS, misericorde, *Corpus domini, &c.* Monsieur S. Louys que i'aye la parole: Et lors lui fut aduis qu'il auoit sorti vn brandon de feu de sa bouche. Et du depuis à tousiours ledict Alix bien parlé & entendu. Et est ce miracle tres-veritable, comme plus amplemét on peut voir par le docte discours, qui en a esté mis en lumiere, par maistre Anthoine de Morri, Conseiller & Ausmonier du Roy Henri 4. à present regnant lequel discours est dedié à la maiesté.

L'an

L'an mil cinq cents nonante & trois, vn mecredi 15. d'Auril enuiron neuf heures de matin le tonnerre tomba tout à coup, & contre la saison, sur la tour de l'Abbaye du mont S. Michel, pres Auranches, laquelle estoit vne des plus hautes de France, & fut toute bruslee, & plusieurs cloches fondues, auec vn dommage inestimable.

L'an mil six cents cinq, le sixiesme iour d'Auril, la mer Occidentale s'est tellement desbordee aux enuirons d'Auranches, Dol, & S. Malo, que l'on ne pourroit estimer les ruines & dommages qu'elle a faicts, n'ayant iamais esté veuë iusques où elle s'est estendue, tellement qu'elle à mesme entré presque dans la ville de S. Malo par dessus les murailles d'icelle.

Du temps de S. Louys il tōba
du

De la France. 365

du Ciel vne petite pierre dans le mōt S. Michel, sur laquelle estoit escrit le nom de Iesvs; & d'icelle furent touchez les yeux de quelques aueugles, qui recouurerent incontinent la veuë, ainsi que raporte R. Guaguin en la vie dudict S. Louys.

DV PAYS DE CO-STANTIN,

Ostantin & Constances ne viennent pas de Constantin l'Empereur (comme quelques vns ont pensé mal à propos,) mais de *Castra Constantia*, ainsi dict à cause que *constanter*, c'est à dire presque tousiours, les soldats y estoint campez, comme sur

Am. Marcel. lib. 15.

sur les limites, tant de la grande Bretaigne, que des Armoriques; lesquels donnoint beaucoup d'affaires aux Romains.

Le païs de Côstantin est limité au Septentrion de la mer Oceane, au Midi du terroir de Sees, au Leuant des guez de S. Clement, de Thorigni, & de la riuiere de Vire; & au Ponent de la Bretaigne.

DE LA FONDATION DE Carentem.

DV costé de la mer, allant du Ponent au Leuant: la premiere ville qu'on void est Carentem, fondee par vn ancien Colonel de Cesar nommé *Caros*, & est ceste place tres-forte, quoy que petite, estant enuironnee de la mer & fort marchande.

Sainct Leon iadis Archeuesque de Roüen, estoit natif de Carentem, en son temps vn des plus celebres Docteurs, & signalez Lecteurs, de la faculté de Theologie de Paris. Estant Archeuesque de Roüen il eut commandement du Pape d'aller en Espagne conuertir quelques vns qui estoint disposez: Ce qu'il executa promptement & heureusement. Mais s'en reuenant il fut pris à Bayonne, par des Pyrates (gents sans merci) lesquels apres plusieurs sortes de tourments & cruautez, le decapiterent & martirizerent, & auec lui ses deux freres Philippe & Geruais, lesquels l'auoint assisté en son voyage.

Apres que ceux de Bayonne furent Chrestiens, ils prindrent pour leur patron ce sainct Archeues.

uesque Leó, à cause des miracles que Dieu a faicts en ce païs, à l'inuocation dudict sainct: duquel ils ont les reliques & de ses deux freres aussi.

De Carentem estoit aussi natif Maistre Robert le Rocquez Docteur en Theologie, lequel laissa apres sa mort vn liure intitulé le Miroir d'Eternité, comprenant plusieurs antiquitez & choses memorables; quoy qu'il soit en vers ressentants vn peu le viel style. Lequel liure à esté mis en lumiere par Robert le Rocquez nepueu du susdict Maistre Robert, homme d'assez galland esprit; comme l'on peut voir par quelques œuures de son inuention, de nouueau imprimees.

Non loin de Carentem est le closet de Costentin, abondant en pasturage, à raison des eaux

qui

qui l'arrosent vers Penesme, & les ponts Douue. Et en ce païs est encor la ville de Valongnes assez belle & remarquable où il y a vn fort chasteau, auec haute & basse iustice. Comme aussi le bourg de S. Sauueur le Vicon-te, lieu de remarque tant pour son estendue, que pour vn fort chasteau y estant, où passe par le pied d'iceluy la riuiere du pont Douue, arrosant plusieurs bonnes prairies là estantes. Il y a aussi le bourg de Poiriers.

FONDATION DE LA VILLE de sainct Lo.

LA ville de S. Lo est renommee d'vn Euesque de Constances portant ce nom: l'Eglise duquel lieu est de la fondation de Charlemaigne (selon l'opinion

nion de quelques vns) lequel l'auoit premierement dediee au nom de S. Croix, en l'an de nostre Seigneur 815 pour vne vision qu'eut ledict Charlemaigne.

Ceste pauure ville fut saccagee par les anciens Normands, lesquels tuerent & mirent en pieces les pauures citoyens: quoy qu'ils se fussent rendus à composition: & y massacrerent aussi vn Euesque de Constance nommé Algerunde.

Ceste ville fut aussi assiegee du temps des Caluinistes & encor vne autrefois, peu apres.

FON-

FONDATION DE LA VILLE DE CONSTANCES.

Cste ville (comme dict est) porte le nom de *Castra Constantia*, à cause que les soldats Gaulois y resistoint constammēt tousiours contre les Romains. Quelques Autheurs ont voulu dire que Auguste Cesar luy donna les premiers fondements: & que *Constantius Cæsar*, quarante deuxiesme Empereur de Rome, l'apella Constances, de son nom: par ce qu'il y faisoit ordinairement son seiour. Et mesme qu'il mourut en Normandie à Eureux.

Constances est comme champestre & sans murailles ny closture quelconque, dont est

1. *Bapt. E-gnace en ses hist.*

dommage, eu esgard à sa beauté & situation: Toutesfois elle a esté autresfois fermee de murailles, qui furẽt abbatues apres que les Anglois en furent chassez en l'an quatre cents.

Au costé d'Occident de ceste ville au bas d'vn vallon se voyent plusieurs pilliers, fort hauts & d'vn belle structure, industrie & artifice: faicts comme vn pont à plusieurs arcades, & furent anciennement bastis par les Seigneurs du nom de Paisnel. Par dessoubs ces pilliers, passe vn ruisseau nommé Bulsard; & par dessus vne fontaine qui vient de demie lieuë loin de là, conduite par des canaux de plomb, iusques au milieu de la ville.

Fontaine remarquable à Constances.

L'eglise cathedrale de Constances est vne des plus belles, & plus admirablement bastie,

de

de tout le Royaume.

Dans icelle ont presidé plusieurs insignes Euesques depuis l'Eglise primitiue, car le 5. sçauoir S. Lo, estoit en l'an quatre cents soixante treze, d'où l'on peut voir que les premiers ont esté durant la persecution des Idolatres & Payens, contre les deffenseurs de l'Euangile.

Or le premier des Euesques de Constances fut S. Ereptiole, le 2. S. Exuperance, le 3. Leonard, le 4. fut S. Possesseur, le 5. S. Lo: Le corps duquel gist à Roüen, où il fut porté à cause des guerres. Ce qui a esté occasion que les Euesques de ce lieu ont longuement porté le titre d'Euesques de S. Lo, pource que l'Euesque Thierry, se tint à Roüen, en quelques possessions que le Duc de Normandie luy auoit donnees, en la cité

Metropolitaine pres l'Eglise S. Lo, attendant que Constances ruinee fust remise en vigueur. Le 6. fut S. Romphaire, le 7. Leon, le 8. S. Leontian, qui signa au premier Concile d'Orleans, le 9. fut S. Vrsin, qui soubscriuit au second & au troisiesme Concile d'Orleans, le 10. fut S. Vlphobert, le 11. fut Lupicie, le 12. Nepe, le 13. Machaire, apellé par Gregoire de Tours Romachaire : disant que ce fut luy qui enterra le sainct Archeuesque de Rouen Pretexat, lequel fut faict massacrer par la meurdriere Fredegonde, l'an mil cinq cents trente quatre : comme le susdict Archeuesque celebroit la Messe vn iour de Pasques. Le 14. Euesque fut Hulderic, le 15. Vvaldomar, le 16. Trahe, le 17. Rothumud, le 18. Salomon, le 19. Agathee, le 20. Lauin, le 21.

Vvi-

Vvifride, le 22. Aldebert, le 23. Iosué, le 24. Leon, le 25. Angulon, le 26. Hubert, le 27. Vvibard, le 28. Herluin, le 29. Sigenand, le 30. Liste, le 31. Ragenard, le 32. Hellebold, le 33. Aggebert, le 34. Theodoric ou Thierry: qui fut nommé Euesque de S. Lo, le 35. fut Herbert, le 36. Algerunde, lequel fut massacré à S. Lo, par les Normands, comme nous auons desia dict, le 37. Gislebert, le 38. Hugo, le 39. Herbert, le 40. Robert, le 41. Geffroy, surnommé le bon Geffroy, qui gouuerna l'Eglise quarante cinq ans, & la reedifia sur les fondements par Robert son predecesseur, & apres la consacra en presence de Guillaume Duc de Normandie, l'Archeuesque de Rouën, de plusieurs Euesques, & de plusieurs Seigneurs & Barons tant de Normandie que Bretaigne, en l'annee mil cinquante six. Le 42. Raoul, le 43. Roger, le 44. Richard, qui viuoit l'an mil cent cinquante sept, le 45. Algari, le 46. Richard second du nom, le 47. Guillaume, le 48. Viuien, le 49 Hugues de Moruille deuxiesme du nom, qui feit bastir & fonda la maison Dieu dudict Constances, le 50. Gillan de Caen, le 51. Iean d'Essey, le 52. Eustace, le 53. Robert de Harcourt 3. du nom. Il fut auparauant Archidiacre de Constentin & fut lui qui fonda le College apellé de Harcourt à Paris, le 54. Guillaume de Tyeuuille, le 55. Louys de Equierci, le 56. Siluestre de la Ceruelle, le 57. Nicolas de Tholon, le 58. Guillaume de Crepicordier, le 59. Gisles Deschamps, le 60. Iean de Marle, le 61. Panoulphe, le 62. Philbert de

de Montioyeux, le 63. Gilles de
Duremort, le 64. Iean de Cha-
ſtillon, le 65. Richard Oliuier
Cardinal, le 66. Benoiſt de Mont
ferrand, le 67. Iulian natif de
Geneue, qui du depuis fut faict
Pape ſoubs le nom de Iules 2.
& lequel fut plus adonné aux
armes qu'aux letres, il poſſeda
le ſiege neuf ans trois mois douze iours, le 68. fut Geffroy Hebert Pariſien, qui gouuerna ledict Eueſché trente 7. ans, & feiſt
beaucoup de biens a l'Egliſe, &
augmenta le reuenu, & fonda les
veſpres en icelle & les enfans
de Chœur, le 69. Adrian Gouf-
fier Cardinal de Boiſi, le 70. fut
nommé Bernard D'vnce Cardinal, le 71. René de Breche, Religieux de l'ordre de S. Benoiſt,
le 72. fut Philippes de Coſſey,
en l'an de grace 1530: lequel
auoit eſté precepteur du grand

Roy François. Le 73. Payen d'Hector, le 74. Estienne Martel, le 75. fut Artus de Cossey, fils du Mareschal de Brissac, le 76. est Nicolas de Briroy, Pasteur tres-digne de sa charge, tant pour sõ integrité de mœurs que pour la liberalité, dont il vse enuers les pauures: estant vn des plus aumosniers de la France, selon son reuenu: & lequel a faict vne infinité d'autres œuures pieuses, qui tesmoignent assez sa preudhomie, il fut pourueu à Rome par le Pape Clement huictiesme apres la reconciliation des troubles de la France, le seiziesme en Septembre 1597. & consacré à la Chapelle nostre Dame à l'Abbaye sainct Germain desprez à Paris, par les sieurs Euesques d'Amiens, de Digne & de Beauuois, le dimenche 7. de Decembre 1597.

Il

Il a tousiours residé & reside en son Euesché faisant ses functions, visitant les paroisses d'iceluy, où l'on estime qu'il a conferé le sacrement de Confirmation à pres de trois cents mil personnes.

Il y a aussi bõ nombre de Chanoines en l'Eglise cathedrale de Constances, lesquels se gouuernent prudemment en leurs charges; & y en a de signalez en doctrine, assez cogneus en la France pour leur merite.

La ville de Constances est grande & fameuse & en laquelle y a grand nombre de riches marchands faisans trafic tant par mer que par terre. En icelle est aussi le siege presidial de Costentin fort recommandable, pour la bonne iustice, qui est en ce lieu fort equitablement gardee à l'endroit d'vn chacun. Il y a maintenant vn President homme de grand & singulier merite nommé Monsieur Poirier, auec douze Conseillers, en outre sont les Lieutenants Ciuil & Criminel, pour le siege du Bailliage.

Quand pour le faict de la police, il y a vn Seneschal. D'auantage sont les sieges de Viconté & Election.

DV BOVRG DE VILLEDieu.

ENuiron sept lieuës de Constances, est le bourg de Villedieu, & y est vne commanderie des Cheualiers de Rhodes, iadis instituee par le Roy d'Angleterre Richard 3. du nom, lequel y feit de fort belles fondations. Il y a Bailliage.

Les

Les habitans de Ville-Dieu sont fort grossiers, pour la plus-part; neantmoins il y en a de fort ingenieux entre les autres. Ils sont principalement adonnez au trafic de paellerie, estans presque tous fondeurs de cloches, paelles, chaudrons, & autres ouurages de metal & de cuiure.

DE LA LANDE D'HEROVLD,
iadis place remarquable.

Tout auprès de Ville-Dieu, est la lande d'Herould, ou d'Airou, qui n'est maintenant qu'vne simple paroisse. Anciennement y auoit vn bourg contenant enuiron demye lieuë de long, fort superbement basty sur le grand chemin tendant à Auranches, mais il est ruiné, &

& n'en reste plus que fort peu d'enseignemens. Il y auoit aussi vn beau chasteau, dont on aperçoit encor quelques vestiges; le champ voisin & proche d'iceluy s'apelle encor le pré du chasteau.

Enuiron deux traicts d'arbaleste du bourg susdict, est sur le grand chemin vne petite Chapelle, des plus anciennes, où il y auoit autrefois vn Monastere de Religieux, qu'on apelloit S. Leonard des bois, à cause qu'il estoit situé en vn bout du bois de la lāde d'Herould.

Prodige admirable. L'an de grace mil cent cinquante & huict, vn samedy de la semaine de Pasques, enuiron midi s'esleua de terre à la lande d'Airou vn grand tourbillon, qui enleuoit auec luy tout ce qu'il rencontroit: & enfin se haussant en l'air, s'apparut vne forme de colomlomne montant auec le tourbillon laquelle estoit couloree de bleu, & rouge, & s'aresta en l'air. Cependant on voyoit des fleches & dards, qui s'eslançoint contre ceste colomne: sans qu'on veist ceux qui tiroint ces coups: & au haut du tourbillon, qui estoit sur la colomne, on voyoit crier & voltiger vn grand nombre d'oyseaux, de diuerses sortes.

Bien tost apres ce prodige aduint vne estrange mortalité au peuple de ce lieu (dont le Seigneur mourut des premiers) & s'espandit ceste cruelle maladie par toute la Normandie, & Regions circonuoisines.

DE GRAND VILLE ET AV-
tres places.

ENuiron sept lieuës de ce païs est la forte place de Grandville, qui est vn bon port de mer: seruant comme de clef & deffence de ce costé, contre les incursions des Anglois.

Le lõg de la coste de la mer, le païs de Costentin est orné d'infinis chasteaux, & quelques villes, & premieremẽt on void vne presque isle, dicte la Hogue, par les latins *Ogigies*, qui est infertille ne seruant qu'a transporter de la marchãdise de là en autres lieux, sçauoir en terre ferme. Apres est Montebourg, où il y a vne belle Abbaye de la fondation d'vn nommé de sainct Benoist nommé Roger de S. Croix qui en fut le premier Abbé, & les frais en furent faicts par Henry premier Roy d'Angleterre & Duc de Normandie.

Ce Monastere estant passé,

on void la Hogue, S. Vast, & puis Barfleu, où y a vn Conuent d'Augustins.

FONDATION DE LA VILLE de Cher-Bourg, & autres.

NOn loing de Barfleu, est la fameuse place de Cher-Bourg, en Latin *Cæsaris Burgus*, dautant que Cæsar la feit bastir: ayant arresté son Camp en ceste basse marche de Constentin, Ceste ville & chasteau, fut la derniere ostee aux Anglois, par Charles septiesme: lors qu'il les chassa du tout de la France, l'an mil quatre cents quarante neuf. En memoire dequoy se faict procession generale le douziesme iour du mois d'Aoust, par toutes les Eglises plus signalees de la Normandie.

Apres

Apres ceste place sont encor Breual ou Barfleur, Briquebec, (où l'on a descouuert puis vn an quelques mines d'argent, cuiure & autre metaux) & Hambie, qui appartient à la maison d'Estouteuille, & iadis appartenoit aux Painels: mais en fin Ieanne Paisnel estant mariee à Louys d'Estouteuille: iceluy feit passer ceste grande succession en sa famille.

Le Bourg de la Haye Paisnel porte encor le nom de ceste ancienne famille.

Non loin de là est vn petit Bourg dict Gauuray, où l'on void les ruines d'vn ancien chasteau sur vne petite montagne fort haute & admirable, qui estoit iadis vne insigne forteresse.

A Hambye y a vne Abbaye de la fondation des Seigneurs d'Ed'Eſtouteuille, qui de tout téps y ont eſleu leur ſepulture.

DES ISLES QVI SONT AV pays de Coſtentin.

LE païs de Coſtentin a quelques Iſles, comme Iarſay ou Gerſay, auquel lieu la deuotion des gens de bien auoit fondé vn Conuent de Freres Mineurs, mais la barbarie & l'impieté des Huguenots & heretiques a ruiné ceſte ſaincte maiſon, & chaſſé les Religieux ſeruans à Dieu en ceſte inſulaire ſolitude. Leur maiſon eſt à preſent en vn lieu champeſtre tout aupres de Grand-ville par la liberalité de feu Madame de Hambie & d'Eſtouteuille.

Apres ſont encor les Iſles de Grenezay & de Sere qui eſt
for-

fortifiee d'vn fort contre les Pyrates : lesquelles Isles ne recognoissent en rien l'obeïssance deuë au sainct siege, voila tout le traict de la Normandie & ses Bailliages, dont cestuy-cy de Costentin est le dernier, lequel comprend encor soubs soy les Chastelenies qui ensuiuent, sçauoir Briquebec, Moyon, S. Sauueur le Vicomte, Sainct Sauueur Lendelin, la Haye du Puys, Cerances & Villedieu, lesquels ressortissent à Constances. Et de là les appeaux vont en la Cour souueraine de Rouen. Du ressort de Constances est aussi le Bourg de Poiriers : auquel y a Bailliage, Vicomté & Eslection.

Louinge de Normandie. Or les lecteurs pourront icy dessus voir succintement descrite vne des plus belles, riches, & florissantes Prouinces du Royaume, & terres subiectes au Roy

Roy de France : eu esgard au grand nombre de noblesse, à la fertilité du païs & bonté & de la terre, à laquelle ne manque chose qui serue pour la vie & l'entretien de l'homme ; & où l'on descouure maintenant des mines propres pour faire l'argent & autres metaux, sçauoir en la Forest de Briquebec & à trois lieuës d'Auranches en vne paroisse nommée Caroles. La mer de son costé donnant toute sorte de trafic & commerce, la terre y fournissant les viures, le Ciel y departant son influence aux hommes; qui sont des plus accords, subtils, & spirituels de la Gaule, difficiles à estre trompez, affables, courtois, grands harengueurs, adonnez aux lettres & à leur profit, sincerement Catholiques non subiects aux loix ny coustumes
d'au-

d'aucuns estrangers, vaillans en guerre, & qui ont tousiours faict paroistre en quelques lieux qu'ils ayent esté leur vertu, & la force de leurs armes, & mesme parmy les nations estrangeres. Leurs entreprises se sõt faict voir en la conqueste de l'Angleterre, laquelle ils oserent entreprendre, leur Duc n'estant encor seurement estably en son heritage.

Mais sur tout sont à admirer les conquestes des enfans de Vallougnes, au païs de Costentin, & de Hautefueille : sçauoir Robert surnommé Guischard, (c'est à dire en langage Normand ingenieux & rusé) auec ses freres puisnez de leur maison, qui n'estant que simple Gentil homme se feit neantmoins par sa vertu & proüesse, Seigneur & Duc de Calabre &
la

la Pouille, & se voulant (qui plus est) faire Empereur de Constantinople, ledict Robert, dressa vne grosse armee & combattit contre les Venitiens & troupe Imperiale par deux fois & les vainquit. Mais s'estant retiré à Cassiopoli Promontoire de l'Isle de Corfu surpris d'vne fieure tres-aiguë, finit en ce lieu là ses iours au mois de Iuillet l'an mil octante deux. Ceste tresnoble & illustre famille des Normands Guischards print lamentable fin, l'an mil cent nonante cinq en Guillaume, que l'Empereur Henry sixiesme feit chastrer; afin de ne produire plus lignee, & luy feit en outre perdre la lumiere des yeux auec des bassins eschauffez & ardans, lesquels il le contraignoit de regarder directement, iusques à ce que la reuerberation de la cha-

chaleur luy eust peu à peu osté la veuë, laquelle cruauté iceluy Empereur commist, afin que nul de ceste race ne lui dónast empeschemér au Royaume de Sicile.

DV PAYS DE BRETAIGNE, IAdis nommé Armorique.

CE païs s'apelloit autresfois Armorique, & encor du temps de Cesar; depuis il a porté le nom de Bretaigne, mais les Autheurs modernes & mieux approuuez reietent l'opinion de l'Annaliste Breton, lequel veut forger ie ne sçay quel *Brutus* Troyen fugitif, quatriesme descendant d'Ænee, auoir donné telle appellation à ce païs. Et soustiennent les susdits Autheurs que les
Peu

Peuples Bretons sont descendus des anciés Gaulois, & leurs Princes des Romains : & que la Bretaigne peut bien auoir ce nom, pour la grande nourriture de Bestiail & Brutes que l'on faict en ceste terre, laquelle est diuisée de la Normandie par la riuiere de Cœsnon.

La Bretaigne est presque toute enclose d'eau, & contient quelque six vingts lieuës en lógueur, ayant le païs du Maine à l'Oriét, & vne partie de l'Anjou, au Septentrion la mer Britannique, & partie du Costentin ; au Ponent la mer Oceane, & au Midi le Poictou.

Ce païs est diuisé en littoral & maritime, & en terre ferme : de sorte que les Doloys, Leonnois, Brioçois, ceux de Triguier, & S. Paul, anciennement nommez Diablintres, sont le

long

long de la mer Septétrionale, appellee Britannique, & les autres sont en terre ferme.

La Bretaigne donc est diuisee en trois langues, sçauoir en Breton Bretonnant, dont les Dioceses sont Cornoüaile (les habitans de laquelle sont dicts Cornubiens) S. Paul & Triguier.

Apres sont les Bretons Gallots (qui semblét estre ainsi nommez, comme qui diroit Bretons Gaulois, ou descendus des Gaulois) lesquels parlent François, sçauoir Dol, Rhennes, & S. Malo.

Les trois autres sont meslez, parlans tantost le langage Breton: tantost le François ; sçauoir Nantes, Vannes, & S. Brieu: qui sót en tout neuf Eueschez en Bretaigne, & dependans de l'Archeuesché de Tours.

DE

DE LA VILLE DE DOL.

Dol n'estoit anciennement qu'vn Chasteau pres leql fut fondée vne Abbaye, qui estoit assise sur vn môt. A present il n'y a qu'vne petite chapelle dediee au nom du glorieux Archange S. Michel.

Dol fut erigé en Euesché enuiron l'an 566. Le premier Euesque du lieu fut S. Sanson, auquel succeda S. Magloire, le corps duquel gist à Paris.

DE LA VILLE DE S. MAlo, & lieux qui en dependent.

Le terroir de S. Malo se nommoit anciennement Alete, &

le premier par qui fut changé le nom fut S. Malo premier Euefque de ce lieu parent de S. Sanfon, la memoire duquel eftoit fi agreable aux habitás de ce païs, qu'ils attribuerent fon nom à cefte ville.

De la ville de S. Malo eftoit natif ce grand & illuftre pillote Iacques le Cartier, lequel foubs le regne du grand Roy François, defcouurit le païs & Ifles de Canada, & autres terres, en la mer Septentrionale, auec honneur & gloire immortelle.

Cefte ville eft fituee fur la mer & comme en vne Ifle; en icelle y a grand trafic principalement fur la mer.

Soubs le Diocefe de S. Malo font comprinfes les Abayes de Beau-lieu, Monfort & de la Prée, & de là on vient au port de Cancale, puis à Cambourg,
Sam-

Sambriard, & à Dinan.

FONDATION DE LA VILLE
de Dinan, & autres.

Dinã est vne fort belle ville, anciennement le seiour & plaisir des Ducs de Bretaigne, situee sur le fleuue de Meuse, lequel se va couler en la mer, non loin de là qui est occasion: que la ville est de grand trafic. Il y a quelques Autheurs qui tiennent que ce païs est ainsi nommé à cause de la Deesse Diane, & que certains peuples estranges se vestãs de peaux de bestes, & viuans des fruicts des arbres, d'herbes & de fueilles, bastirent vne ville nommee *Dionacum* au milieu d'vne forest qu'on appelloit la forest du Faigne : Et enuiron l'an du monde trois mil cinq cents vingt, les Flamans enuahirent ces peuples, & les meirent à mort: ayans mesme destruict leur Cité, & le reste qui se sauua rebastit encor vne autre ville, au nom de la Deesse Diane, qui est à present la ville de Dinam.

Non loin d'icelle est le Liege ou il y a de belles foires & renomees par la France.

Le Liege

Apres les places susdictes, est la ville de Lambales, & terroir Lábalois, que plusieurs pensent estre le vray païs des anciens Ambiliates, iadis apartenánt à la maison de Clisson.

A Lambales y a plus grand trafic de parchemins qu'en ville de France, à cause de l'abondáce du bestiail. Ce terroir depend de l'Euesché de S. Brieu, dont il faut faire la description.

FON-

FONDATION DE LA VILLE DE S. BRIEV ET autres places.

Ceste place est assez ancienne, les habitãs de laquelle estoint iadis appellez Biduceés, & n'y auoit qu'vne Abbaye, laquelle fut erigee en Euesché du temps du Pape Pelagie, enuiron l'an de grace cinq cents cinquanté deux, le premier Pasteur ou Euesque fut S. Brieu, lequel auoit esté nourri & instruict par S. Germain Euesque de Paris, au nom d'iceluy est appellee ceste ville S. Brieu.

Au bon Euesque S. Brieu succeda S. Guillaume, lequel fut banny par son peuple; parce qu'il reprenoit les vices. Et ayant demeuré long temps en Poictou, en fin ce sainct personnage reuint mourir en son

Euesché.

A S. Brieu est l'Eglise S. Michel bastie sur vn fort haut rocher, lequel sert d'abry aux Nauires contre les vents & orages. Sur iceluy rocher est vn fort Chasteau pour la garde de la ville, y ayant vn Capitaine, & Morte-payes ordinaires, pour la desféce des vaisseaux qui sont au port.

Es enuirons de S. Brieu sont encor les places de Lambales (dont nous auons parlé) puis la ville & chasteau de Quintin, où y a grand trafic de toiles & tout aupres est l'Abbaye de Cormorue, non loin de laquelle est vne forest ayant dix grandes lieuës d'estenduë. En outre est la ville de Iungon, qui fut iadis vne chambre Ducale à present presque ruinee: Aupres de laquelle est la forest de la Hunaudaye,

daye, au milieu de laquelle est l'Abbaye de sainct Aubin des bois, où il y a des Religieux de Cisteaux, & non loin de là est le chasteau de Corlay, puis la ville d'Auaugour ancienne place de la maison des Ducs de Bretaigne. Apres est Guingamp apartenāte aux heritiers des anciens Comtes d'Estampes, issus par alliance de la maison de Bretaigne, puis est Morlais tout contre la mer Britannique.

I'oubliyois à faire mention parlant de S. Brieu, du Seigneur Iean du Tillet, homme de singuliere & rare doctrine, grand historien & fort versé en l'Antiquité, lequel en ce dernier siecle a presidé dans le siege Episcopal de sainct Brieu, & depuis a esté Euesque de Meaux, non sans grand regret des Bretons, qui honoroint fort ce bon personnage.

FONDATION DE LA ville de Treguier autrement dicte Lantreguet ou Quinpercorentin.

LA ville de Treguier ou Lantreguet, iadis nommee Trecorense est situee comme au milieu des eaux, & souuent arrosee de la mer, lors qu'elle est en son flux & reflux, & où les vaisseaux abordent auec grand profit pour ceux du païs.

L'eglise de Lâtreguet ou Quinpercorentin fut erigee en Euesché par vn nomme Thudual natif d'Angleterre, qui commandoit pour lors au païs Armorique, & en fut iceluy 1. Euesque. Laquelle Eglise lõg temps aprés (sçauoir du temps que Philipes
le

le Bel regnoit en France) fut faict rebastir par S. Yues Official de Quinpercorentin, en son temps grand Iurisconsulte & patró des Aduocats & autres gens de Iustice, lequel fut Canonisé par Clement 6. du nom.

DE LA VILLE DE Vennes.

CEste ville est des plus anciennes de Gaule, situee cõtre la mer Oceane, & qui fut iadis fort puissante, tant par mer que par terre, ayant mesme liuré la guerre aux Romains. On faict grand trafic en ceste ville principalement sur la mer.

La ville de Venise en Italie fut bastie par les peuples descendus du païs de Vennes.

Ceste ville est embellie du

chasteau, qu'on nomme d'Hermine, qui seruoit de Palais & maison de plaisir au Ducs de Bretaigne, iceluy chasteau fut basty par le Duc Iean de Montfort.

A Vennes y a plusieurs belles Eglises & principalement la Cathedrale, en laquelle ont presidé plusieurs grands & insignes Prelats, le premier desquels fut S. Paterne, appelé par les Bretons S. Poix, lequel fit bastir la susdicte Eglise Cathedrale au nom de la tressacree vierge mere de Dieu, & des Apostres S. Pierre & S. Paul.

A S. Paterne ou sainct Poix succeda S. Gobriã gentilhomme de grãd maison, qui feit plusieurs miracles, tant en son viuant, qu'apres sa mort.

De Vennes fut natif S. Mellan, ou Melaine Euesque de Ren-

Rennes; & S. Aubin Euesque d'Angers, & Vincent grand personnage, & insigne Predicateur de l'ordre de S. Dominique, mourut à Vennes.

DE LA VILLE ET PAYS DE S. Paul, iadis apellé Leonnois.

Tout aupres de la mer est situee la ville de S. Paul maintenant ainsi apellee à cause d'vn S. Euesque qui y presida, lequel pour sa saincteté a esté occasion qu'apres sa mort la ville a porté son nom.

Leon fut erigé en Euesché l'an de nostre Seigneur cinq cents septante, seant à Rome Iean 3. Le Roy Chilperic regnant en France, & le premier Euesque fut le susdict S. Paul, qui auparauant estoit Abbé en l'Eglise
du

du Monastere de Leon: laquelle fut erigee en Cathedrale.

A S. Paul succeda S. Gauuain lequel mourut à Rennes: son corps gist en l'Abbaye S. Melaine de Leonnoys où S. Paul fut iadis Seigneur de Tristan, duquel les liures fabuleux, racontent tant de folies. Toutesfois ce Tristan estoit de maison illustre, & des premieres de Bretaigne, comme aussi Lancelot du Lac.

Les Seigneurs de Rohan estás descendus du susdict Tristan, ou bien luy succedans par alliance, ont possedé le Vicomté de Leónois pres de sept cents ans: iusques à ce que enuiron l'an de nostre Seigneur mil deux cents cinquante quatre, vn Seigneur de Rohan le vendit a Iean 1. du nom, Duc de Bretaigne. Ce qui faict foy que la maison de Ro-

Rohan est tres-ancienne, & qu'elle est sortie des premiers Princes Chrestiens.

Au Diœcese de Leon ou S. Paul, sont les Abbayes de Gerber, dicte de Relignes: celle de S. Mathieu de fin de terre, & celle de S. Marie de Carler, qui est des Moynes de Cisteaux.

DE LA VILLE ET PAYS DE Cornoüaille.

Cornoüaille anciennement dicte Curiosolite, est encor vn Euesché de basse Bretaigne: & est ceste place de grande Antiquité, & dont le fondateur est incertain; Quoy que l'Annaliste Breton, & autres Autheurs non assez approuuez, vueillent dire que Cornoüaille soit de la fondation de ie ne sçay quel *Corineus* fugitif de Troye.

Ce premier Euesque de Cornoüaille fut S. Herué, lequel est en si grande recommandation entre les Bretons, & sa memoire si agreable, que ces peuples font imposer à leurs enfans (pour la pluspart) le nom de Herué. En la basse Bretaigne sont encor les villes & places de Hennebont, Auray, Malestroict, Iosseli, Rohan, Guimenay, Landerneau, le Conquest, Brest, le Four, le Pont, Fontenau, Quemperlay, Ponsecorf & autres.

DE LA VILLE DE RHENNES
Capitale de Bretaigne.

La ville de Rhennes est Episcopale, & situee sur la riuiere de Villaines; non loing de Cham-

Chambourg & de la Guerche, & est des plus anciennes de la Gaule fort bien recogneuë par Cesar, il y a haute & basse ville.

Le Parlement de Bretaigne fut institué à Rhennes, par le Roy François premier du nom, la ville de Rhennes fut saccagee & bruslee par les Bretons mesmes, s'estans mutinez les vns contre les autres, du temps du Roy Chilperic.

En ceste ville a esté ceste presente annee 1604. establi vn College des Peres Iesuistes, pour instruire & enseigner la ieunesse, au grand contentement de tout le païs, & de toutes gés de bien, par la liberalité du treschrestié Roy de France Henry 4.

FON-

FONDATION DE LA VILLE DE NANTES.

Nantes est aussi vne des villes capitales de la haute Bretaigne, fondee par Nanner l'vn des arriere nepueux de Noé, pere de Rheme, qui bastit la ville de Rheins, & est situee sur la Riuiere de Loire, il y a grand trafic sur mer en icelle.

Ceste ville est Episcopale, dont le premier Euesque fut Sainct Cler.

L'eglise Collegiale de nostre Dame de Nantes fut fondee par Allain Barbe-torte, Duc de Bretaigne.

Nantes est le siege des Ducs de Bretaigne, & tousiours fort fidele au Roy de France : en ceste ville y a Chambre de Comtes.

L'ab-

L'abaye de Villeneufue, pres Nantes, fut fondee par Constance fille de Conam premiere Duchesse de Bretaigne, femme en secondes nopces de Guy Vicomte de Thouars: apres la mort de Geffroy, Comte de Richemont son premier mary.

Aupres de Nantes est vn beau Monastere de Chartreux, lequel est dedié en l'honneur de S. Donatian.

Il y a grand nombre d'autres Monasteres & Abbayes, tant en la haute qu'en basse Bretaigne, sçauoir Rhedon (qui porte encor le nom des anciens Rhedōs, és finages de Rhennes) S. Melaine, S. Meen, au tombeau duql se font encor tous les iours plusieurs grāds miracles; Quemperlay place notable fondee par Allain Caignard Comte de Cornoüaille. Le Conuent des Ia-
-co-

cobins de Quemperlay est de la fondation de Blanche, fille de Thibaud Roy de Nauarre : en l'an mil deux cents cinquante & quatre.

Apres sont encor les places & Abbayes de S. Iagu, S. Mathieu, Landeuenec, Lantenac, Ruis, S. Guelidas, le Tronchet, Lachamne, Blanche-couronne, Bugar, Busay, Prieres, S. Aubin, Banguien, Langonner, Meleray, Lauraux, S. Marsault, la Vieux vile, S. Iacques pres Môtfort, Beaulieu, S. Iean des prez, S. Croix, Doulgas, Porinc, Beauport, Kaermauonem, Geneston, & Critinaloen.

Il n'y a que deux Seneschaussees en Bretaigne sçauoir Rhennes & Nantes, de ceste derniere estoit natif Pierre Bouaystuau, Seigneur de Launay, homme de singulier & rare sçauoir.

Il y a plusieurs villes & places remarquables qui restent encor en la haute Bretaigne, comme Laual (dont nous auons parlé traictant du pays du Maine) laquelle est situee sur les frontieres de Bretaigne & du Maine, Garende, Chasteau briant, S. Lazare, la Val, Gyron, la Roche besnard, Vitré qui est vne forte place. Fougeres fondee par vn Seigneur nommé Raoul de Fougeres, en laquelle y a vn beau Chasteau fortifié de deux grosses Tours, puis Ancenis situee sur Loire, és finages du terroir de Nantes, dont le chasteau fut basty par Aremburge, femme de Guerec Comte de Bretaigne: & autres places en grand nombre.

Le premier Prince de Bretaigne fut Conan, lequel y fut constitué & estably par l'Empereur

reur Maximin.

Martyre des vnze mille vierges. Soubs Iceluy Conan furent martirisees les vnze mille vierges, desquelles la feste est solennisee par les Catholiques, le 21 iour d'Octobre.

La Bretaigne est fort fertile en toutes sortes de commoditez. Les hommes y sont complexionnez selon les Contrees, les vns plus ciuilisez & mieux appris, les autres moins: d'autant que ceux qui sont pres la mer, ne sont pas si courtois que les autres. En general tous les Bretons sont assez sociables & de bonne conuersation; ils ayment leur profit, & ne hayent point les tauernes; ayans de coustume d'y traicter la plus part de leurs affaires. Ils sont gens Religieux & fort Catholiques: car combien que plusieurs grands Seigneurs se ressentans

tans du Caluinifme ayent poffe-
dé de grandes terres en ce païs,
toutesfois il n'a efté en leur puif-
fance d'esbranfler tát foit peu ce
peuple bien affectionné à l'Eglife Romaine.

DV PAYS DE POICTOV.

E païs de Poictou
eft de grande eften-
duë, ayant plus de
cent lieuës françoi-
fes en longueur, sça-
uoir depuis le Limofin iufques
au Côté de Nantes, qui eft du mi
di au Septentrion: & en largeur
il contient depuis le Berry, iufques à la mer, vers le lieu de
S. Michel en l'Her qui eft de l'O-
rient

rient à l'Occident: ayāt mil deux cents Paroisses côtenues en trois Eueschez, sçauoir de Poictiers, Luçon, & Millezais, dont nous parlerons cy apres.

Les Poicteuins ou habitans de Poictou sont descendus de certains Peuples nommez Scyches & Agathyrses: lesquels se fardoint les cheueux, & le visage, & pour ceste cause apellez *Picti*, qui signifie Painćts. Ces Pictes estans sortis de leur païs, par seditions, & vagabonds par le monde, vindrent en Angleterre, & de là descendirent en Acquitaine, où ils bastirent vne vile qu'ils nommerent *Pictanis*, sçauoir Poictiers, plus de mille ans deuant la Natiuité de nostre Seigneur.

En Poictou y a cinq villes Royales ayans siege de Iustice, sçauoir Poictiers, Niort, Fontenay,

nay, Mommorillon, & Lusignan; & puis Ciuray erigé en Seneschaussee, & plusieurs autres villes & places, dont toucherons quelque chose en passant.

FONDATION DE LA VILLE de Poictiers, & autres places.

La ville de Poictiers fut premierement bastie, à vne lieuë de Chastelleraut, en vne place qu'on apelle encor de present le vieil Poictiers, où l'on trouue soubs terre des vestiges, & restes de grandes murailles; mais ayant esté ruinee; Elle fut rebastie au lieu où elle est de present (sçauoir sur la riuiere de Clin) par les Poicteuins mesmes; soubs l'Empire de *Claudius* suc-

successeur de Caligula qui leur permist, & depuis accreuë par plusieurs fois: Ceste ville est fort grãde, & y a dans icelle plusieurs iardins & places vagues.

La Cité de Poictiers est vn Siege Présidial de plus grande estenduë qu'aucun du Royaume, ayant vn Seneschal, les Lieutenants General, Ciuil, Criminel, & Particulier, auec les Conseillers & autres gens de Iustice; puis le conseruateur de ceste ancienne Vniuersité, qui rend ceste ville fameuse par toute l'Europe, & y a plusieurs beaux Priuileges.

Le Palais de Poictiers fut basty par vn Comte de Poictou nommé Guillaume Geffroy, & aussi l'Abbaye de Monstierneuf aux Fauxbourgs, & le Prieuré & paroisse de S. Paul. Iceluy ayant commandé soixante cinq ans

ans en Aquitaine mourut l'an de grace mil quatre vingt six.

L'vniuersité de Poictiers fut fondee & establie l'an de nostre Seigneur mil quatre cents trente vn; soubs le Regne de Charles septiesme, & fut auctorisee par les Bulles du Pape Eugene 4. du nom.

Les Poicteuins furent conuertis à la foy de l'Euangile par S. Martial premier Euesque de Poictiers; lequel preschant vn iour publiquement au lieu où est de present l'Eglise Cathedrale: Et en faisant sa Predication, fut ouye vne voix qui dist, *Martial ie suis ton maistre Iesus-Christ, qui t'aduertis que ce iourd'huy mon bien aymé Apostre Pierre, à esté crucifié pour mon nom à Rome: Et veux qu'à l'honneur d'iceluy, & en commemoration de son martyre tu faces icy bastir vne Eglise.* Laquelle

Reuelation de la mort de S. Pierre à S. Martial.

fut tost apres commencee à faire edifier par S. Martial; toutesfois non en telle grãdeur, qu'elle est à present; Iusques au temps de Henry 2. du nom Duc de Normandie, depuis Roy d'Angleterre & vnziesme Duc d'Acquitaine; lequel ayant espousé Marguerite fille du Roy Louys le Ieune, feit accroistre la ville de Poictiers du circuit qu'elle est à present; & au mesme temps qui fut enuiron l'an mil cent soixante & douze, il feit recommencer & accroistre auec magnificence ladicte Eglise S. Pierre, par la priere & suasion de son Espouse; laquelle Eglise ne fut parfaicte iusques à plus de deux cents ans apres; & ne fut poursuiuie suiuant la premiere entreprise; parce que la vouste du milieu deuoit estre faicte auec arcs boutans, par dessus

les

les deux autres vouſtes, ainſiqu'õ peut voir par les pilliers qui eſtoint baſtis à ce deſſein.

Enuiron trois cents ans apres la premiere fondation de l'Egliſe S. Pierre, par S. Martial y eut vn Concile à Rome contre les Arriens: auquel S. Hylaire aſſiſta, & diſputa vertueuſement. Et en ſon voyage ayant declaré comme la ſuſdicte Egliſe de Poictiers auoit eſté fondee par reuelation diuine, il demanda quelques reliques de S. Pierre; ce qui lui fut accordé: & aporta auec luy partie de la barbe de ſainct Pierre, qui eſt en la grande chaſſe de ladicte Egliſe, laquelle fut acheuee l'an mil, trois cents ſoixante & dix neuf, & fut dediee & conſacree le 17. d'Octobre par l'Eueſque dudict lieu nommé Maumont, & y aſſiſterent tous les Abbez du

Diœcese, & autre Clergé.

S. Hilaire Euefque de Poictiers. Le susdict Pasteur des Poicteuins s. Hilaire, fut le dixiesme en nombre, lequel fut le plus grand Docteur de son temps, & mourut l'an trois cents septante deux: ayant esté fort affligé & persecuté en son viuant, chassé, banni, moqué, puis en fin fut restabli en son Euesché. Il feit infinis miracles apres sa mort & pendant qu'il vescut, & laissa plusieurs liures pleins de grande doctrine, lesquels il auoit composez.

Le Roy Robert feit bastir l'Eglise de S. Hilaire à Poictiers, en l'honneur du susdict Euesque.

L'abbaye de sainct Cyprian de Poictiers fut fondee par vn Euesque, nommé Frotaire, auparauāt Pasteur à Bordeaux, & puis par transport Archeuesque de Bourges, neantmoins fut contrainct par

par le Pape de retourner en son premier siege.

Les Prieurez de s. Nicolas & de la Celle à Poictiers furent fondez par Guillaume surnommé Teste d'estoupe & Agnes sa femme.

L'eglise nostre Dame la grande fut fondee enuiron l'an mil cent soixante quatorze, par Richard Comte de Poictou, & Duc d'Aquitaine.

L'abbaye de la Trinité de Poictiers fut fondee par vn Comte de Poictou nommé Eblé, successeur de Guillaume le Debonnaire: & y mit des Religieuses qui estoint à S. Pierre le Pueillier; & vn College de Chanoines à sainct Pierre, en la place desdictes Religieuses.

Le Monastere de Saincte Croix de Poictiers fut fondé par le Roy Clothaire, à la priere

& requeſte de ſa femme Saincte Radegonde, laquelle y meit deux cents Religieuſes yſſuës des plus grandes & nobles maiſons de France. Ledict Clothaire y fonda auſsi vne Egliſe Collegiale de Chanoines au nom de noſtre Dame, où s. Radegonde fut enterree: à cauſe dequoy ladicte Egliſe eſt ores nommee s. Radegonde.

Le Conuent des Freres Mineurs de Poictiers fut fondé par Hugues & Guy de Luzignen, & augmenté de beaucoup par Alphós Comte de Poictou, enuiron l'an 1267.

En la ville de Poictiers y a pluſieurs autres Egliſes & Monaſteres iuſques au nombre de trente deux ou enuiró. On trouue qu'il y a vingt ſept Abbayes au Diœceſe de Poictiers.

Au Siege Preſidial de Poictiers

&tiers reſſortiſſent Luzignen, place baſtie par Melluſine Dame de Melle, & de Luſignen, Chaſteleraut, qui eſt vn Duché baſtie non loin du fleuue de Vienne, Mommorillon, la Baſſe Marche, Ledorat, comprenant vn traict de Lymoſin, & de Berri, Fontenay le Comte Niort, qui eſt vne bonne ville & marchande, Ciuray & s. Maixent, qui n'eſtoit iadis qu'vn petit Hermitage, ou cellule, la où demeuroit s. Maixent, duquel ceſte place porte le nom.

Il y a encor pluſieurs autres villes, comme Thoüars Vicomté, auoiſinant le païs de Touraine & d'Aniou; qui eſtoit autresfois de l'ancienne maiſon d'Amboiſe, Melle, la Roche Suryon, principauté apartenante à la Royalle maiſon de Bourbon, Chizé, Chauuigny, Angle,

Lussac, Oyruan, sainct Lou, Bressuire, le Blanc qui est du ressort de Mommorillon, quoy qu'il soit du Diœcese de Bourges, Charoux lieu celebré, à cause qu'en l'Abbaye d'icelle ville estoit la chair coupee du prepuce de nostre Seigneur à sa Circoncision, Gençay, & vn nombre infini de Chastelenies & grosses Bourgades : telles que sont la Chasteigneraye, Sainct Mesmim, Sainct Gilles sur Vin, Paluyau, les Sables, Aulonne, Mareuil, Saincte Hermine, Montagu, la Motte sainct Beraye, Coüé, qui est vne ville close, Viuonne ancienne & illustre famille, Chastellacher, s. Hilaire, Mortemer, maison iadis fort honorable, & qui a esté en authorité & alliee en Angleterre. Lezay, Sainct Sauin, Lisle, Iourdain, s. Benoist du

Charoux place remarquable.

du Sault, Bourganeuf, Maigné, Brigueil l'Afne, Vouuent, Meruent, Chief-betonne, Tuſſon, Villefaignant, Marcilhac, Chaſteau-neuf, Villeneufue la Comteſſe, Dompierre, Puygarreau, Gironde, Iarnac, Argenton, Puy Belliard, la Creue, Cheze le Vicomte, Moteachard, Aſpremond, Comiquiers, Rie, s. Michel en l'Her, ſiſe en vne ſolitude, non loin de la mer, & pource dicte en l'her, comme qui diroit en l'Hermitage; puis ſont encor Bournizieaux, la Canache, Mauleon, Mortaigne, Tiffauges, Roche Seruiere, Aunay, & la Roche Chouard, des plus anciennes maiſons de Poictou. Les Eſſars, Pouzanges, la Flereliere, Bazoges, Chaſteaumur, Prahec, Mongamer, le Fou, Menigouſte, Bonniuet, & autres places fortes, comme Talmond, ancienne principauté, apartenante à l'illustre maison de la Trimoille, laquelle place semble estre ainsi nommee; comme qui diroit Talon du monde, pour estre sur l'extremité de la Gaule Aquitanique. En Poictou est aussi la ville & chasteau de Sanzay sise sur vne petite colline entre deux riuieres és limites d'Aniou & Poictou.

Il y a eu grand nombre de sçauans & illustres personnages qui ont sorti de Poictiers, excellents en toutes facultez, entre lesquels a esté Gillebert Poretan 60. Euesque de Poictiers, homme de grandes lettres, neantmoins souspçonné d'Heresie au Concile de Rheins; pource qu'il escriuoit les passages de la s. Escriture auec trop d'obscurité; comme s'il eust voulu cacher

cher quelque venin par telles obscuritez.

A Poictiers l'ó void les ruines d'vn ancien Theatre nommé les arenes, basty par les Romains, & les vestiges de plusieurs cauernes & prisons soubsterraines, où l'on mettoit les bestes sauuages; aupres estoit vn palais, dict le Palais Galienne, basti par Galien Empereur.

Guillaume cinquiesme du nom Comte de Poictou s'estant sagement gouuerné au commencement de son aage, deuint fort meschant sur le milieu, se bandant contre le Pape, & deposant les Euesques de son païs, pour y en mettre à son plaisir. En fin il se conuertit & ameda sa vie, se rendant Hermitte, & passa le reste de ses iours auec grande austerité. Ce fut luy qui fut le premier fondateur de l'ordre des

des Blancs Manteaux, qu'on apele de son nom Guillemins.

L'abbaye de Fronteuaux, au Diœcese de Poictiers fut fondee par le Seigneur de Monstreul-Bellay: Et du depuis grandemét accreuë & enrichie par Héri Roy d'Angleterre, qui espousa Madame Alienor Duchesse d'Angleterre: ~~de Guienne comtesse de Poitou~~

La ville de Poictiers a esté ruinee & saccagee par plusieurs fois, tát par les Romains, Goths, Vandales, que par les Huns, Danois, Saxons, Normands & Anglois. Et en fin ayant esté prise par les Caluinistes l'ã mil cinq cents soixante deux: les lieux s. prophanez, les biens des Citoyens rauis & emportez, & la ville tombee en extreme misere: Mais le Roy ayant repris ceste place, elle fut encor asiegee par Gaspar de Coligni (lors admiral) & ses com-

complices, battuë, canonnee & tourmentee, mais vaillamment deffenduë par Henri de Lorraine, Duc de Guise, & autres Seigneurs & Capitaines. Sy bien que l'ennemi fut contrainct de se retirer: Ce fut en l'an mil cinq cents soixante neuf.

L'annee mesme & peu de temps apres, fut donnee la bataille de Mont-Contour, sur les fins de Poictou, vers la haute Bretaigne, au grand desaduantage des Caluinistes.   *Bataille de Mont Contour.*

Les Isles de Ré & d'Oleron, sont aussi de la Contribution & finages de Poictou.

FON-

FONDATION DE LVçon, Evesche contenu au Poictou.

Luçon ne fut iadis qu'vne Abbaye dediee au nom de nostre Dame, par *Lucius*, fils de Saincte Helene ; lequel ayant tué son frere aisné, fut banni du païs, & condamné à tenir religion perpetuelle, & pour ce faire son pere le meist sur mer, en vn Nauire garny de grandes richesses, & de reliques, auec plusieurs prestres & autres deuotes personnes, qui se rendirẽt par permission diuine au lieu de present nommé Luçon, pres la mer: où *Lucius* ayant pris port, y feit bastir la susdicte Abbaye, & l'apella de son nom Luçon, & en icelle passa le reste de ses iours,
fort

fort vertueusement & en toute saincteté de vie, auec les prestres qui estoint auec lui.

Ladicte Abbaye fut erigee en Euesché, enuiron l'an mil trois cents soixante & vn, soubs le Pape Iean vingt deuxiesme; tenant le siege Episcopal de Poictiers Arnaut d'Auches, qui fut Cardinal.

LA FONDATION DE Maillezais.

CEste ville n'estoit aussi anciénement qu'vne Abbaye, laquelle fut fondee l'an sixiesme du Regne du Roy Robert, sçauoir l'an de nostre salut mil & trois, par Guillaume duc d'Acquitaine surnommé Teste d'Estouppe, & Adomalde son espouse; ayans iceux faict assembler

bler à Poictiers, au mois de Iuing l'Euesque dudict lieu nommé Gilbert, Gombault Archeuesque de Bordeaux, & autres Euesques touchant la fondation de ladicte Abbaye.

Ceste place fut erigee en Euesché au mesme temps que Luçon, & par le mesme Pape.

Les villes & places contenuës soubs Luçon & Maillezais sont au denombrement des villes de Poictou cy dessus.

FONDATION DE LA ROCHELle & Comté d'Aulnis.

LE païs Rochelois, qui est le Comté d'Aulnis s'estét plus en largeur qu'en longueur, & est limité du Poictou au leuant & Septentrion, & au midi d'vne partie de Sainctonge au ponent

nent de la mer Oceane.

La ville de la Rochelle est situee sur vn bras de mer, receuant deux fois le iour le flux & reflux de la mer, & de toutes parts presque enuironnee de marests, ayant vn bon port, & vn païs voisin des plus fertiles de la Gaule; & est ceste place presque imprenable, & des plus fortes qu'on sçache voir. Les habitants d'icelle tiennent la doctrine de Caluin.

Ceste place ayant esté gouuernee anciennement par des chefs Angloys, fut remise en l'obeissance du Roy de France par les Citoyens, qui chasserent les Anglois. A cause dequoy furent octroyez plusieurs beaux priuileges à ceux de la Rochelle par le Roy Charles cinquiesme, l'an de grace mil trois cents soixante deux; à present ils ne veu-

veulent recognoiſtre aucuns ſeigneurs. A la Rochelle y à ſiege preſidial auec les Conſeillers & autres gents de Iuſtice.

Ceſte ville a eſté baſtie depuis ſix à ſept cents ans, par les Rois de France, pour la commodité du port, & pour faire teſte aux Pyrates, qui eſcumoint toute la coſte Armorique.

La Rochelle eſt appellée par les anciens Autheurs, *Santonum Portus*, c. à d. le Cap, ou Promontoire des Sainctongeois.

DV PAYS DE
Saintonge.

LE païs de Saintongeois eſt d'aſſez belle eſtenduë, duql les villes principales ſont Saintes, qui eſt la Capitale le, s. Ieã d'Angeli, Merennes, Soubise, Blaye, Ponts, Bourg, Barbesyeux, & autres villes, & Chastelenies, en grand nombre.

Ce païs est fort ancien: les Saintongeois estás nombrez par graues Autheurs entre les premiers de la Gaule. Et est limité à l'Orient du païs Engoulesmois, au Ponent de l'Ocean, où sont les Isles d'Oleron & de Marennes, au Septentrion du païs Rochelois, & au midi du Bordelois, & païs d'entre deux mers selon la riuiere de Dordonne. Le païs de Saintonge est du ressort de Bordeaux.

DE LA VILLE DE
Saintes.

Este ville est la Capitale du Saintongeois, bastie par les an-

anciens Gaulois, & laquelle fut iadis apellee *Mediolanium*, mais ce peuple ayant esté subiugué par Cæsar, & les Capitaines Romains, le nom de la ville fut changé.

Saintes est situee sur la fertile riuiere de Charente, laquelle prend sa source en vn lieu apellé Charemac, entre Limoges & Engoulesme.

Pour tesmoignage de l'antiquité de Saintes, on void encor les ruines d'vn Amphiteatre, qui raporte à celuiqui fut à Periguex, hors de la ville, pres l'Eglise S. Eutrope, qui fut le premier Euesque Saintongeois (enuoyé par S. Clement) lequel ayant conuerti ce peuple à la foy Euágelique, fut martirizé soubs Domitian l'Empereur.

Sur le pont de Charente, deuant la ville de Saintes, y a vn arcacade fort antique & remarquable, à vn costé duquel sont escrits ces mots.

Cæsari Nep. Diui Iulii Pontifici Auguri.

Et de l'autre costé y a encor plusieurs letres, à demi effacees; d'où l'ō ne peut tirer aucune substance. Il y a aussi quelques ruines d'aqueducts à Saintes, & conduits de fontaines, qui conduisoint l'eau en la ville, qui furent iadis rompus.

L'an mil quarante sept, Geffroy Comte de Saintonge, & Agnes son espouse fonderent le Monastere des Religieuses de Saintes au nom de nostre Dame.

Le trétiesme Euesque de Saintes nommé Pierre de Confoulát, feit faire la maison Episcopale, en l'an mil cent deux, & feit aussi reedifier les murailles de l'Eglise Cathedrale.

DE LA VILLE DE BLAYE, ET DE CELLE de Bourg.

Blaye est vne place tresanciēne portant le titre de chasteau, premier que les François fussét habituez en Gaule; de laql le place fut Seigneur ce fort & vaillant Pallatin Rollád, du téps de Charles le Grand, lequel Charles y feit bastir vne Eglise au nom de S. Romain.

Vers le port Saintongeois est ausi la ville de Bourg, assez belle & en bonne situation & forte.

DES

DES PLACES DE MA-
RANS ET DE PONTS.

Marans n'est qu'vn gros bourg deffendu d'vn fort chasteau, par le milieu duquel passe vn coulant d'eau de mer, & pource le lieu porte le titre du port de Marans.

A quatre lieuës de Saintes est la ville de Ponts, bastie comme en arcade, entant que posee sur vne petite montaigne ou colline: elle couure le sommet & pendant d'icelle. Au plus haut de laquelle est le chasteau, fortifié de bons murs, & bien fossoyé, qui est cause qu'on ne s'est soucié de fortifier la ville, au pied de laquelle passe la riuiere de Seugne par trois diuers cours.

La ville de Ponts est diuisee en haute & basse ville, & celle partie qu'on nomme S. Viuian est maintenāt presque deserte: par ce que les Iuifs s'y tenans iadis, & y ayans pendu vn Croisé de l'Hospital, le Seigneur les ruina tous, sās en auoir pitié quelconque. L'autre partie de la ville vers le Septētrion est dicte les Hairs & S. Martin, & est embellie de plusieurs Eglises, Conuents & lieux d'oraison, tels que les maisons des Iacobins, Cordeliers, (le Conuent desquels fut fondé par vn Seigneur du lieu nommé Regnaut, du temps de Charles cinquiesme) les Moines de S. Benoist, & celui des Freres de s. Iean de Hierusalem (fondé par Guy d'Engoulesme) trois paroisses & trois hospitaux, dõt y en a deux pour les estrāgers, & vn pour ceux du païs, du reuenu duquel l'on auoit de cou-

coustume d'entretenir les escholes.

L'estenduë de la iurisdiction de Ponts est de cinquáte & deux paroisses, deux cents cinquante fiefs nobles. Ceux de la maison de Ponts en sont Seigneurs, lesquels tiennent leur origine des Ponces anciens Romains, & d'où ladicte ville a son nom; comme il se void plusieurs marques qui en donnent tesmoignage, comme en des medalles de Bronze trouuees en quelques murailles: entre lesquelles y en auoit vne sur laquelle estoint ces mots.

Ælius Pontius, Nepos Pomp.
Magn. Tumul.

FONDATION DE LA VILLE DE S. IEAN d'Angely.

Sainct Iean d'Angely est vne ville assez moderne, quoy qu'elle soit des principales, & plus grandes & mieux basties de Saintonge.

Cest place porte le nom d'vne Abbaye qui y est fondee en l'honneur de s. Iean: dont la fondation est du regne du Roy Pepin, qui se tenoit au Palais Angerien (où l'on void qu'il n'y à changement que d'vne lettre d'Angeri à Angeli) sur le fleuue de Bouronne, & au terroir d'Aulnis.

Il y eut quelques Religieux venans de la terre saincte lesquels aporterent en ce lieu là le chef

chef de S. Iean Baptiste, par la venuë desquels le Roy auoit obtenu vne grande victoire sur ses ennemis; qui fut cause que pour recognoissance d'vn tel secours, il fonda au mesme lieu où estoit ce sien Palais Angerien, vne Abbaye au nom de S. Iean: & y establit des Religieux bien rentez, pour y seruir Dieu à perpetuité.

Par ce moyen le peuple y abordant, & faisant bastir à l'entour de l'Abbaye; peu à peu on y feit vne ville, telle qu'on void à present, laquelle porte le nom de S. Iean, & retient encor son ancienne apellation.

Tout ceci aduint enuiron l'an de nostre Seigneur sept cêts soixante huict; lors que Pepin auoit guerre contre Gaifer Roy d'Aquitaine: contre lequel il r'emporta la victoire, comme il est porté dans l'histoire de la fondation de ceste Abbaye.

DE LA VILLE DE BARbesieux.

Barbesieux est à neuf lieuës de Saintes & à cinq d'Angoulesme, de Coignac & de Ponts. Et est vne ville qui fut autresfois fort belle & bien close de murailles, ainsi que les ruines & restes de murailles le demonstrent, situee en païs fort fertil, quoy qu'elle soit esloignee de riuieres.

En ceste ville y a deux paroisses, l'vne au nom de s. Mathieu, iadis dediee à nostre Dame, l'autre dediee à s. Eumachie en latin *Imas*. Le Chasteau est fort beau lequel fut rebasti par l'ayeule d'vn des Comtes de Ro-

Rochefault, il n'y a pas long temps : d'autant que c'est de ceste maison que sont sortis les Seigneurs de Barbesieux. Il y a encor d'autres villes en Saintonge.

DV PAYS D'ENGOU-LESME.

E païs Royal d'Engoulesme contient vingt quatre lieuës de long, & seize de large, estant limité au leuant du Limosin, au Ponent de Saintonge, au midi du Perigort, & de partie du Saintonge, & au Septentrion du Poictou.

Les villes principalles de ce païs sont Engoulesme, qui est la

Capitale, puis Chasteau-neuf & Coignac, Sieges Royaux ressortissants à celui d'Engoulesme. Apres sont encor les villes d'Auberterre, La Rochefaut (qui est vne fort ancienne maison, & bien signalee iadis Baronnie, laquelle commença à porter, titre de Comté, lors qu'Engoulesme fut erigee en Duché, comme la premiere Baronnie du pais, & des plus illustres & notables races de Guyenne) Mathon sur le Gandiar, apartenant à vn des puisnez de la maison de Rochefoucaut; comme ausi faict Blanzac, Villebois, & Mareil.

DE LA VILLE D'ENGOVLESme & autres, lieux.

LA ville d'Engoulesme est fort ancienne, ainsi qu'il est aisé a voir; & la capitale de tout le païs, ayant siege de Seneschal & Presidiaux, Eslection & Chastellenie, y ayant plusieurs villages dependants des droicts Chastelains; & ayant son Hostel de Ville, auec le Maire & Escheuins iouissants de grands priuileges, immunitez & franchises.

Ceste ville est bastie sur vn promontoire, & lieu fort à merueilles, qui faict comme vn coin d'vne grande & longue plaine esleuee & estendüe entre les riuieres d'Engenie & Charente, qui s'assemblent en ce lieu. Ce qui rend ceste place plus admirable, c'est que le mont n'est estendu qu'autant qu'il est besoin, pour la circonference des murailles d'icelle: estant reuestüe de tous costez d'vn roc naturel, qui se continue par tout l'enceint, en vn lieu plus aspre, & en l'autre moins: de sorte qu'il faut monter de tous costez qu'on y arriue, excepté du costé de S. Martial.

L'an mil cinq cents soixante deux, ou enuiron, les Caluinistes ruinerent deux belles Abbayes aux fauxbourgs d'Engoulesme, l'vne de Religieux, & l'autre de Religieuses.

En la ville fut encor plus grande pitié, car ils ruinerent l'Eglise cathedrale de s. Pierre, vn des plus beaux vaisseaux de Guienne, ayant vne des plus hautes tours & aiguilles de France, qui luy seruoit de clocher, & laquelle on tient auoir esté bastie par Clouis premier Roy Chrestien.

Apres furent encor ruinees celles de S. André, paroisse de S. Cibard, s. Vincent, nostre Dame de la Penne, Beaulieu, les Cor-
de-

deliers, les Iacobins, & s. Martial, où ce sexe de Caluinistes, dissipa tout, rauissant les ornements, profanant les vases sacrez, & bruslant les ossements de plusieurs saincts. La Comté d'Engoulesme est vnie à la couronne de France. Ce grand personnage André Theuet, excellent Cosmographe, estoit de ce païs. La forest de Bracone, voisine d'Engoulesme, plus grãde qu'aucune de la contree contient 14500. iournaux de terre. Auprés de la ville est vn bon bois taillis appellé la Garenne, autant plaisant que profitable, proche de Charēte fleuue principal du païs.

Prés d'Engoulesme est ceste source, ou plustost abisme admirable de Touure, si profõd qu'il n'a iamais esté possible d'en trouuer le fond & ne sçait on d'où vient ceste source. Le peuple

Abisme admirable.

d'Engoulmois (i'entends ceux de la ville) sont gens de bon esprit, tenans quelque conte de leur reputation, assez hauts à la main, se vantans volontiers, se plaisans peu au trafic, la pluspart viuans de leur reuenu, & faisans des gentils-hommes. Ils ayment les lettres, sont magnifiques & courtois, se plaisent à choses nouuelles.

Au plat païs ils sont grossiers & rudes, ressentans la lourderie de leurs voisins, addônez au trauail, opiniastres & testus; au reste propres aux armes, de grâd courage, & fort hardis.

Les maisons signalees d'Engoulesme sont Corlieux, les Fenestres, Voyons, Baiols, Arnauts, Estinales, Iauuiers, Tillets, Poiriers, Terrassons, Nemons, les Piles, la Place, & autres.

DE

DE LA VILLE ET PAIS
DE PERIGVEVX.

LE païs de Perigord est fort salubre, & des plus cogneus & renommé de l'Acquitaine, & mis en registre par les Romains.

Le Perigord est separé de la Gascogne, au costé du midi par la riuiere de Dordonne. Et est ce pays limité du Limosin à l'Orient, & de l'Engoulmois au Ponent, comme aussi d'vne partie de Saintonge, au Septentrion de l'Engoulmois, (dans lequel il s'enclaue) cóme ausi ce pays lui est limitrophe au Midi selon la riuiere de Dordonne.

Le Perigord est vn pays montaigneux, pierreux, aspre, &
ra-

raboteux, pour la pluspart chargé de boscages, y ayant principalement force chastagniers, qui sont de grand profit au peuple. En ce païs y a grand nombre de forges à fer & acier.

L'air de ce païs est tellement bon & subtil qu'on n'y void que bien rarement la peste & maladies côtagieuses. Ce qui est cause que le terroir est peuplé à merueilles, & que les hômes y sont sains, dispos, fort gaillards, & de longue vie, pour leur naturelle sobrieté: Car ils se contentent de peu, & font de grands exercices, ils sont fort affables en ce païs, accords, propres à toutes honnestes actions, & exercices, soit aux lettres, armes, arts mechaniques, ou autres perfectiôs.

Le païs de Perigord est arrosé de plusieurs belles & bonnes riuieres, ayant d'vn costé la Dor-

Dordonne, laquelle prend sa source en Auuergne, & arrose partie du Quercy, costoye l'Agenois & laue le Perigord; s'allant en fin rendre dans vn bras de mer, au dessoubs de Libourne, non loin du chasteau de Fronsac.

 Outre la Dordonne sont encor les riuieres de Lisle, Vezere, Hosuezere, Dronne, qui passe par Brantomme, puis Bandiat, qui passe à Montron; & y a plusieurs autres gros ruisseaux, & torrens d'eau viue, pleins de carpes, brochets, truites, perches, anguilles & plusieurs autres sortes de poissons fort sauoureux.

 Toutes les petites riuieres sont d'emolument singulier au païs, tant pour les martinets & forges à fer, que pour les paelliers & chaudronniers, & mes-

mesmes pour les moulins à bled qui y sont en grand nombre, & pour les papetiers, & mesmes sur la Couze, qui n'ayant qu'vne lieüe de cours, faict neantmoins moudre six vingts moulins, tant à bled qu'à papier.

La riuiere de Dronne a vne infinité de forges à fer & celle de Bandiat, qui ne lui cede en mesme commodité.

Il y a grand nombre de Fontaines desquelles prouiennent tant de ruisseaux, que ce n'est sans occasion que l'Aquitaine porte son nom à cause de l'abondance des eaux.

D'entre ces fontaines y en a de sulphurees & fort grandes, & pource beaucoup medicinales; il y en a aussi d'autres allumineuses: cóme est pareillement vne qui fut faict bastir par Charlemagne; dont elle porte le nom.

Enui-

Environ demie lieüe de là est vne autre fontaine merueilleuse pres le bourg de Marsac, laquelle a son flux & reflux, comme le bras de mer qui passe par Bordeaux, quoy qu'elle en soit esloignee de deux grandes journees. Et pres de la Linde, qui est vne petite ville situee sur la riuiere de Dordonne, y a aussi vne fontaine sortant d'vne tour carree, haute de dix pieds, ou enuiron, & ayant demie toise de largeur, carree au dedans en sa circonference; la source de laquelle regorge ordinairement, & sans cesse tant d'eau, que deux moulins à bled en meulent en toute saison, mais par vn estrange façon, car l'eau estant sortie de la tour, elle court quelque cinquante pas d'icelle, & estant empeschee de passer outre, à cause de la terre qui

Fontaine merueilleuse.

qui est là naturellement esleuee, elle retourne au pied de la mesme tour, d'où elle auoit sorti, & à son retour elle faict moudre les moulins, lors qu'elle se va ruer dans la Dordonne.

Cauerne admirable.

Pres de Miramont, qui est aussi vne petite ville en Perigord, se void vne cauerne, ou grotesque (que ceux du païs appellent Cluzeau) de laquelle ceux qui y sont entrez, racontent merueilles, disans qu'elle va par dessoubs terre, de cinq à six lieües; & qu'au dedans sont plusieurs belles salles, & chambres, les vnes estant pauees de pierre menuë, & diuersifiees en couleur à la Mosaïque, & là on void quelques Autels, & des paictures en plusieurs endroicts. Ceux qui y sont entrez disent qu'il y a plusieurs fontaines & ruisseaux, & entre autres vn qui
a de

a de cent à six vingts pieds de large, lequel court d'vne grande roideur & vistesse ; estant fort creux & profond : outre lequel on n'ose passer, quoy qu'il y ait encor vne grande estenduë en la grotesque. Et ne peut on entrer en ce lieu qu'à grandes troupes, auec force torches, flambeaux & lanternes, à cause qu'il n'y a clarté ny lueur quelconque sinon par l'entree ; & faut porter des viures, afin de s'en seruir si d'aduenture l'on s'esgaroit.

Non loin des monts de Pyrenee, fut trouué vn tel lieu soubs-terrain en Cominge; mais non si grand ne si obscur, dans lequel estoit encor l'Idole de Venus, & plusieurs figures de Priapees, & autres saletez.

Le païs de Perigord est fort propre pour les Herboristes,
à cau-

à cause du grand nombre de simples & herbes fort rares, qui s'y trouuent. Dauantage y a grande abondáce de mineraux fort propres pour la santé.

Enuiron quatre lieuës de Perigueux est vne place, nómee la Roche, appartenante au sieur de Trigonnau, où il y a vn creux large dans vn rocher, pres la maison du susdict Seigneur, d'où l'on tire grande abondáce de Boliarmenic pour les Apoticaires.

FONDATION DE LA VILLE de Perigueux.

LA ville de Perigueux est situee au milieu du païs sur lequel elle commande, & est en vn plaine, enuironnee de montaignes & costaux, & est de la fondation des anciens Gaulois, des-

descendus de Noé: comme il se pourra voir cy apres. Elle a esté ainsi appellee, du nom *Petragorensis*, qui vient de *petra*, en françois pierre, à cause (comme dict est) que ce païs est fort pierreux & montaigneux.

Perigueux est erigee en Euesché, des le temps des Apostres, & s'apelloit anciennement ceste ville Iaphet, d'où l'on peut voir qu'elle est tresancienne, & que les enfans ou arriere-nepueux de Noé venans en Gaule, peu apres le deluge, la bastirent & lui donnerent ce nom de Iaphet. Elle estoit iadis de fort grande estenduë contenant enuiron septante arpents de terre, où il s'en faut beaucoup que la moderne n'en aproche. L'on void encor des voustes antiques, de vieux pilliers, & autres ruines de sa premiere fondatió lesquelles
sont

sont tresremarquables.

Ceste ville fut aussi nommee Vessune, lequel nom est encor demeuré à vne vieille tour ronde distante enuiron cinquante toises de la cité, & est ceste tour bastie de fort ciment de chaux & tuille. L'on tient que c'estoit vn temple de Mars, ou de Venus.

Ioignant la ville de Perigueux vers le Septentrion sont les ruines d'vn Amphiteatre, fort magnifique en forme d'ouale, long de trete toises, & large de vingt: au dedans l'on y void encor les caues où l'on mettoit les bestes furieuses pour combatre, & donner plaisir aux spectateurs.

L'eglise cathedrale est fort magnifique, ayant la tour faicte en Pyramide, & est dediee au nom de sainct Estienne premier martir.

Il y a de belles immunitez & priuileges en la ville de Perigueux octroyez par Charles 5. comme de tailles, subsides, & autres imposts: pour auoir esté tres-fidelles au Roy. La ville est separee de la cité, enuiron de cinquante pas.

Le Chapitre de Perigueux estoit iadis Seigneur de la ville, prenant encor de present les droicts de lauts, & ventes, receuant hommage du Maire & des Consuls de la ville.

La ville pour le faict de la police est regie par vn Maire & six Consuls, y esleus & changez annuellement par les habitans du puis S. Front. Quand pour la Iustice Royalle, comme la spiritualité elle despend de Bordeaux. Perigueux est siege de Seneschal & Cour de Presidiaux y ayant pour Iuge le Se-

Seneschal, les Conseilliers, Lieutenants General, Ciuil, & Criminel, & autres gens du Roy. Les appeaux vont au Parlement de Bordeaux.

L'eglise collegiale de sainct Front à Perigueux, n'estoit anciennement qu'vne Abbaye seculiere, laquelle est maintenant vn des beaux bastiments qu'on puisse voir, composé de forts materiaux, & ressentants grandement leur antiquité, & est voustee à sept faces, & contient encor soubs terre vn grand traict de beaux edifices, voustez & soustenus de pilliers massifs; & y a vn fort magnifique clocher à pyramide ronde, situé sur vne tour carree, portant le nom de S. Front premier Euesque de ceste ville, lequel y fut enuoyé annoncer l'Euangile par S. Pierre, duquel il auoit esté ba-

baptizé, en vne cité d'Asie, nommee Ianie, d'où ce sainct estoit natif.

DE PLVSIEVRS VILLES ET places de Perigord.

Sarlat & Bregerat sont deux Eueschez qui dependent du païs de Perigord, esquels y a siege Royal: & sont du ressort de la Seneschaussee de Perigueux: outre lesquelles y a vne infinité de petites villes, comme Linde, Mussidan (en laquelle fut tué le Comte de Brissac, en l'â mil cinq cents soixante neuf) Lisle, Riberac, Aubeterre, Nonron, & autres.

Branthomme est vne petite ville de Perigueux sur le fleuue de Dronne, où il y a vne des plus belles Abbayes, & mieux ba-

bastie de l'Aquitaine; posee au pied d'vn roc, duquel sourcelent vne infinité de fontaines, & y a vn beau bois au dessus.

Il y a plusieurs autres belles Abbayes, & Prieurez au païs de Perigord, tant de Moines que de Religieuses.

Non loing de Perigueux est vn petit village ou bourg apellé Cadoin, où estoit le sainct suaire de nostre Seigneur.

DV PAYS DE LIMOSIN ET DES VILLES ET places qui en dependent.

LE païs de Limosin, est divisé en haut Lymosin, & bas Lymosin; & est fort abondant en boscages, & n'a iamais changé son iamais changé son nom fort remarqué par Cesar, & autres Romains. Et n'y a qu'vn gouuernement dependant du Parlement de Paris.

Le haut païs de Limosin est arrosé de la riuiere de Vienne que les Limosins apellent Viguenne, & a quarante deux lieues Françoises de longueur.

FONDATION DE LA VILLE de Lymoges.

Limoges est la cité capitale du haut païs Limosin, vne des plus áciénes & fameuses des Gaules, situee partie en vallon, & partie sur la croupe d'vne petite montaigne, du costé de S. Martial: & le vallon est vers la riuiere de Vienne, où est la cité & l'Eglise cathedrale, dediée

X

au nom de S. Estienne, par le glorieux Apostre de Guyenne, S. Martial.

Ceste ville suiuant l'opinion de quelques Autheurs a son nom d'vn ancien gouuerneur des Gaules nommé Lemouix, de la race des Gomerites & successeurs des enfans de Noé. Elle estoit iadis plus grāde qu'elle n'est à present, comme l'on peut voir par des remarques & vestiges de murailles, que l'on void hors de la ville, ayāt esté ruinee par plusieurs fois.

Au païs de Limosin les hommes sont de grand trafic, actifs, & ennemis de l'oysiueté, grands Catholiques, tellement que les Huguenots ou Caluinistes n'ont peu trouuer entree en leur ville; & ont esté les Limosins tousiours fort fideles au Roy de France.

Iean

Iean Daurat Poëte Royal & le Roy des Poëtes, & Marc Anthoine de Muret estoint natifs de Limoges, lesquels auoint esté precepteurs de cest autre excellent & insigne personnage Monsieur de Belle-forest, Muret fut faict citoyen Romain.

Les païsans du païs Limosin abhorrent la friandise, & se contentent de peu, & pour ce sont alaigres & dispos, viuans longuement : de sorte que l'on voit quelques fois vn vieillard voir ses enfans iusques à la quatriesme generation. Ils se maintiennent si bien en amitié que l'on void des maisons en ce païs, où il y a plus de cent personnes demeurans tous ensemble ; sans faire partage, & viuans comme en vn College.

En ce haut païs Limosin y a plusieurs villes assez bonnes &

marchandes, comme S. Yrier, la Perche, iadis hermitage, S. Iunien, où il y a Eglise collegiale, S. Leonard Abbaye renommee, Salloignac, la Soubs terrane, Beneuent, Pierre Bussiere, Segur, anciē siege du païs Limosin appartenāt aux anciens Comtes de Perigord, Chassus, lieu remarquable pour la grande foire de Guyēne. En ce païs estoit aussi la ville de Bré, laquelle fut ruinee & rasee par les Angloys.

L'Abbaye de grand mont, au haut Limosin, fut instituee l'an de nostre Seigneur mil sept cēts six, par vn Auuergnac nommé Estienne, hōme noble & sainct personnage, lequel enhorta plusieurs personnes à se retirer hors du monde.

Les maisons illustres du haut Limosin sont celles de Pierre Bussiere, Chasteau neuf, les Cars, main-

maintenant erigee en Comté, Vau-guion, RocheChouard, des plus anciennes de Guyenne, Magnac, & autres.

Le bas païs Limosin est arrosé de la riuiere de Dordonne, qui le separe d'Auuergne; il est aussi laué du fleuue Vesere.

Ce païs, quoy que grand, n'a que trois villes de remarque: toutes trois Royalles, Tulle, Vzerche, & Briue; lesquelles sont ordinairement en querelles pour la preeminence & authorité, chacune protestant d'estre la premiere.

FONDATION DE LA VILLE de Tuille.

CEste ville n'estoit autresfois qu'vne Abbaye, laquelle fut erigee en Euesché par le Pape Iean vingt deuxiésme, auquel lieu

lieu S. Martial prescha, & mesme feit plusieurs miracles au chasteau de ce lieu, comme aussi il prescha à Bruiasac, & à Rossignac.

A Tulle y a siege presidial, & y est l'Eslection du bas Limosin, & la recepte des Tailles, & deniers du païs; y ayant grand trafic en icelle: par ce que sur tous autres de ce païs, les citoyens de Tulle sont laborieux, subtils, & fins au possible, aymans les proces, lesquels ils fondent sur la pointe d'vne espingle: & qui pis est on les blasme du mestier de resmoings à gage.

Ceste ville estoit iadis fort grande, & y auoit plusieurs temples des Dieux des Payens, abatus par le moyen & predication de S. Martial.

La ville est situee entre des montaignes & pays raboteux & mon-

montaigneux, fertile & portant de bons vins, & abondant en noyers, d'où ils tirent grand profit, pour les huiles. Le peuple y est fort deuot & Catholique.

En l'Eglise cathedrale, y a vne esguille & pointe pyramide du clocher, qu'on estime des plus belles de France; sans excepter celle de S. Michel à Bordeaux, ou celle de sainct Geruais à Lectoure.

DE LA VILLE D'Vzerche.

Vzerche est vne ville belle, plaisāte, & biē aëree assise sur le Vezere, qui est vn torrent impetueux, & enuironnee d'eaux, de toutes parts; de sorte qu'elle semble du tout imprenable.

X 4

On tient que le Roy Pepin bataillant contre waifet Roy d'Aquitanie, feit baſtir ce lieu & fortereſſe, armée de dix huict tours, & belles deffences. Il y a ſiege Epiſcopal eſtabli par ledict Pepin.

Il y a vne belle Abbaye de l'ordre de S. Benoiſt, en laquelle eſtoit la nappe ſur laquelle noſtre Seigneur feit la Cene: il y a auſsi quelques corps de ſaincts perſonnages, où ſe font pluſieurs miracles: & meſmes deuant S. Leon, & S. Coronat, où les inſenſez faiſans leur neufuaines recouurent ſanté & entendement.

Puis eſt encor Vinadiere, dependant de S. Iean de Hieruſalem. A deux lieües de là eſt la Chartreuſe de Glandieres.

Les citoyens de ceſte ville ayment plus les armes que la mar-

marchandise: aussi sont ils tousiours fort belliqueux.

Ce païs est fort fertil en bleds, vins & chastaignes, & la riuiere en bon poisson, & sur tout en truittes.

DE LA VILLE DE BRIVE.

LA troisiesme ville fameuse du bas Limosin, est Briue la Gaillarde, situee en vne belle & fertile campaigne, ayant bois, vignes, terres labourables, prairies, & tout ce qu'on sçauroit souhaiter pour la vie des hommes.

Ceste place est ancienne estát desia du temps que les François vindrent en Gaule, n'estant pour lors qu'vn village.

Il y a de present vne Seneschaussee, qui la faict plus riche & frequentee. Elle estoit iadis du ressort de Perigueux, mais le Roy Charles 6. la ioignit au Limosin. Ce qui est cause de grands procez entre ceste ville, & celle de Tulle, & d'Vzerche, comme auons dict.

Il y a plusieurs autres villes au bas Limosin, comme Trignac, Donsenac, Allasac, Beaulieu, Messac, Vllet, S. Angel, & Beaumont, iadis rasee par les Anglois.

Les illustres maisons de ce païs sont celles ici: Vendour, Combort, Turenne, Pôpadour, Maumont, Rossignac, S. Ial, Gemel, & autres.

Du pays Limosin ont sorti cinq ou six Papes, plusieurs grâds Prelats: nombre infini de braues Cheualiers & Capitaines, plusieurs autres hommes de grand & rare sçauoir.

L'an mil cent nonante neuf

le Roy Richard ayant esté aduerti qu'vn Cheualier Limosin auoit trouué soubs terre les Images d'vn Empereur, sa femme, & ses enfans, asis à vne table, le tout de fin or ; Ce qu'il voulut auoir & retirer dudict Cheualier, lequel nioit auoir rié trouué: mais ayant entendu que le Roy le vouloit faire mettre prisonnier, il se retira au Vicomté de Limoges en son chasteau de Chassus, où ledict Roy le feit asieger, à mauaise heure pour lui, car il receut vn coup de flesche dans l'œil, dont il mourut par apres : & ne laissa aucuns enfans pour lui succeder.

Histoire notable.

Les Limosins sont gens accords, graues, sages, & fins, n'estans hastifs en leurs actions, diligens neantmoins en leurs affaires, laborieux, prompts à faire plaisir, vn peu chiches, &
sor-

sordidéz chez eux, excepté les gentils hommes, lesquels y sont magnifiques & genereux, & les citoyens des villes, qui sont mieux ciuilisez & appris que la populace.

DV PAYS D'AVVERGNE
& places y comprises.

Vuergne estoit iadis region separee & faisant vn peuple particulier à soy, depuis que les Romains la subiuguerêt. Elle est mise au denóbrement de l'Aquitaine, à cause qu'elle est entre Loire & la Garonne. Ce païs est diuisé en haut & bas. Celui qui est en la Cápaigne

s'as'apelle Limaigne, & l'autre la haute Auuergne.

Le païs d'Auuergne est limité au Leuant du païs de Forest & Lionnois, & est posé vers le Midi entre Vellay & Geuoudan, au Septentrion il est enclaué entre le Bourbonnois, & la Marche Limosine: comme encor le haut Limosin lui sert de limites à l'Occident.

Les Auuergnats sont vrays Gaulois d'origine, sans rien dissimuler, & à presét composez du sang Goth & Romain.

L'an cinquiesme du regne de Childebert, la region des Auuergnats fut affligee, & tourmentee de grands & estranges deluges: de sorte que par l'espace de douze iours, il ne cessa d'y plouuoir abondamment; & le fleuue de Lyman desborda tellement, qu'il empescha plusieurs d'end'enfemencer leur terre.

Limaigne eſt la plus fructueuſe contree de l'Auuergne, & de tout temps chef des autres, la ville capitalle (qui eſt Clermont) y eſt auſsi poſee.

Ce païs eſt ainſi apellé, ſelon l'aduis de quelques vns, du limon & terre graſſe, ou comme tiennent les autres, du mot *Alimonia*, qui ſignifie nourriture ; à cauſe de ſa fertilité, ou finablement eſt dict Limaigne, à cauſe du fleuue Liman, qui ſe rend dás celui d'Allier.

DE LA VILLE DE Clermont.

Clermont eſt la capitalle d'Auuergne fort renómee, belle & de gráde antiquité, & s'apelloit anciennemét Gergonie, & e-

& estoit de beaucoup plus grande estenduë qu'elle n'est à present: comme l'on void par les ruines & vestiges des antiques bastiments, qui encor apparoissent demie lieüe à l'entour, comme medailles de toutes especes de metaux, colomnes, chapiteaux, cornices, & bases de colomnes anciennes.

Or ceste ville est situee au bout du plat païs sur le haut d'vn costau, d'où sortent plusieurs ruisseaux.

Non loin d'icelle, sçauoir auprés de la cité, qui est separee de la ville, on a trouué plusieurs antiques tombeaux, entre lesquels y en auoit vn, sur lequel estoint ces mots.

IVLIA PAVLINA TITI LA-
BIENI VXOR.

Au lieu où sont ces vieilles ruines, & où estoit proprement

la

la cité de Gergonie, l'on voit encor des vouſtes ſoubs-terraines, par leſquelles on pouuoit aller plus d'vne lieuë ſoubs-terre, mais auec clarté. On n'y peut aller à preſent, à cauſe que l'eau y degoute du haut du roc. En ce lieu on tient qu'eſtoit campé Ceſar: mais quelques vns ſont d'opinion qu'il eſtoit faict au parauant.

Vouſtes ſoubſterraines.

L'egliſe cathedrale de Clermont eſt dediee à l'honneur de la vierge Marie, & fut premierement baſtie par S. Martial. Le premier Eueſque de Clermont fut S. Auſtremonie, qui fut diſciple de noſtre Seigneur.

Le quatorzieſme Eueſque de ce lieu fut S. Sidonie Apolinaire, treſdocte perſonnage, du temps des Gots.

Au deuant de la maiſon Epiſcopale de Clermont on void
vne

vne des plus belles fontaines de Gaule, laquelle est conduicte d'vn lieu nommé Royac, qui est comme vne source, des ruisseaux & fontaines arrosans la ville, & le païs voisin.

Belle fõtaine à Clermont.

Il y a des Conuents de Iacopins, Cordeliers & Carmes. Il y a en outre vne Eglise nommee nostre Dame du Port, premierement fondee par S. Auit, destruicte par les Normands, & rebastie par Sigon Euesque d'Auuergne.

Au dessoubs de ceste Eglise y en a vne soubs-terraine, aussi grande & spatieuse que celle d'enhaut. Il y a plusieurs autres belles Eglises, & vn somptueux Hospital fondé par Guillaume du Prat Euesque de Clermont.

En outre est vne belle Abbaye de S. Allire qui estoit cinquiesme Eues-

Euesque d'Auuergne.

Ces Monasteres iadis estoint enclos dás la ville, mais les guerres ayás tout ruiné, de temps en téps, la ville a esté mise & reduite en plus petit circuit; & sont à presét ces Eglises & Monasteres hors de l'enclos.

En l'Abbaye de S. Allire est le tombeau de deux amans, dont Gregoire de Tours faict mentió au liure de la gloire des Confesseurs.

Merueilleux Pont de pierre naturelle Au dedans de ceste Abbaye passe vn fleuue iadis nommé Scateon, maintenant Tiretaine, sur lequel est vn merueilleux Pont de pierre naturelle faicte de l'eau d'vne fontaine, qui s'endurcit en pierre, non sans estonnement des grands & admirables effects de nature; laquelle fontaine est loin de la susdicte riuiere de 300. pas.

Le súsdict pont a trente brasses de longueur & six d'espoisseur, & huict de large.

Ceste fontaine est dicte Saulse, & est allumineuse, & depend de l'Abbaye, qui est fort magnifique, ayant de belles tours & deffences, comme vn chasteau; & y sont plusieurs colomnes, sepulchres, & Autels de marbre, & de iaspe, de diuerses couleurs à la Mosaïque. En icelle est la chapelle de s. Venerád, où reposent les corps de plusieurs martirs & saincts personnages.

Aux fauxbourgs de Clermont sont encor le Prieuré de S. Bonnet, & hors la porte S. Pierre, vn Monastere de Religieuses, & vn vieil edifice, nommé la tour des Sarrazins. En vn autre faux-bourg est l'Abbaye de S. André, iadis Prieuré, où est vn tombeau clos & couuert
d'vn

d'vn cuir rouge, qui est plein d'os, d'vne desmesuree grandeur; & tient on que ce sont les os des premiers fondateurs de ce Prieuré.

Non loin de ceste place est le village de Chamailleres, iadis fauxbourg de l'ancienne cité d'Auuergne, où il y a vne Eglise fort ancienne dediee à nostre Dame, & fondee par S. Tecle. En outre est le Prieuré S. Marc, en vn vallon; où il y a deux bains, l'vn d'eau calcineuse, l'autre de sulphuree, & au dessous vne fontaine, ayant goust de vin, mais fort mauuaise à boire. A Chamailleres est encor vn vieil chasteau, que l'on dict auoir esté à Gannelon.

Bains salutaires

A Clermont se faict du meilleur papier de France tant à escrire qu'à imprimer.

Deux Conciles ont esté tenus a Clera Clermont, l'vn Prouincial, en l'an de noſtre Seigneur 540. où aſsiſterent quinze Eueſques de Gaule, l'autre general, l'an de grace mil nonante cinq, par l'authorité du Pape Vrbain 5. natif du Limoſin.

Les Eſtats furent tenus en ceſte ville ſoubs Charles cinquieſme l'an mil trois cents ſeptante quatre.

Pres Clermont eſt vne petite montaigne où le bithume coule comme d'vne fontaine, noir au poſsible & gluant.

DE LA VILLE DE RION, & autres.

Rion deuxieſme ville de Limaigne, eſt riche & opulente dicte en latin *Reoticum*, ſituee en la fertilité du pays, en la laquelle y a Cour de Presidiaux, establie par Henri 2. du nom, & est la Seneschauffee du bas Auuergne.

Du presidial de Rion dependent les sieges de Montferrand, vne des belles villes d'Auuergne: où il y a Cour de generaux pour les Finances; Apres sont encor Combraille, Motaigu, Aigueperse, & Montpensier apartenant à la maison de Bourbon.

Les autres villes de Limaigne sont Bilhon, & Yssoire, Brioude, Anzeon, Langheac, S. Germain, S. Lambró, Aigueperse, Eubreusle, S. Pourfain & Cusset, qui font auec les susnommees treze villes en nombre; sans d'autres villes & gros bourgs, villages, & chasteaux, apartenants à plusieurs grands Seigneurs, comme Montaigu, Mommorin, Monguaçon, Entragues, Chuzeron,

ron, Randan, Rauel, Fontailles, & autres.

La source du fleuue Allier est quatre lieuës au dessoubs de Brionde, & passe pres d'Vson, où l'on trouue vne belle mine d'or & d'azur.

LA haute Auuergne a pour ville capitale S. Flour, qui est vn Bailliage & siege presidial, situee sur vn haut lieu esleué, & entaillé tout à plomb.

C'estoit iadis vn Prieuré fondé par les Sieurs de Bresons. L'an mil trois cents deux S. Flour fut erigé en Euesché par le Pape Boniface 8. L'autre ville principale de la haute Auuergne est Orilhac, qui est vn siege ancien du Bailliage, & y a Cour de presidiaux, d'où dependent les sieges d'Orilhac, S. Flour, Carlat, & Murat, auec les villages de Sal-

Sallers, Mauriac, S. Martin de Marmarons, & autres, qui n'ont autre trafic que du bestail qu'ils nourrissent.

Les montaignes de Cantal en Auuergne, sont perpetuellement chargees de neiges à cause de leur hauteur.

Pont Gibaut est vne petite ville à quatre lieuës de Clermōt, ayant pres d'elle vn village nommé Rore; là est vne mine d'argēt abondante.

Dome est vne montaigne fort plaisante, à vne lieuë de Clermont, & des plus hautes de la France, fertile en pasturage, & simples autant exquis que Medecin pourroit souhaiter: au sommet de laquelle on void encor plusieurs ruines & fondements, qui font paroistre qu'il y eut iadis quelques sumptueux bastiments : Il y a aussi les mon-

montagnes de Frumental, la Vedrine & le Girene.

Pres du mont de Cofme, lequel est aussi fort estimé, est vn lieu nommé la Cherre, où est vne fontaine, qui est glacee durant les plus grandes chaleurs de l'esté; & lors que l'hiuer est plus violent, elle desgele, & est chaude, sortant d'icelle des fumees & exhalations, comme d'vne fournaise.

Le mont Dorabonde en fontaines, de l'eau desquelles sort la riuiere de Dordonne. Il y a des bains fort salutaires en ceste montagne.

D'où sourd la Dordōne.

Pres ce mont est la ville de Besse, à demie lieuë de laquelle on void vn lac de grande estendüe, & presque au sommet d'vne montagne, duquel on n'a peu trouuer le fonds, & est fort admirable à voir, & encor plus effroyable, car si l'on iette quelque pierre dedans, on se peut tenir bien tost asseuré d'auoir du tonnerre, des esclairs, pluyes, & gresles.

Non loin de là est vn creux ou abisme nommé Soucis, rond à son ouuerture, sans fonds qu'ó aye peu trouuer, presque pareil au precedent.

En ce païs est la Chapelle de Voisinieres, où se font de grands miracles.

Il y a aussi en ce pays vne fontaine dicte Vichy, l'eau de laquelle est naturellement chaude, iettant sans cesse de gros & assidus bouillons, d'où vient qu'auprés y a des bains souuerains en Auril, May & en Septembre.

A chaudes Aigues, qui est dix lieuës de S. Flour, y a de pareils bains & fontaines,

A

A Roche Dagou, qui est aussi dix lieuës de Clermont en vn village ainsi apellé, se trouuent des pierres pareilles au diamant & fort admirables.

Au bas des montaignes qui tirent vers Limaigne, est vn estang nommé Montœil Degelat, du nom d'vn village où il est, ayant des sablons, & arenes luisans comme or limé, duquel les financiers se seruent sur leur escriture. L'eau duquel estang est tresclaire.

Sablons dorez en vn estãg.

Le païs d'Auuergne est illustré des Abbayes qui s'ensuiuẽt: la Chaize Dieu, S. Allire, S. André, Mont-peiroux, le Boucher, Mauriac, Champoing, S. Gilbert, Ebruelle, Tiers, Yssoire, Menat, Maulieu, Feniers, & Bellaigne.

Les Religions des Dames sont; Cusset, Beaumõt, Lauoine,

Megemōt, Lesclache, Corpiere.
Les Prieurez plus fameux sont Saueillanges, S. Pourſain, les Celeſtins, Augeroles, Montferrād, Sauuigni, de Ris, Cullat, la Chartrouſe, & Moiſſac.

DV PAYS DE BOVRBONNOIS.

Apres l'Auuergne viennét les Boyes (maintenāt Bourbonnois) fort renómez, leſq̃ls auec les Cenomans, ou Manceaux, donterent iadis les Toſcās, s'emparans de leurs Seigneuries, & eſtabliſſans vne demeure perpetuelle en Italie, qui eſt maintenant nommee Romaigne,

gne, par les anciens latins *Gallia Togata*, pource que les Gaulois ia faicts Romains, s'y estoint domiciliez: ils donnerent aussi le nom au païs de Bauiere, & de Boesme, & mesme celle de Boullongne.

Le païs Bourbonnois est limité au Septentrion du Niuernois, selon Loire, au Midi, d'Auuergne, à l'Occident du Berri; & au Ponent de la Bourgoigne.

Ce païs est arrosé de deux grands fleuues, sçauoir de Loire & d'Allier, riuiere naturelle d'Auuergne.

L'an mil trois cents trente, ou enuiron, la Seigneurie de Bourbon fut erigee en Duché, par le Roy Philippes de Vallois, & en fut le premier Duc Louys Comte de Clermont, fils de Robert Comte de Clermont,

Bourbon erigé en Duché.

fils du Roy S. Louys.

Les Comtes de Flandres sont yssus du sang de Bourbon, de la premiere lignee. Plusieurs grãds Rois & Princes ont desiré l'alliance de ceste Royalle & illustre maison.

DES VILLES DV PAYS Bourbonnois.

LA capitale ville de ce païs est Moulins, iadis nommee Gergobine par Cesar, & est situee sur le fleuue d'Allier, & l'ancien siege des Seigneurs & Ducs du païs, & depuis le plaisir des Rois de France. Il y a siege presidial, pour la Seneschaussee de Bourbonnois, erigé par le Roy François premier du nom.

Apres est S. Pierre le Monstier place moderne; neantmoins belle le & remarquable, & où il y a aussi siege presidial, comprenant le Bailliage de ladicte ville, & les sieges de Douziois, Xaincois, Cusset, & autres pieces, qui sont partie en Auuergne, partie en Niuernois.

La ville de Bourbon est fort ancienne, & de laquelle le païs prend son nom, Elle est situee entre les fleuues d'Allier & du Cher, & bien cogneüe & renommee dés le temps de Charlemaigne.

DE L'ANCIEN ROYAU-
ME ET PAYS D'AV-
strasie ou Prouince des
Mediomatrices.

LE païs d'Austrasie a esté de grande estendue, comprenant depuis la Meuse iusques au Rhin, sçauoir depuis Colloigne iusques au païs d'Elsace, ayant la cité de Mets pour capitale, d'où aduint que ce Royaume se nommoit pluftoft de Mets, que d'Austrasie.

La premiere consideration du traict de ce païs est contenuë soubs la Gaule Belgique, qui auoit iadis deux Metropolitaines, la premiere Treues, l'autre Rheims.

FONDATION DE LA VILLE
de Treues.

Ceste ville a iadis vaincu en gloire toutes celle de Gaule, & est situee sur la riuiere de Mo-

Moselle. Le premier fondateur d'icelle fut vn Assyrien nommé Trebote, fils de Nine premier du nom, lequel persecuté par sa belle mere Semiramis (laquelle vsurpoit le Royaume Babilonien qui lui apartenoit) passa par mer & s'en vint en Europe, trauersant tant de païs, qu'enfin il s'arresta sur le Rhin, puis passa outre iusques à la Moselle, pres laquelle ayant trouué vne vallee tresplaisante, se meit à y bastir vne cité, qu'il appella de son nom.

Ceste ville a esté trespuissante & des premieres en l'amitié des Romains. Elle a esté ruinee & saccagee plusieurs fois par les wandales, Bourguignons, & les François, les edifices renuersez & ruinez, & les citoyens massacrez & taillez en pieces par les Barbares. Elle a esté rebastie fort magnifiquement, sauf pour la construction de plusieurs bastiments. En icelle se void encor vn palais faict de Brique dont les murs sont si forts qu'on ne les peut rompre, & du tout semblable au bastiment des anciens murs de Babilone en Assirie.

Treues est la cité Metropolitaine du païs Belgique, dont l'Archeuesque est Electeur de l'Empire. Elle fut conuertie à la foy par S. Eucharie, disciple de sainct Pierre.

DE LA VILLE DE Mets.

La premiere cité dependāte de la premiere Belgique est Mets, portant ce nom des Mediomatrices, par ce que les peuples

ples s'y tenans auoint trois villes, & que leur metropolitaine estoit au milieu d'icelles, sçauoir que Mets estoit entre Toul, Verdun & Treues. Ceste ville en vn mot à pris le nom du peuple habitant en ces finages.

Mets fut capitale d'Austrasie; Elle est grande & forte, arrosée du fleuue Moselle & de la Seine.

Il y eut plusieurs Eglises & autres edifices abbatus auec la plufpart des fauxbourgs, lors qu'ils furent afsiegez par Charles Quint; parce que les afsiegez voyoint ces bastimens leur estre par trop nuisibles.

Dans la ville furent aussi abbatues les Eglises de S. Martin, au pied de la coste de S. Quentin, S. Croix, & S. Eloy pres la porte de Pontefroy, & S. Syphorian, & la citadelle dans la
vil-

ville.

La ville de Mets fut conuertie à la foy par S. Clement oncle de S. Clement Pape, lequel y fut enuoyé par S. Pierre. Iadis l'Euesque de Mets estoit Seigneur souuerain, establissant la Iustice à son vouloir, & ayant puissance de faire battre la monnoye. Eleuthere Chancelier de France du temps du Roy Thierri 2. fonda le Monastere des Dames de Mets.

En ce païs on ne plaide point par loy escrite, ains la coustume y est seulement obseruee : de sorte que les Iuges & autres exerçans la Iustice, ne sçauent lettre quelconque : & le plus souuér ce sont gens de mestier, qui sont les Iusticiers. S'il y a quelques hommes signalez, ils ne sont pourtant Legistes, Aduocats, ni Procureurs, & y est
le

le seul Seigneur du païs Presidēt pour les loix & pour en iuger.

A Mets n'y a Bailliage, ny Preuosté, sauf que l'Euesque a son Bailli pour son droict, mais les plaids se font à Vvic, entant que les citoyens ne veulent souffrir autre Iustice que la leur, & celle de leur Prince.

Le pays est gras & fertille, abondant en bleds, vins, chairs, poisson, foings, sel, bois, & mineraux.

Le peuple y est rude & grossier ressentant desia son Allemand, dont ils sont proches.

DE LA VILLE DE
Verdun.

LA seconde ville des Mediomatrices est Verdū asise sur vn costau, le long de la riuiere de de Meuse, belle, riche, & en païs fort plaisant & de grande antiquité nõmee par Cesar *Viroduum*.

S. Denis y enuoya Sainctin sõ disciple pour cõuertir ce peuple, lequel y profita beaucoup & y bastit vn oratoire au nom de S. Pierre & S. Paul hors la ville, & là fut son premier siege Episcopal; depuis ceste Eglise a esté dediee à S. Vanne, & y ont demeuré les Eues̃qs enuiron l'espace de trois cẽts ans, iusques à ce que le grand & superbe tẽple dedié, en l'hõneur de nostre Dame, ait esté basti & erigé en Eglise cathedrale. Ceste dicte Eglise fut fondee par S. Pulchronie cinquiesme Euesque du lieu, lequel assista au Concile de Calcedoine, l'an 455 où l'on cõdamna l'erreur de ceux qui nioyent que la vierge Marie fust mere de Dieu.

Le susdict Euesque, apres le Cõcicile, feit faire vn image de noſtre Dame, ayãt vn serpent ſoubs les pieds, ſignifiant qu'elle a domté les Heretiques, ſuppoſts & miniſtres de l'anciẽ ſerpẽt, ennemi de l'humain lignage; ayant à l'étour de ceſte image: *Gaude Maria virgo, cunctas hæreſes ſola interemiſti in vniuerſo mundo.* Ce qui auoit eſté ordóné au ſuſdict Concile de chãter par toutes les Egliſes.

Le 58 Eueſque de ce lieu appellé Iacques, Docteur en Theologie, fut Patriarche de Hieruſalẽ, & en fin Pape ſoubs le nom d'Vrbain quatrieſme. Il eſtoit natif de Troye en Champaigne, fils d'vn conrayeur ou ſauetier.

DE

DE LA VILLE DE TOVL.

La troisieme cité des Mediomatrices est Toul en Lorraine, qui receut l'Euangile, aussi tost que S. Pierre fut à Rome. Le premier Euesque fut Mansuet, enuoyé en Gaule, auec S. Clemét Euesque de Mets.

Cesté ville est situee sur la Moselle au dessoubs de Pont à Mousson ville fort anciéne, en vn païs fertil.

Pape Leon neufiesme du nom fut Euesque de Toul, auparauát nómé Baunon, & fut sainct personnage; lequel feit des miracles en son viuát, il estoit natif du païs d'Allemaigne.

DV PAYS DE BOVR-
GOIGNE ET PLACES
y comprises.

Les Bourguignôs sôt descendus des anciés Gaulois, & iceux (du téps que Druse & les Tiberes enfâs adoptits d'Auguste Cesar domterent la Germanie) se tenoint en la Campaigne par cartiers, s'estans multipliez en nombre fort grand & populeux, & ayans basti plusieurs hameaux le long des limites, lesquels ils apelloint Bourgs, à cause dequoy ces peuples sont dicts Bourguignons. Il y a d'autres opinions mais trop longues à deduire, & comme ils furent chassez de leurs sieges, & cóme long temps
apres

apres ils se r'habituerēt; & en fin se feirent Chrestiens, en l'an 434. Surquoy on pourra voir les Annales & Histoires de France.

FONDATION DE LA VILLE de Diion.

La ville de Diion n'estoit anciennement qu'vn chasteau du temps que S. Benigue 1. Apostre des Diionnois vint en ce païs, qui fut l'an de nostre salut mil sept cents. Et est de la fondation des anciens Gaulois, qui lui donnerent ce nom de Diion ou Diuion (au raport de quelques vns) du mot *Diu*, ou *Diui*, à cause qu'en ce lieu y auoit autrefois plusieurs temples des Dieux.

Ceste ville fut accreuë par l'Empereur Aurelian, & est situee
preſ

presque sur les frontieres & derniers limites de France, en vne belle campaigne, qui se continuë iusques à Marseille, & sur laquelle croissent les meilleurs vins de la Gaule. Et est ceste ville forte d'assiete, & plus encor d'artifice, à cause des grands bouleuers & fortifications qu'on y a faictes, pour seruir de répars cõtre les aduersaires des Rois de Frãce: desquels sont tresloyaux seruiteurs les Diionnois.

Le chasteau de Diion estoit iadis armé de trente trois tours, & fortifié de belles murailles, ayans trente pieds de hauteur, & quinze de largeur.

Le chasteau qu'on y void à present fut rebasti par le Roy Louys vnziesme, s'estant emparé legitimement du Duché.

Sainct Benigue fut le premier pasteur des Diionnois, lequel
sous-

souffrit martire soubs l'Empereur Seuere, l'an de noſtre ſalut mil ſept cents. Long temps apres la mort de ce bon Euesque, fut trouué ſon corps par S. Gregoire, lequel y baſtit vne Egliſe & Monaſtere.

Il y a pluſieurs Egliſes à Diion, iuſques au nombre de ſeize.

La ſaincte Chapelle y fut fondee par le bon Duc de Bourgoigne Philippe, lequel y meit la s. Hoſtie, que le Pape Eugene luy enuoya l'an mil quatre cents trẽte. Ce meſme Duc inſtitua le Parlement en ce lieu, & y fonda le Conuẽt des Chartreux, où il giſt auec pluſieurs autres Ducs releuez en marbre.

Choſe notable d'vn Roy

En l'Egliſe S. Benigue eſt enterré vn Roy de Polloigne, qui eſtant Moine, fut tiré de ſon Abbaye, pour eſtre faict Roy, & voulut apres ſa mort y eſtre porté

porté & inhumé. Il s'apelloit Bofdelaus; son epitaphe y est. Il mourut en l'an mil trois cents quatre vingts vn.

Les edifices signalez de Dijon sont la maison du Roy, (où est vne forte & haute tour presque ruinee) la maison de la chambre des Comtes, qui est le logis des Estats, & l'hostel de ville. Apres sont les maisons des Seigneurs s'y tenans du temps des Ducs de Bourgoigne, comme sont les logis d'Orenge, le Vergi, Ruffé, Conches, Saux, Luz, & celui du Mareschal de Tauennes, Ventoux, Senecy, le logis du Marquis de Rotelin, & du Seigneur de Pleuuot. Puis y sont les maisons de Cistaux, Cleruaux, Auberine, Morimond, Oigny, & autres.

Les Estats de Bourgoigne se tiennét de trois ans en trois ans à Dià Diion, où il y a Parlement depuis que le Duché est vni à la couronne.

Au Parlement de Diion ressortissent les Bailliages de Diion, Authun, Chaslon, Auxois, & la Montaigne.

Le Bailli de Diion a soubs luy quatre sieges, sçauoir Beaulnes, Nuits, Auxonne, & S. Iean de l'Osne. En outre ceste Iustice est encor le siege & chambre des Côtes, le Bailliage, la Gruërie, la Mónoye, & le Gouuerneur de la Chancelerie.

La ville est gouuernee pour le faict particulier par vn magistrat Politique, apellé Vicômte Maieur de la ville & est annuel & electif, par la pluralité des voix: & se faict l'ellection trois iours deuant la S. Iean.

Le Maire de Bourgoigne est apellé Vicomte, à cause que la vil-

ville à iadis achepté le Vicõté, & est perpetuel chef du tiers estat de tout le païs de Bourgoigne.

C'est à la requeste du Maire de Diion que les Rois entrans en ceste ville, iurent en l'Eglise S. Benigne de conseruer & confirmer les priuileges inuiolables de la dicte ville: & reciproquement iceluy Maire iure au Roy fidelité & secours, pour & au nom de tout le païs: en signe dequoy ce Maieur ou Maire, lie vne banderole ou ceinture de tafetas blanc à la bride du cheual du Roy, & le conduict iusques à la saincte Chapelle, estant accompagné de 21. Escheuins.

A Diion y auoit iadis vne iurisdiction qu'on nommoit la Chrestienté, à laquelle releuoint tous les sieges du païs; en memoire que la foy Euangelique auoit premierement esté an-

annoncee en ce lieu. Le chef de l'Eglise parochiale de S. Iean se nommoit encor Doyen de la Chrestienté.

Priuilege des Diionnoys.

Les Diionnois ont priuilege de tenir fief, sans payer finance ou indamnité quelconque, & l'estranger y peut habiter sans droict d'Aubenage.

Tout auprès de Diion est la merueilleuse forteresse de Talant, situee sur vn costau; & sur vn autre costau est le chasteau & village de Fontaines; d'ou estoit natif ce grand Docteur S. Bernard, chef de l'ordre de Cleruaux yssu d'ancienne & noble race.

FONDATION DE LA VILLE
de Beaulne & autres.

LA ville de Beaune n'estoit iadis qu'vn simple chasteau; mais l'Empereur Aurelian le feit

feit accroiſtre & embellir, comme il auoit faict Diion.

Beaulne (ſuiuant l'opinion de quelques vns) eſt ainſi nommee pour ſa beauté, & fertilité, eſtant preſque ſituee au milieu du païs, & pres d'vne montaigne, en vne belleplaine: ayant le terroir gras & fertil, & principalement en bons vins, & des plus exquis de France.

Ceſte ville eſt voiſine d'vn lac, fortifiee de bonnes murailles & foſſez, & preſque imprenable, ayant vn fort chaſteau, que le Roy Louys 12. y feit baſtir, aux quatre coings principaux de ceſte place, y a quatre bouleuers, d'vn artifice admirable & effroyable: pour ceux qui la voudroint aſſieger.

En ceſte ville y a vn Hoſpital, qui reſſent pluſtoſt vn chaſteau Royal que le logis des pauures,

Z

lequel fut fondé par Rauſn, Châſier de Philippes.3.du nom, Duc de Bourgoigne.

Le Monaſtere des Chartreux de Beaulne fut fondé par le Duc Eude, l'an de noſtre ſalut 1332.

Au terçoir de Beaulne eſt le fameux Monaſtere de Ciſtaux (ainſi apellé à cauſe de l'abondance des ciſternes) fondé par Duc l'an 1098. Lequel Monaſtere eſt chef de 180 autres Monaſteres de Religieux, & de preſque autant de Vierges ou Nônes voilees, pour le ſetuice de Dieu.

Non loin de Dijon eſt la ville de Nuits, où il y a Bailliage; laq̃lle eſt de la fondatiõ des Nuitons, peuples deſcédus d'Allemaigne, auec les Bourguigõs, s'eſtans domiciliez en la Gaule.

DE

DE LA VILLE D'AV-THVN.

Ceste ville est de tresgrande antiquité, fõdee par Samothes 1. Roy des Gaules, ainsi que tiennent quelques vns. Elle s'apelloit anciennement Bibracté, puis fut nommee Hedus à cause des Heduens, peuples fort renommez par Cesar. Et est situee au pied des monts de Senis, sur le fleuue Arroux: & est fort vague & esparse, sans edifices, sinõ vers le chasteau, où est l'Eglise cathedrale dediee au nõ de S. Lazare, en laquelle ont presidé plusieurs dignes Euesques, desquels le premier fut S. Amateur, du temps de l'Empereur Aurelian.

Aupres de ce lieu est le fort nommé Marchault, qui estoit

le champ de Mars, plus bas que le chasteau, iadis en latin *Campus Martius.*

Auprès l'Eglise cathedrale, est aussi vne Eglise collegiale, dediee à la Vierge; & est de la fondation de Raulin Chancelier de Bourgoigne. Il y a aussi vne Eglise pour les Mendians & deux Monasteres, l'vn au nom de s. Symphorian, fondé par Euphronie Euesque d'Authun.

En outre est le Monastere & Abbaye de S. Martin, de l'ordre de s. Benoist, de la fondation de la Royne Brunehaut.

Le Bailliage d'Authû est vn des principaux du ressort du parlemét de Diion. Soubs lequel Bailliage neátmoins ressortissét ceux du Mont Cenis, Bourbon, Lanci, & Semur en Brionnois.

Pour la police de la ville il y a vn Maire auec les Escheuins, qui

DE LA FRANCE. 519
jadis iugeoint des causes Ciuiles
& Criminelles.

A Authun y auoit anciennement vne assemblee iudiciaire
de Druydes; le lieu s'apelle encor
Mont Drud.

Il y auoit aussi vn Capitole en
ceste ville, & plusieurs temples
des Dieux. Comme aussi le lieu
de Genestoye, se deuroit nom-
mer selon nostre langue Ianitect;
par ce qu'il y auoit vn temple dé-
dié a Ianus, & aux autres Dieux.

Non loin d'Authun estoit
aussi vn lieu nommé *Mons Iouis*, *Mont*
d'autant que Iupiter y estoit a- *de Iu-*
doré, on l'apelle maintenant *piter.*
Mont-Ieu.

Z 3

DV PAYS AVXOIS ET
villes y contenuës.

CE païs a prins sa denomination de la ville d'Alxie, iadis fort renommee par Cesar, laquelle estoit situee sur le haut du mont qu'on apelle encor Auxois, mais elle fut ruinee par le mesme Cesar, & n'en reste maintenant aucun enseignement. Le peuple s'apelloit Mandubiens.

 Au bas de la montaigne est le village d'Alise, qui retient encor presque le nom de la susdicte ville demolie, & y a vne Eglise dediee à saincte Regne, laquelle y auoit esté martirizee, & dedans icelle y a vne fontaine prouenante du mont Auxois, l'eau

de

de laquelle guerit miraculeusement plusieurs sortes de maladies.

Le païs d'Auxois est montaigneux, mais fort fertile, tant en vins, bleds, que bestial, & grande quantité de bois.

L'Auxois est limité au Leuant du Diionnois, au Midi de l'Authunois, au Ponent du Niuernois & au Septentrion de l'Auxerrois, & de la montaigne. Et contient ce païs vingt lieües en longueur, & presque autant en largeur, & a plusieurs villes & gros bourgs.

DE LA VILLE DE
Semur &c.

SEmur est la capitale du païs d'Auxois, situee au milieu de la contree, sur le fleuue de

Armanson, & enuironnee de montaignes de tous costez, fors du costé d'Orient, & en son enceint elle cóprend trois clostures de parties diuerses; & si bien conioinctes qu'on les iuge pour vne mesme ville, & enclos de murailles, le premier enclos porte le nom de Bourg, celuy du milieu est dict le Donion, & le troisiesme est le Chasteau, par ainsi l'on void qu'elle a esté bastie à trois fois, le Bourg est le plᵘ peuplé, & où se tiennent les plus riches citoyens de la ville, & est imprenable.

L'eglise de nostre Dame de Semur est admirablement bastie, en ce que les murs, bien que hauts, ne sont que de la largeur d'vne seule pierre, sauf les pilliers qui soustiennent la vouste de l'edifice. Il y a vn Prieuré de Religieux de S. Benoist & sert en-

encor de paroisse à la ville.

Dans le chasteau de Semur, qui est de forme ronde, & armé de tours, de 15 pas en 15. pas, y a plusieurs beaux logis, auec vn Prieuré de Religieux dedié à S. Maurice. En icelui chasteau se trouuent plus de quarante puits d'eau viue qui ne sechent point, le plus profond ayant trente pieds de creux, & n'y a costé de la ville qui ne soit embelli de son fauxbourg.

Il y a Conuent des freres de l'ordre de nostre Dame du mont Carmel, duquel sont sortis plusieurs grands personnages, & qui ont tres bien trauaillé en la vie Ecclesiastique.

Au Donion est vne Chapelle dediee à S. Marguerite, en laquelle faut que les Religieux de S. Iean de Rhodes facent le seruice, ayans leur reuenu assigné sur les salines de Salins, en la fra̅che Comté de Bourgoigne.

La police de la ville est administree par le Maieur & six Escheuins, & le Procureur de la ville, electifs d'an en an.

L'an 1477 la ville de Semur fut bruslee & saccagee par Messire Charles d'Amboise, Lieutenant general de l'armee du Roy Louys vnziesme.

Les autres villes & Bailliages du païs Auxois sont Auallon, Arnay le Duc, Noyers, Sau-lieu, Flauigny (qui est vne ville assez ancienne, de la fondation de Claude Flaue Empereur, en laquelle y a vne belle Abbaye) Moulibard, Viteaux, Rauieres, Mont S. Iean, & autres, comme Missery, Thasl'Euesque, Montigni sur Armaçon, Thoillon, Saumaise le Duc, Bourbilli, Espoisse, Raigni & autres.

DE LA FRANCE.

Il y a plusieurs belles Abbayes & Prieurez en ce païs, comme Monstier S. Iean, Fontenois, Flanigny, Oigny, Vaulse, Vaularissar, nostre Dame de Semur, & plusieurs autres.

DE LA VILLE DE CHAlon & païs Chalonnoys.

LE pays Chalonnoys est voisin d'Auxois, & porte le nom de la cité principale qui est Chalon sur Saone, anciennement nommee Cabillon & Caualone, en laquelle estoit le grenier des Romains, du temps de Cesar, lequel y meit Q. Ciceron, & P. Sulpice, pour la prouision des viures: mais ceste vil-

ville n'est bastie en telle forme qu'elle fut autrefois.

C'est ville est Espiscopale, & des premieres conuerties à la foy par S. Marcel, qui y presidoit du temps de S. Policarpe, en l'an de nostre salut 1060. ayãt esté mené prisonnier à Lyon, auec s. Photin (premier Euesque du lieu) par commandement d'Anthonin Vere, il en fut miraculeusement deliuré, & apres alla prescher à Tournus, & à Mascõ, & enfin à Chalon.

L'eglise Cathedrale de Chalon fut premierement dediee au nom de Dieu & de la Vierge, soubs le titre de S. Estienne; depuis ayant esté ruinee, le Roy Childebert 1. du nom la feit rebastir, & y ayant aporté d'Espaigne plusieurs reliques de S. Vincent, la feit dedier au nom d'iceluy. Il y a plusieurs autres Eglises comme celle de s. George qui est

est collegiale & paroisse, l'abbaye de S. Pierre; Il y auoit aussi 4. Prieurez, qui estoint iadis de beaux Monasteres, sçauoir de S. Cosme, de S. Croix, S. Marie & s. Laurens.

En outre sont deux Conuents des Mendians, l'vn des Carmes, aux fauxbourgs de S. Ieá de Moizeau; l'autre de Cordeliers aux fauxbourgs S. Laurens, fondez par Philippes Duc de Bourgoigne. Au fauxbourgs S. Marie, y a vn Monastere de Religieuses de l'ordre de S. Benoist, &c.

A Chalon y a vn Hostel de ville auec le Maire & Escheuins.

En ceste ville sont plusieurs maisons des Seigneurs du païs à cause des beaux & anciens priuileges pour la Noblesse; laquelle y est fort accomplie en toute perfection & honneur.

La Iustice est diuisee à Chalon en

en sorte que l'vne est pour le Roy & l'autre pour l'Euesque qui iadis estoit Comte de Chalon.

Ceste ville fut ruinee par Attile Roy des Huns, mais le Roy Gontran la feit rebastir.

En ce païs est le magnifique chasteau de la Baronnie de Senecey, l'vn des plus beaux & plus forts de Bourgoigne situé en vne plaine, sur le grand chemin de Dijon, allant à Lyõ: & est distant de la Saone enuiron d'vne lieuë.

Tout auprés de ce chasteau est vne perriere d'où l'õ tire des pierres des plus belles & polies qu'õ sçauroit desirer, tant les couleurs y sont diuerses, & par le seul artifice de nature.

DE

DE LA VILLE DE Tournus.

Tournus est arrosee de la riuiere de Saone de tous costez, & est situee en vn terroir fertil, elle est plus longue que large, & est voisine de quelques montaignes & collines abondantes en bons vins. Elle n'est de la fondation des Troyens ains des anciens Gaulois.

Ceste ville fut iadis diuisee en trois parties, ayans nom diuers; le premier Apostre ou Pasteur de laquelle fut S. Valerian, lequel fut martirizé, deuant vne maison à present nommee Verius.

Il y a vne Abbaye à Tournus qui aproche plustost de quelque insigne forteresse, que non pas
d'v-

d'vne Abbaye, estans situee au plus haut de la ville, & separee par murs particuliers.

Ceste susdite Abbaye est chef de plusieurs Prieurez, tant en Masconois, Bourbonnois, Dauphiné, Velay, Auuergne, Poictou, le Maine, qu'en Aniou & en Bretaigne. Les Religieux sont de l'ordre de S. Benoist.

Hors la ville de Tournus y auoit vn fort magnifique Hospital, basti par Marguerite femme en secondes nopces de Charles Roy de Sicile, laquelle du temps de Philippes le Bel s'y retira, & y seruoit elle mesme les pauures passans, & leur guerissoit leurs playes, forçât les portes du Ciel auec ses œuures tant pitoyables. Les Caluinistes ruinerent ceste place du temps des troubles.

DE

DE LA VILLE DE MAScON, ET PAYS MAsconnois.

Our aupres du terroir de Tournus est celuy de Mascon, qui en est du Bailliage ; & est ce païs Masconnoys limité au Leuant de la Saone, & païs de Bresse, à l'Occident du païs de Forests, au Septentrion du Charrolois, & au Midi du Beauioulois.

Ce païs est renommé de la ville principale nommée Mascon, fort ancienne, iadis apellée *Matiscon, Matissane,* & *Matiscense,* & est situee le long de la Saone, ou fleuue Arar, & qui préd sa source aux montaignes de Voge. *Origine de la Saone*

Ceste ville a esté ruinee & rasee

see plusieurs fois tant par Atille, que par les François, & par Lothaire fils de Louys le Debonnaire: de sorte qu'on ne peut remarquer aucune chose de son antiquité; Il y a siege Episcopal.

Cette ville fut rebastie du téps de Philippes Auguste en l'á 1222. les citoyens l'ayans faict reclore tout de nouueau, & y ayans mis six portes.

L'eglise cathedrale de Mascon est dediee à l'honneur de S. Vincent depuis que Childebert 1. du nom y eut doné des Reliques du dict sainct. Il y a plusieurs autres belles Eglises, Abbayes & Côuéts à Mascon, lesquels ressentirent la rage des Caluinistes en l'á 1562 & 1567. cóme le beau Conuent des freres Prescheurs, iadis basti par S. Louys; fut aussi ruiné, celui des Cordeliers, l'auditoire de la Iustice, le College, les prisós, & presq
tou-

toutes les Eglises de ce lieu.

Le 1. Euesque de Mascon fut Placidie, le 2. Nicier ou Nicetie, & le 3. fut S. Iust.

Mascon fut anciennement vn des quatre premiers Bailliages de France; duquel depédoint Lió & Chaló. Il y a siege presidial. Pierre Tamisier excellent Poëte de nostre temps, y a esté President.

Guillaume l'Alleman Comte de Mascó fut iadis emporté par le Diable, en corps & en ame; pour auoir affligé les Eglises: D'icelui Cóte estoit sorti vn fils nómé Regnard, lequel voyant l'horrible & espouuentable fin de son pere, se rendit Religieux.

DE

Description

DE LA VILLE DE LYON ET PAYS LYONNOIS.

Lyon fut anciennement de la contribution de Bourgoigne, maintenant du ressort de Paris, auec le païs de Forests & Beauioulois.

Le païs Lionnois est limité de la Bresse au Septentrion, au Leuant de la Sauoye, selon le cours du Rhosne, au Midi du Dauphiné & Languedoc, & à l'Occident des pays de Forests & d'Auuergne.

Lyon est la capitale ville de ce pays, situee sur les confluences & conionctions des deux grandes riuieres de Saone & du Rhosne, sur vn mont; quoy que sa premiere fondation fust
in-

insulaire, au lieu qui est pres d'Esnay, où il se void encor des vestiges de ceste antiquité. Ceste ville est des plus belles, riches, grandes & marchandes de la Gaule, renommee par tout le monde.

La riuiere de Saone ou Sagone, s'apelle ainsi (car elle n'est cogneuë par les anciens que soubs le nom d'*Arar*, ou *Araris*, en latin) à cause de l'horrible & cruel martire, lequel y fut faict de dix-huict mille martyrs en la ville, sur vn costau dict la Croix Decole. L'effusion de sang fut si grande que la susdicte riuiere de Saone deuint toute sanglante iusques à Mascon. Le pont de Saone fut faict bastir par vn Archeuesque du lieu nómé Hubert.

Il y a plusieurs opinions sur la fondation de Lyon, mais la plus commune est que *Lugdus* Roy

Roy des Celtes, qui viuoit l'an du monde 2335 fut le premier fõdateur d'icelle ville; long temps auãt la naiſſance de Moyſe. Mais ayant eſté ruinee elle fut rebaſtie par Numatie Plance, Gentilhomme Romain, lequel n'en changea point le premier nom.

La place d'Eſnay en Liſle Lionnoiſe, fut fondee par les Atheniens, au raport de quelques vns, d'où elle eſt encor dicte *Athenacum*, maintenant il y a vne belle Abbaye, qui fut faict baſtir par la Royne Brunehaut.

Iadis à Lyon y auoit vn Autel dedié à Minerue, duquel Iuuenal parle en ces termes.

Palleat vt nudis preſſit qui calcibus
anguem
Aut Lugdunenſem Rhetor dicturus
ad aram.

Deuãt icelui Autel les Orateurs
plus

plus fameux de la Gaule venoint declamer à l'enuy, pour y gaigner l'honneur; mais le prix estoit fort dãgereux pour les vaincus: car ils estoint precipitez dãs la riuiere prochaine, ou bien cõtriants d'effacer tous leurs escrits declamez, auec la langue ou auec vne esponge.

Lyon fut iadis la capitale des Segusiens: & en icelle faisoint battre la monnoye d'or & d'argent les gouuerneurs Romains: comme en la plus excellente & renommee de Gaule, où il y auoit aussi vn magnifique temple basty en l'honneur d'Auguste Cesar, des ruines duquel a esté faicte l'Eglise cathedrale dediee au nom de S. Iean Baptiste, laquelle est seruie des plus honorablement de tout le Royaume de France, par Gentils-hommes nobles, de sept races de pere &
trois

trois de mere. Elle fut bastie par S. Alpin 14. Euesque Lionnois, au nom de S. Estienne, depuis elle a changé. S. Photin disciple de S. Policarpe y aporta la Foy, & en fut le 1. Euesque, auquel succeda S. Irenee.

L'eglise S. Irenee hors la ville de Lyon fut edifiee par le vingttroisiesme Euesque du lieu nommé Pierre.

Sainct *Sacerdos* trentiesme Euesque de Lyon fonda l'Eglise collegiale S. Paul, & celle de S. Eulalie à present nommée S. George.

Le temple Conuentuel de S. Iust & l'Eglise S. Croix furent bastis par l'Euesque Arigié, auquel aiderent les Seigneurs de Tournon; à cause dequoy les aisnez de ceste maison portent le titre de S. Iust.

L'eglise & Monastere des Da-

Dames dedié au nom de S. Pierre est de la fondation de sainct Annemonde martir, les ossements duquel reposent en l'Eglise S. Nicetie.

Le Roy Childebert feist bastir l'Hospital de S. Iust, dans, lequel reposent les ossements dudict sainct.

Il y a plusieurs memoires de grande antiquité à Lyon, comme arcs triomphaux, aqueducts, & autres raretez, ainsi qu'est encor le lieu de Foruiere, iadis apellé *Forum Veneris*.

Clement cinquiesme fut couronné Pape à Lyon, lequel fut auparauant 84. Euesque du lieu, & se nommoit Bertrand Delgel. Il auoit aussi esté Archeuesque de Bordeaux, & Primat des Aquitaines, & puis Cardinal, & en fin Pape.

Clement Pape 5 couronné à Lyon.

Lyon est siege presidial auquel

ressortissent les sieges de Forests, Mascô, & païs Beaujoulois.

DE PLVSIEVRS CHOSES MEMOrables aduenues à Lyon.

L'An mil deux cents cinq, Clement 5. fut cree Pape à Lyon, pour certains differents qui estoint entre les Cardinaux de Rome, touchant l'eslection. Et comme tout le monde estoit empesché & attentif à voir faire les ceremonies, il tomba vne grande longueur de muraille, au lieu où se faisoint lesdictes ceremonies, qui tua plus de mille persónes. Entre lesquels estoit le Duc de Bretaigne, & plusieurs autres grãds Seigneurs. Et la foulle du peuple qui s'é fuyoit feit tõber le Pape de dessus son cheual, & fut bien blessé, & en danger de perdre la vie.

L'an

L'an mil cinq cents septante, le deuxiesme iour de Decembre, sur les vnze heures de nuict, la riuiere du Rhosne commença à se desborder fort estrágement & continua l'espace de deux iours; de sorte qu'elle renuersa plusieurs edifices, tant en la ville qu'aux enuirons, & submergea grand nombre de personnes & mesme de bestial : tellement que les habitans pensoint estre tous perdus, lesquels on voyoit par la ville, de tous costez espars, crians misericorde, ne sçachans où se retirer, tant ils se sentoint surpris, & si peu ils esperoint de salut en ceste misere.

L'an mil cinq cents septante huict, le vingt-vniesme iour de May, sur les quatre heures de soir arriua vn grand & espouuentable tremblement de terre à Lyon, & aux enuirons.

L'an 1584. arriua encor vn fort grand tremblement de terre à Lyon, Geneue, & Mascon.

DES VILLES ET PLACES VOISINES DE Lyon, & du païs de Forests.

Dombes est vne seigneurie voisine de Lyon, laqlle apartiét à la Royale maison de Mótpensier. Et est vn païs fort Montaigneux.

Le païs de Forests voisin de Lyon, est dict de *Forum*, & non pas des bois ou Forests: & la ville de Feurs porte encor le nom de *Forum* ; iadis le marché des Segusiens, estoit situé sur Loyre où où est encor S. Estienne de Furá.

Le païs de Forest contient quarante villes closes, & enuiron autant de gros bourgs.

Ce païs est limité au Leuant du Beauioulois, au Ponent de l'Auuergne, au Septentrion du Bourbonnois, & au Midi du païs de Velay.

Les villes principales sont Mont-brison, où il y a Bailliage ressortissant à Lyon. Apres est S. Galmier, aux fauxbourgs de laquelle place y a vne fontaine alumineuse, dicte par ceux du païs la Font-forte. Puis est S. Germain-Laual ville fertile & recommandee pour les bons vins. En ce païs est aussi S. Bonet le Chastel, où l'on faict des forces à drap, le trafic desquelles est fort grand par tout le Royaume.

Roanne est aussi vne bonne

ville, sur le grand passage de Lyon sur Loire; comme est aussi S. Rambert.

Les principales maisons de la Noblesse de Forest, sont celles d'Vrfé (où il y a vn tresancien chasteau, situé en vn haut lieu, d'où l'on void tout le païs) puis Cosa, apartenant à la tresancienne maison de Leui.

DV PAYS DE DAVPHINE.

LE païs de Dauphiné est diuisé en haut & bas, il fut le premier assailli par les Romains, d'autant qu'il est voisin des Alpes.

Les riuieres qui arrosent le Dauphiné sont le Rhosne, prenāt sa sa source des Alpes Penines, par vne largesse abondante de fontaines.

Ce païs est limité du Lyonnois au Septentrion, & de costé est le bas Dauphiné (dont Vienne est la ville Metropolitaine) au Ponent luy gist le Rhosne, qui sepate ce païs du Lyonnois, Viuarez & Velay ; au Leuant la Sauoye, & au Midi la Prouence, & ceste partie est nommée le haut Dauphiné, dont Embrun est la ville Archiepiscopale.

FONDATION DE LA VILLE
de Grenoble & autres du bas Dauphiné.

Grenoble s'apelloit iadis Accusion, iusques au téps de Diocletian & Maximian, qu'on luy donna le nom de Cullarone, mais ayant esté aggrádie par l'Empereur Gratian, elle fut apellee *Gratianopolis*, en François Grenoble.

Ceste ville est presqu'en figure d'ouale situee en vne plaine des plus fertiles qu'on sçache voir, vn peu esloignee des montaignes, & arrosee du fleuue l'Isere.

Du costé de Septentrion est le pont sur Isere des plus magnifiques qu'on sçache voir.

Du costé de Midi passe le Drac, qui est vn torrent fascheux & violent; qui souuent par son desbordement, gaste tous les champs voisins; sans qu'ó puisse aucunement empescher son rapide cours.

Non loin de Grenoble est aussi vne merueilleuse fontaine flamboyante & boüillante sans ces-

cesse, laquelle brusle & consomme tout ce qu'elle attouche.

Du costé du faux-bourg S. Laurens l'on void des montaignes & costaux esleuez vis à vis du soleil, sur lesquels il croist des meilleurs vins de la France.

Sur ces montaignes & precipices est bastie la fameuse & Religieuse maison des Chartreux bastie par S. Bruno premier fondateur de cest ordre, lequel se vint retirer en ce lieu, pour fuir les fraudes & embusches du diable.

A Grenoble y a vn parlement pour le païs de Dauphiné, lequel y fut establi, l'an mil quatre cens cinquante trois, par le Roy Louys vnziesme. Auparauant n'y auoit qu'vne chambre de conseil, instituee par Humbert Dauphin de Vienne. Lequel (cóme nous auós dict cy deuát) vendit le Dauphiné à vn Roy de France, puis se rendit Religieux, & en fin fut Patriarche de Hierusalem.

Il y a Chambre de Comtes à Grenoble. Grenoble est siege Episcopal subiect au Metropolitain de Vienne.

Il y a de belles Eglises à Grenoble, comme nostre Dame Eglise cathedrale, S. André où est vne tour pyramide fort haute, puis S. Laurens, la Magdeleine, les Iacobins, S. Cler, & autres.

Le Roy François 1. auoit proposé d'accroistre ceste ville, mais apres sa mort son dessein ne fut poursuiui.

Histoire pitoyable.

L'an mil cinq cents cinquante neuf, vn Conseiller du Parlement de Grenoble, fut tellement espris de l'amour d'vne Damoiselle, qu'il quicta son estat pour la suiure, par tout où elle alloit. Mais se voyant mesprisé d'elle, il se negligea tellement que les poux l'accueillirét si estrangemét qu'ils sortoint de son corps, comme d'vne charoigne pourrie. Finalement quelques iours deuant sa mort, se voyant touché de la main de Dieu, il entra en desespoir & resolut de se laisser mourir de faim, & finit ainsi malheureusement ses iours, comme vne beste enragee, de la grande abondance des poux qui entrerent iusques dans sa gorge.

La ville de Romans est aussi du bas pays de Dauphiné, situee sur le fleuve d'Isere, & nombree entre les plus belles & plus riches, & sont d'aduis quelques vns qu'elle est de la fondation des Romains. Il y auoit plusieurs belles Eglises en ceste ville, qui

qui ont esté ruinees par les ennemis de l'Eglise, sçauoir celle de S. Bernard, S. Nicolas, S. Roman, saincte Foy, les Cordeliers, S. Rus. Sur le pont est vne fort belle Eglise dediee à nostre Dame.

Ceste ville fut bastie par vn Roy des Gaules nommé Romus, fils d'Allobrox.

DV PAYS VIENNOIS.

LE païs Viennois est proprement le bas Dauphiné, le long du Rhosne; c'est l'ancien heritage des Dauphins Vénois. Le Viennois est limité de la Sauoye au Leuãt, du Rhosne & païs Lyonnois au Ponent, au Midi du païs

De la France. 551

pays & Duché Valentinois, & au Septentrion lui gist encor le Lionnois.

FONDATION DE LA VILLE
de Vienne.

Vienne est la capitale ville du pays Viennois des plus anciennes de Gaule, situee sur le Rhosne, en laquelle fut iadis le souuerain siege de Gaule.

Ceste ville est Metropolitaine & contiét soubs soy les Eueschez de Geneue (à present siege des Caluinistes) Grenoble, dót nous auons parlé, Maurienne, Die, Valence, le dernier suffragant est celuy de Viuarez.

On tient que Vienne est de la fondation d'vn nommé *Veneri*, Affricain, fugitif & banni de son pays, lequel la feit bastir en
deux

deux ans: à cause dequoy elle fut apellee Bienne, *quia Biennio confecta fuerit*, depuis elle a esté dicte Vienne.

Ce fut du temps de *Lycurgus* Legislateur de Lacedemone, & du temps du Prophete Elisee.

Long temps apres ceste ville fut dicte Senatoire par les Romains l'ayans conquise, lesquels y auoint vn Senat, auec cinq garnisons à l'entour, qui estoint de chacune vne legion. L'Empereur Tybere feit bastir le pont de Vienne, sur le Rhosne: & feit faire des chasteaux à chacun bout du pont, enuiron cent quatre vingts ans deuant la venue de Iesus Christ.

Les Romains y feirent faire plusieurs autres bastiments, cóme l'on y void encor vne tour, où l'on dict que Pilate mourut, & vn Amphiteatre encor tout en-

DE LA FRANCE. 553

entier par dedans. Non loin de ceste ville estoit sa maison, & y a encor à present des Seigneurs en ce pays apellez de son nom les Seigneurs de Pila, comme j'ay entendu d'vn ieune homme Viennois, qui estoit leur vassal. *Vienne pays natal de Pilate.*

S. Crescent fut le premier qui apporta la parole diuine à Vienne, y ayant esté enuoyé par sainct Paul.

L'Abbaye de Vienne fut fondee par Robert Comte de Dreux fils de Louys le Gros, auquel lieu il gist.

DE LA VILLE DE VAlence, & pays Valentinois.

CEste ville n'est de la fondation de Valens ny de Valétinian (cóme quelques vns ont
vou-

voulu dire) car plus de trois cents ans deuant ces Empereurs, elle estoit recogneuë soubs ce nom, lequel toutesfois est Romain. Elle fut iadis apellee Durion & y auoit vne Collonie de Romains.

Plusieurs villes portent le nom de Valéce, l'vne en Espaigne, l'autre en Gascoigne, pres de Códon, & puis celle ci.

Valence est Euesché fort ancien, dont les Euesques sont nómez Comtes du pays Valentinois. Le premier Euesque de ce lieu fut S. Felix.

Ceste ville est situee sur le lóg du Rhosne, en vn terroir fort abondant & fertil.

Non loin d'icelle sont les fontaines de Charan, faictes en vouste, où vn homme peut aller debout, de l'vne desquelles on ne peut trouuer le bout ny
la

DE LA FRANCE. 555

la source.

Il y a siege Presidial à Valence, & vne belle vniuersité, où florissent les loix, autát qu'en ville de Fráce. Iacques Cuias la fleur des Iuris-consultes de nostre téps, y a leu publiquement.

Les Eglises de Valence furent toutes ruinees par les Caluinistes, sçauoir S. Appolinard, sainct Iean, la Ronde, qui s'apelloit iadis le Pantheon, S. Martin, sainct Iacques, les Cordeliers, les Iacobins: Au cloistre desquels on void le pourtraict d'vn grand Geant qui auoit quinze coudees de haut, & y a encor des ossemens de cest homme monstrueux. Hors la ville fut aussi ruinee l'Eglise S. Pierre, & celle de S. Felix, la Magdeleine, sainct Vincent, sainct Victor & le mont de Caluaire. L'Abbaye de sainct Rufs fut aussi demolie, qui estoit
vne

vne des belles du pays, dont les pilliers estoint de marbre.

Il y a plusieurs colomnes & restes de tumbeaux, & autres pieces où l'on void de l'escriture fort antique à Valence.

En l'Eglise S. Felix estoit le tombeau d'vn Cheualier Romain & de sa femme, auec leur Epitaphe.

Hors la ville vers la porte S. Felix, en vne vigne fut trouué vn sepulchre de pierre, il y a quelque temps, sur lequel estoint grauez ces mots.

D. IVSTINIA M.
Lequel estant ouuert, on y trouua le corps d'vne femme, ayant à chacune oreille vne bague d'or, en l'vne desquelles estoit enchassee vne esmeraude; & en l'autre vne tourquoise cassee, aussi tost que ce corps sentit l'air, il fut reduict en poudre.

Il y a encor plusieurs autres villes au bas Dauphiné, comme Die, & Gap, qui sont Eueschez, vers la riuiere de Drome, & de grande ancienneté. Apres sont encor Crest, Briançon, Monthelimard (qui est vne ville fort marchande, & où l'on void des marques d'ancienneté) Thiuy sur le Rhosne apartenant au sieur de Tournon, S. Anthoine de Viennois, S. Valier, la Coste, le Monestier, & Chasteau Daufin, duquel on estime que ce pays est nommé Daufiné.

FONDATION DE LA VILLE d'Embrun.

La ville d'Embrun est la Metropolitaine du haut Daufiné; ayant soubs soy les Eueschez de Digne, Senez, Gladesue, Ni-

Nice, Vence, & la Grasse; pas vn desquels n'est en Dauphiné, sinõ la Metropolitaine. Gap est soubs l'Archeuesché d'Aix, & sainct Paul trois chasteaux soubs celui d'Arles.

Embrun dicte par les latins *Ebredunum*, est sur vne roche au milieu d'vne belle vallee, d'où l'on descouure tout le pays voisin, & est de tous costez enuironnee de montaignes abondantes en bleds, bons vins, & fruicts. Ceste ville est des plus hautes de la france, & fut iadis Imperiale.

Manne d'Embrun. En plusieurs lieux l'air y est si doux & serain que la manne & rosee mielleuse y tombe du Ciel, voire la meilleure de tout l'vniuers. Comme aussi ces monts portent l'agaric, & termentine, & autres simples auss rares qu'õ puisse trouuer.

Quelques vns veulent dire que ceste ville a pris son nom d'vne Idole nommé *Ebris*, qui fut anciennemét adorée en ce lieu. Les autres tiennent qu'elle est dicte *Embrum*, de la briseure ou rupture du mont, qui est plus vraysemblable, veu que le mot latin *Dunum*, signifie en vieille langue Françoise, mont, & pour ceste cause elle est apellée *Ebredunum*, comme dessus.

L'eglise cathedrale d'Embrun est dediée à nostre Dame, au deuant de laquelle est vn Dome basti depuis quelque temps d'vne magnifique stature. Le premier Archeuesque ou Prelat de ce lieu fut S. Nazaire.

Il y a plusieurs autres Eglises comme de S. Marcellin, S. Pierre, S. Donat, S. Hilaire, S. Vincent, S. Cecile les Cordeliers.

Le reuestement du maistre
Au-

Autel de l'Eglise cathedral d'Embrun, est tout d'argent, releué en personages de prix inestimable.

Autel riche.

La maison Archiepiscopale est fort belle, où l'on void vn puits taillé dedans le roc, fort profõd, & y a vne belle tour.

Les maisons anciennes & signalees d'Embrun sont Bressieux, Bontieres, S. Valiers, Maugirons, Gordes, Clauezons & autres.

Le peuple Embrunois est doux & paisible, non remuant ni cauteleux, aymant sa consciéce, fort soigneux, & adonné à labourer la terre, & bons Catholiques, n'ayans iamais voulu receuoir les Caluinistes, ny leur doctrine.

D V

DV PAYS DE PRO-
VENCE.

A Prouence seule peut represēter toute la fertilité qui est en la Gaule Belgiq̄ & en la Celtiq̄. Car en Prouence y a des contrees si abondantes en toutes choses, & mesmes en bled, que l'Isle de Frāce ne les pourroit mesme surpasser, & sur tout la Carmagne d'Arles, qui est vne langue de terre plaine & champestre, enfermee entre deux bras & canaux de la riuiere du Rhoine, contenant sept grandes lieuës Prouençales, qui en valent plus de douze Françoises, & est ce lieu ainsi apellé, à cause que Caie Marie s'y estoit campé &

retranché, ayant le Rhosne pour sa deffence.

En la pluspart de la Prouence on void vne abondance infinie de fruicts & arbres odoriferans, comme orengers, citroniers, oliuiers, grenadiers, & figuiers; & le vignoble des plus beaux qu'ō puisse souhaiter, & fermé en plusieurs endroicts de hayes de grenadiers & coigners, afin que la closture soit plus profitable que ce qui est dedans.

Les landes & autres terres vagues, sont couuertes de rosmarins, myrthes, geneuriers, sauges, & autres arbres fort odoriferants, on y void aussi des palmiers, portans d'excellent & tresbon fruict.

En Yeres y a maintenant des canes à succre, le saffran, le ris, le pastel y abondent en plusieurs lieux. Les huiles d'oliues y sont meilleu-

meilleures qu'en ville de l'Europe. On y recueille la manne la plus singuliere que le Ciel puisse donner.

En quelques lieux de Prouence, comme à l'Escale, Semé, Colmars, Castelaume, & autres lieux voisins, n'y croist nullement de vin, mais le païs est couuert de vignes de haute branche, à la façon de Normandie, sçauoir poiriers, pommiers, noyers & chasteigniers. Ceste partie Prouençale est froide, à cause des montaignes, qui toute l'annee sont couuertes de neiges.

Il y a fort peu de bois en Prouence. L'on y void neantmoins en quelques places des pins masles portans les pommes & pignets bons à máger auec leurs amandes.

En certains endroicts comme à Freins, & Antibe, on void

des grands arbres, portans le liege auec grád profit pour ceux du païs.

A Berres, Yeres, Lestan, de la Vallanch y a de belles & riches salines. En la saison qu'elles ont cuit & caillé leur sel, cent mille hommes ne suffiroint à les espuiser.

Il y a encor des vestiges des áciénes salines que les Romains auoint faict bastir en ce païs.

DE LA VILLE DE Nice.

LA premiere ville de Prouence du costé du Leuant est Nice (quoy qu'elle ne soit de la succession des Rois de France) Elle sert de palais & citadelle aux Ducs de Sauoye.

Ce fut à Nice que se feit l'enl'entreueuë du Pape Paul 3. de l'Empereur Charles cinquiesme, & du Roy François premier.

Ceste ville est posee sur la riuiere de Pallon tresforte, au païs iadis nommé des Saliens, qui la bastirent.

Ceste ville est Episcopale, & despend de l'Archeuesché d'Embrun. Les Eglises sont S. Reparade Euesché, puis sainct Dominique, sainct François & les Augustins.

FONDATION DE LA VILLE d'Antibe, &c.

Passant es terres Françoises la premiere place est ville de France, puis l'ancienne colonie Antibe, dicte par les Anciens *Antipolis*, de mesme fondation que Nice en la Prouince

Narbonnoife, & eft fituee fur le bord de la mer en place tres forte, qui iadis feruoit de rempart aux Romains.

En cefte ville fe trouuent de grandes antiquitez & entre autres fut trouuee vne pierre auec ces mots efcrits.

Pueri Septentrionis annorum xjj, qui

Antipoli in theatro biduo faltauit & placuit.

Par là on peut voir qu'il y auoit vn theatre en cefte ville, & que c'eftoit le fiege du Preteur Romain.

On y trouua aufsi foubs terre vne table de cuiure, où eftoint grauez ces mots, & fut prefentee au grãd Roy François eftant à Nice.

Viator intus adi.
Tabula eft Ænea
Quæ te cuncta perdocet.

An-

Antibe fut autresfois ville Episcopale, mais les Antibois ayãs mal-traicté leur Euesque, par ordonnance du S. Siege cest honneur leur fut osté, & transporté à la ville de Grasse.

A l'obiect de ceste ville est l'Isle S. Honorat, iadis nommee Leron ou Lirins, & porte encor le nom de Lerins. De ceste place estoit natif Vincent Lirineen tres-grand & insigne personnage en doctrine, duquel les escrits sont encor en lumiere; Il viuoit l'an 450. soubs l'Empire de Martian.

DE LA VILLE DE
Freius, &c.

LEs Massiliens bastirent ceste ville en premier lieu où il y à beau haure, & se nommoit

Placee, mais depuis elle fut appellee *Forum Iulium*, comme qui diroit le marché de Iules. Elle est maintenant Episcopale. L'on y void aussi des tesmoignages de grande antiquité aux inscriptions de plusieurs pierres & tūbeaux.

Aux Isles d'Eres ou Yeres, soubs le promontoire de Gercel, se forme du plus beau cristal, qui croisse en la mer Ligustique.

THOLON est aussi vn Euesché, & s'apelloit iadis ceste ville *Trocentium*, ou *Thauruntium*. Elle est fameuse.

FONDATION DE LA VILLE
de Marseille.

Marseille est vne ville tresriche & tres ancienne & cité Grecque, & la plus fameuse
&

& sçauante qui fust en Gaule, où les lettres florissoint ancienne-ment, côme en Athenes, & où les Romains enuoyoint leurs enfâs pour estudier.

Ceste ville est lauee par trois costez des eaux & ondes de la mer, situee sur vne vallee pen-dante, tref-haute & longue, qui rend ceste place infiniement forte.

Ceste ville fut fondee par les Phoceens Asiatiques conduicts par Peranie leur general & ca-pitaine, au mesme temps que Hierusalem fut ruinee par Na-buchodonosor Roy de Babilo-ne, enuiron l'an du monde trois mil trois cents cinquante & vn, Tarquin le superbe regnant à Rome.

Ce fut à Marseille que les Phoceens aporterent la manie-re abominable de sacrifier les hommes à Diane, que depuis les Druïdes imiterent: & pour laquelle cause l'on tient que Tibere abolit les escoles des Gaules, qu'il blasmoit de Necromance, & de ces sacrifices detestables.

Les citoyens & habitans de Marseille furent conuertis à la foy Catholique par le S. Lazare, frere de Marie Magdeleine & Marie Marthe, lequel y fut le 1. Pasteur, & est son corps en l'Eglise cathedrale dediee au nom de la bienheureuse vierge Marie. On void encor les ornemens Sacerdotaux qui seruoint à ce sainct Euesque.

Ceste ville est le siege ordinaire du general des galeres du Roy.

DV LIEV DE LA S. BAVLME,
& autres places.

En-

ENtre Aix & Marseille est la saincte Baulme ou oratoire de la Magdeleine, au pied d'vn mont solitaire, ayant trois cents pas de hauteur, & dedans ce hideux rocher, est la grotesque pœnitentiale esleuee enuiron d'vn iect de pierre, ayant son ouuerture vers l'Occident, & faicte toute ainsi que l'ouuerture d'vne fournaise. Deuant l'entree de ceste spelonque n'y a que peu d'espace, & au dedãs à main gauche, on void la pierre sur laquelle gisoit ceste saincte Dame, & vn de ses portraicts, qu'on tient y auoir esté mis par sainct Maximin.

Enuiron six lieües d'Aix est vne ville portant le nom du susdict S. Maximin, où il gist, & le corps de la Magdeleine, de laquelle on monstre le chef, auec grands miracles.

S. Empoule. Le iour de la passion de nostre Seigneur l'on y monstre tous les ans vne saincte Empoule ou phiole, dans laquelle y a de la terre, qui fut arrosee du sang de nostre Seigneur lors qu'il souffrit mort en la Croix, que la saincte Magdeleine recueillit. Et se monstre ce petit vaisseau auec grand estónemét d'vn chacú: car la susdicte terre se cóuertit en eau & sang & réplist tout le vaisseau. Ce sainct vase se garde en la maison des Iacobins de S. Maximin.

A S. Maximin y a vne pierre seruát d'Autel où il y a quelques Inscriptions sepuchrales, engrauees, & sont fort antiques.

FONDATION DE LA VILLE d'Aix.

A Six lieuës de S. Maximin est l'ancienne cité d'Aix, fon-

fondée environ cent vingt & vn an deuant que noſtre Seigneur prit incarnation en la Vierge, pour noſtre ſalut, ſix cents trente vn an apres Rome baſtie. Et en fut le fondateur vn Conſul Romain nommé Caie, Sextie, Domitie, Caluin, lequel deffeit vne grande armee de Gaulois, non loin du Rhoſne.

Ceſte cité eſt colonie Romaine, & fut dicte en latin *Aquæ Sextiæ*, c'eſt à dire les eaux de Sextie, à cauſe des bains chauds qui eſtoint en pluſieurs endroicts de ceſte ville.

A Aix eſt le Parlement de Prouence, comme au lieu plus propre, & le milieu de ceſte Prouince.

Ceſte ville eſt vn Archeueſché contenāt ſoubs ſoy les Eueſchez de Ries, Apt, Gap, Ciſteron & Freius.

Le 1. Euefque d'Aix fut sainct Maximin, qui y fut sacré l'an 46. de nostre salut, lequel estoit venu par mer auec S. Lazare, & ses sœurs; & auec Cerdonie qu'on dict estre l'aueugle né que nostre Seigneur guerit, lequel Cerdonie ou Celidonie, succeda à S. Maximin, & mourut bien tost apres luy, soubs l'Empereur Domitian.

En ceste ville y a plusieurs belles Eglises, sçauoir la grande Eglise de S. Sauueur, l'Eglise de nostre Dame de Consolation, S. Laurens, le Monastere des Religieuses de saincte Claire, celles de S. Barthelemi, S. Sebastien, les Iacobins, la Magdeleine, les Carmes, les Augustins, les Cordeliers, la Commanderie S. Iean, nostre Dame de Iasses (où est le Conuent des bons hommes) nostre Dame d'Embrun, nostre Dame de la Nontiade, nostre Dame de Belvezer, S. Catherine, l'Hospital S. Iacques, & celui du S. Esprit & autres.

Il y a plusieurs remarques d'antiquité en vne infinité d'édroicts de ceste ville, comme tumbeaux, inscriptiós, colónes & autres vestiges memorables.

DES VILLES EPISCOPALES de Cisteron & Cauaillon.

Cisteron est sur la riuiere de Durance & fort proche du Dauphiné, laquelle est honorée du titre d'Euesché, & fut fort affligee du temps que les Caluinistes exerçoint leur rage. Ceste ville est soubs l'Archeuesché d'Aix.

Sur la mesme riuiere de Durance est Cauaillon, qui est aussi vn vn Euesché despendát d'Auignó, & se dict en latin *Cabellio*; Les premiers citoyens de laquelle ville fonderent Grenoble.

Non loin de Cauaillon est le Comté de Venissi, & terroir d'Auignon arrosé de trois riuieres, sçauoir, Rhosne, la Durance, & la Sorgue. Ie n'ay trouué autre chose des places cy dessus nómees, sinon que le Comté de Venissi fut confisqué au s. Siege l'an 1212. à cause que le Comte de Tholose nommé Raimód (auquel il appartenoit) estoit infecté de l'erreur des Albigeois.

DE LA VILLE D'AV-
renge.

SOrtant du Comté de Venissi, & prenant le haut costé de Lyon le long du Rhosne, l'on l'on void le pont admirable dict S. Esprit basti par les Romains, puis se presente la principauté d'Aurenge, dont la ville principale donne le nom au païs, & est de la Seigneurie de l'illustre maison de Nansau.

A Aurenges on void encor les ruines du plus beau theatre qui soit au monde, & vne muraille de pierre carree de la plus merueilleuse structure, qu'homme pourroit imaginer. Et à la porte de la ville, pour aller à Lyon, on void vn arc triophal auec des batailles à cheual representees, qui donnent vn contentement admirable à voir, & est cest arc enuironé d'vn mur, qui le desféd des iniures du temps, & des incommoditez des vêts & pluyes.

FON-

FONDATION DE LA VILLE D'AVIGNON, &c.

L'Ancienne cité d'Auignon, terre Papale, est situee sur le Rhosne, ayant des bastiments de l'vn & de l'autre costé de ceste grande riuiere. Et est vne ville tresriche, en draps, soyes & papiers. L'on y tainct les draps le plus parfaictement qu'on puisse dire.

Ceste ville fut fondee (au recit de quelques vns) par sort & sur le vol de certain nombre d'esperuiers (comme Rome sur le nombre des vautours) & mesmes pour ceste occasion l'on obserue encor en ceste ville, que ceux qui y apportent de tels oyseaux, sont francs & quictes de tout

tout port, peage, & passages.

Le siege des Papes à esté en A-
uignon l'Espace de soixante ans,
durant lequel temps y ont esté
six Papes.

Auignon siege Papal.

L'eglise cathedrale d'Auignō
est tressomptueusement bastie,
& dediee au nō de la Vierge mere de nostre Seigneur.

Laure amie de Petrarque est
enterree aux Cordeliers d'Auignon, où il y auoit mesme vne
maison.

Chose de remarque en Aui-
gnon, c'est qu'il y a sept choses &
de chacunes d'icelles encor sept
autres, sçauoir 7. Palais, 7. Paroisses, 7. Hospitaux, 7. Monasteres
de Dames, 7. Colleges, 7. Cōuēts
& 7. portes.

Sainct Rufs fut le premier E-
uesque d'Auignon, lequel auoit
esté disciple de sainct Paul.

DE

Description de plusieurs villes Episcopales, & autres contenües soubs Auignon.

Carpentras est sur la riuiere de Sorgue, qui est encor vn Euesché d'Auignon, comme est aussi Vaison, & Tarascon, situee sur l'engoulphement de la Durance, dedans le Rhosne. Il y a encor d'autres villes en ceste Prouince cóme Salon de Craux, Marteque, & la ville des trois Maries, ainsi dicte, d'autát que les corps des trois sœurs de la vierge Marie y reposent.

FONDATION DE LA VILLE d'Arles.

Arles fut iadis chef de Royaume, & depuis siege des Comtes de Prouence, maintenát

Archeuesché, contenant soubs
soy les Eueschez de Marseille, &
Aurenge (desquels nous auons
parlé) Thollon, & S. Paul, S. Trophin en fut le 1. Euesque.

La ville d'Arles fut bastie par
les mesmes Phoceés, qui auoint
edifié Marseille, & est situee pres
le Rhosne, en païs marescageux
& plein de paluds.

C'estoit en ce païs où estoit
dressé ce grand & horrible Autel, dedié à Cesar, où tous les ans
on immoloit deux ieunes hommes, & de leur sang on arrosoit
le peuple. Cest Autel estoit hors
la ville, en vn lieu qu'on apelle
maintenant Roquette. Et se faisoit ce sacrifice le premier iour de
May.

Il y a des arenes & amphiteatres en ceste ville, qui fōt les marques de son antiquité.

Autel horrible.

DES

DES VILLES ET PLA-
ces de S. Gilles & Aigues
Mortes.

Sortant d'Arles, l'on void la foſſe & canal tiré du Rhoſne, qu'on apelle Carmagne, lieu fertil, ainſi qu'il eſt deſia dict, & le long de ce canal eſt ſituee la ville S. Gilles, chef de Comté, & dont les Seigneurs ont eſté Comtes de Tholoſe.

De ſainct Gilles l'on vient à Aigues Mortes, ville ſituee ſur la mer en l'engolphement que faict le fleuue de Vidourle & eaux Neptuniennes, & ainſi apellee à cauſe des eaux dormantes.

DV PAYS DE LANGVE-
DOC, ET PLACES DE LA
Gaule Narbonnoise outre
le Rhosne.

Es plus proches places du Rhosne dependantes des pays susnómez,sont ceux de Viuarez, du Velay, Geuoudan, contenûes soubs le Parlement de Tholose. Viuiers est capitale de Viuarez, & le Puy du Velay, qui est vn Euesché, dót l'Eglise cathedrale est dediee à nostre Dame. Tournon est aussi en Velay, où il y a vn fort ancien chasteau.

Le païs de Velay separe le ressort de Paris, d'auec celui de Tholose, par les bornes & limites du Rhosne.

Mar-

Mande est la capitale des peuples Gauaches ou Geuoudans, iadis nommez Gabales, ou Gabalitans.

FONDATION DE LA ville de Narbonne & pays Narbonnoys.

La ville de Narbonne a donné le nom à tout le païs. Le premier fondateur de laquelle fut vn Roy des Gaules nommé Narbon, qui viuoit enuiron l'an du monde deux mil trois cents quinze. Moyse estant encor en son enfance.

Narbonne est la plus basse ville de France, situee en vne fondriere, là où le fleuue Arax, à present Aude, s'engolphe en la mer Mediterrance.

Les

Les Preteurs Romains y auoit anciennement leur siege. Ceste ville fut ruinee & bruslee par Attile Roy des Huns.

Vigor, grand & insigne Docteur, fut Archeuesque de Narbonne.

La iurisdiction de Narbonne s'estend iusqu'aux monts de Pyrenee, & à la riuiere de Garonne, les vns luy estans au Midi, les autres à l'Occident, ayant au Midi la Prouence, & au Septentrion le païs Geuoudan, où plustost d'Auuergne, à cause que le Geuoudan & Gabalitans sont de ceste premiere Gaule Narbonnoyse. D'autant que la seconde Narbonnoise est en Prouence, & contient l'Archeuesché d'Aix, & villes qui luy sont suffragantes, & la premiere a soubs soy les Archeueschez de Narbonne, de Tholose, & les Eues-

Eueschez qui enſuiuent premieremét ſoubs Narbonne ſont Car-
caſſonne, Beſiers, Agde, Lodeſ-
ue, Nimes, Manguelonne, Vzez,
Eaule, Alect, & S. Pons de Tonnerre. Et ſoubs Tholoſe iadis E-
ueſché ſubiect à Narbône, & faict
Archeueſché ſoubs le Pape Iean
22. ſont les Eueſchez ſuiuans, e-
rigez par le ſuſdict Pape d'Abbayes & autres Colleges en Eueſchez, ſçauoir Montauban, Mirepoix, Rieux, Lauaul, Lombers, S.
Papoul & Pamiers faict Eueſché
par Boniface 8. n'eſtant auparauant qu'vne Abbaye dediee à S.
Anthonin.

DE LA VILLE DE MOMPELLIER.

CEſte ville fut premieremét
apellee Agathé dont elle eſt
di-

dicte *Agathopolis*, depuis elle a esté nommee Mompellier, où Mont pueillier, pource qu'aucuns l'ont nommee *Mons puellarum*, c'est à dire le mont des filles ou pucelles.

Mompellier est bastie non loin de la mer, au païs de Languedoc, en vn païs bon & salubre, sur vn costau, lequel va pendant sur le Ponent, ayant à vn iect d'arc des murailles la riuiere de Lez.

La courtoisie des habitans, leurs richesses, la fertilité du païs, & bonté de l'air, a faict que les Medecins s'y sont retirez, & que la medecine y est aussi doctement traictee qu'en ville de l'vniuers.

En ceste ville y a court des aides, & chambre de Generaux.

Il y auoit de belles Eglises à Mompellier, telles qu'est la

cathedrale dediee au nom de S. Pierre, NostreDame des Taules, S. Firmin, S. Holari, S. Magdeleine, s. Thomas, s. Sauuairelegrad, S. Jean & S. Denis, auec plusieurs Conuents & Monasteres, qui furent ruinez par les Caluinistes l'an mil cinq cents soixante trois.

DE PLVSIEVRS AVTRES PLACES & villes en general.

Apres Môpellier est Beaucaire, ville située sur la riuiere de Gardon; le terroir de laquelle auoisine l'Auignonnois d'vn costé, & le Viuarez de l'autre : apres est Alaiz, siege de Vicomté. Puis Vzez Euesché, qui n'estoit iadis qu'vn chasteau, honoré du titre de Duché, apartenans aux Seigneurs de Cursol. Soub

Soubs Beauchaire est la cité Episcopale de Lodefue, iadis chasteau, situee sur la riuiere d'Orb, soubs l'Archeuesché de Narbonne.

A Lodefue estoit le corps de S. Fulchran, aussi entier que le premier iour qu'il fut enterré. Lequel fut taillé & dechiqueté par les Huguenots, aussi menu que la chair des pastez, voyans qu'il ne l'auoint peu aucunemét brusler. Ce fut l'an mil cinq cents septante trois.

Entre Beauchaire, Vzez, & Lodefue est le pont admirable du Gard, basti par les Romains, & est à trois estages. Il leur seruoit d'aqueducts, pour faire venir l'eau à Nismes. Ville fort ancienne, & fort aymee par les Seigneurs de Rome.

FONDATION DE LA ville de Nismes.

Nismes est assise sur le passage d'Italie en Espaigne, & est de la fondatiõ des Phoceens.

Ceste ville fut iadis de beaucoup plus grande estéduë qu'elle n'est de present, & ayant des bastiments des plus superbes & plus magnifiques.

Les marques d'antiquité de Nismes sont les arenes ou amphiteatre, lequel est encor tout entier par dehors, par apres le bastiment admirable de Capdueil, & ores la maison carree, qu'on estime vn temple basti par l'Empereur Adrian, en faueur de son espouse Plotine, par le moyen de laquelle il estoit paruenu à l'Empire.

Il y a vne infinité d'autres antiquitez à Nismes, comme inscriptions, statues, tombeaux, medailles, voustes soubs-terraines, & autres choses fort memorables.

Domitie Affer, grand Orateur en son temps & fort estimé par les Romains, estoit natif de Nismes.

L'eglise cathedrale est embellie de plusieurs ouurages magnifiques faicts à la Mosaïque.

En ceste ville se void vne statue antique à double corps, sans teste, qui est là des le temps des Payens.

Il y a aussi la statue d'vn sauteur ou danseur de Moresque, accoustré à l'ancienne façon.

Hors la ville pres le Monastere S. Bauzille est vn costau de terre argilleuse, où l'on enterroit autresfois les Iuifs; lesquels pour ceste cause deuoint certaine somme de poiure aux Moines de l'Abbaye susdicte. Ceux du païs apellent ce lieu Mont-Iouziou.

En vn autre lieu hors la ville est vne haute tour faicte par estages en forme de niches, bastie de pierres menuës carrees, si bien ioinctes & cimentees ensemble qu'il n'y a homme, si diligent soit il, qui puisse en vn iour en abatre seulement le quart d'vne toise.

DE PLVSIEVRS VILLES ET places de Languedoc.

Apres Nismes s'offrent les villes de Somieres, sur les Vidourle, Castres, Villemans, Pezenaz, Agde (qui est vn Euesché) situee sur le fleuue d'Ethaud
Ca-

Cabeftran, S. Nazare, Clermont de Lodefue, Carcaffonne, maintenant ville Efpifcopale tresforte, fife fur le fleuue d'Aude, & premier fiege de Senefchal du reffort de Tholofe.

Laiffant la Carcaffonne, l'on entre en cefte belle plaine de Languedoe, des plus fertiles de France, en laquelle font comprifes plufieurs belles contrees, telles que font l'Auraguez, le terroir Tholofain, & partie du Comté de Foix, & tout le Quercy & Rouergue font compris en l'Aquitaine; toutesfois du reffort de Tholofe.

En cefte eftenduë de païs font encor les villes de S. Ponts, de Tomieres, S. Papoul, & Lauaur, Euefchez modernes, erigez par le Pape Iean 22. lors qu'il erigea Tholofe en Archeuefché, comme dict eft.

Il y a encor Castelnau d'Arry, chef du païs d'Auraguez, en aussi belle asiette que ville de ce Royaume, en vne plaine fertile en fruicts, legumes, & autres cómoditez.

DV PAYS DE Rouergue.

LE païs de Rouergue est separé du Languedoc, par le fleuue de Tarn.

La cité capitale de Rouergue est Rhodez, des premieres conuerties à la foy par sainct Martial, lequel dedia l'Eglise cathedrale au nom de la vierge Marie, & par ainsi Rhodez est vn ancien Euesché.

Il y a siege de Seneschal en ceste ville ressortissant à Tholose. Les

Les sieges d'Alby, Gaillac, &
Castres d'Albigeois sont du ressort de la Seneschaussee de Rhodez. Au païs de Rouergue y auoit
iadis des mines d'or.

DV PAYS ALBI-
GEOIS.

LE païs Albigeois a-
bonde en bleds, vins,
saffran, & autres gran-
des commoditez, &
est borné des riuieres du Loth,
& du Tarn. Ces peuples sōt apellez par Cesar *Heluii*.

Alby est la capitale de ce païs,
& siege Episcopal. L'eglise cathedrale en est dediee au nom
de S. Cecile, & y a vn des plus
beaux & magnifiques Chœurs
de la France, estant ceste Eglise

toute dorée & azurée, & le Chœur tout ouuragé & historié.

De ce païs Albigeois furent renommez ces furieux Heretiques, l'erreur desquels fut espandu presque par toute l'Aquitaine & nommément, es païs de Tholose, Foix, Querci, Albigeois, Agenois, Cominge, & terres voisines, mais ces Heretiques furét deffaicts, comme nous declarerons ci apres.

DV PAYS DE Quercy.

LE païs de Quercy est renommé en l'Aquitaine pour vn des plus beaux, riche & fertile, & où l'on ne manque d'aucune chose pour la nourriture.

Le

Le Quercy est limité à l'Orient de l'Auuergne, à l'Occident & au Septentrion du Perigord, & au Midi du vray Languedoc & païs de Tholose, & contient deux Eueschez sçauoir Cahors & Montauban.

Cahors est la ville capitale du Querci situee sur la riuiere de Loth, posee sur vn costau faict ainsi que la perspectiue d'vn theatre. Il y a siege d'Vniuersité & Seneschaussee. L'eglise cathedrale en est dediee à S. Estienne. Les Euesques de ce lieu sont Comtes, tellement que l'Euesque est Seigneur spirituel & temporel, si bien que celebrant la Messe solennellement il a l'estoc, les gantelets, bourguignotte sur l'Autel, & les botines en iambe à la Pontificale, par vn priuilege particulier. Cahors est dict en latin *Cadurcum*. Iean Pape vingt-

Pape natif de Quercy.

vingt deuxiesme du nom homme tressçauant estoit natif de Cahors, lequel tint le siege à Rome 19. ans quatre mois.

Clement Marot vn des premier poëtes François du dernier siecle estoit aussi de Cahors.

Montauban est situee sur vne haute colline, & faicte en vn pendant vers le pont qui est sur le Tarn, flanquee de la riuiere & d'vn ancien chasteau du costé de Tholose.

Pres le pont de ceste ville sont des caues soubs terraines. Les Eglises de ceste ville ont esté ruinees par les Caluinistes.

Les autres villes du Quercy sont Castel-Sarazin, Moissac, situees sur la riuiere de Tarn; laquelle riuiere est de couleur rougeastre, par ce que l'eau passe par terre argilleuse, puis est Monhec, d'où estoit natif M. Arnault

Sor-

Sorbin, grand personnage, & Predicateur du Roy.

Moissac est situee en belle assiete plaisante & delectable, proche de montaignes fertiles en vignoble.

Ceste ville est fort marchande & principalement de bleds, vins, huiles, safran, laines, sel, & poisson & autres denrees.

Le Roy Clouis fonda l'Eglise de sainct Pierre & sainct Paul à Moissac.

En ceste ville y a vn beau Monastere de sainct Benoist, dans lequel gist le corps de sainct Cyprien Euesque de Carthage.

Non loin de Moissac est Lausette situee sur vn roc, où il y a des plus belles & meilleures canes de la Guyenne.

FON-

FONDATION DE LA VILLE DE THOLOSE.

LA ville de Tholose est d'ancienne fondation, & non par les Troyens, car elle estoit long temps deuant.

L'on tient que Tolose fut bastie enuiron six cents ans deuant Rome, par vn certain *Tholus* sorti de Iaphet, lequel y meit la premiere pierre & l'assist sur vn costau, loing du fleuue: mais ceste ville est à present posee au bas de la montaigne, & selon la riuiere de Garonne.

Ceste ville est Metropolitaine, & y a vn Parlement institué soubs le Roy Philippes le Bel, l'an mil trois cents vingt, & confirmé par Louys 11. qui le rendit stable, estant auparauant ambubulatoire.

L'vniuersité de Tholose est fort ancienne, & authorisée de beaux priuileges, par le Pape Iean 22. & Innocent 6.

Vniuersité de Tholose.

Il y a vne Cour de Seneschal en ceste ville, & la Iustice de l'Hostel de ville, où president Messieurs les Capitouls, ainsi nommez à cause d'vn Capitole qui anciennement estoit en ce lieu.

Tholose fut cité des Tectosages, lesquels, comme quelques vns veulét dire, furent premiers fondateurs de ceste ville, & ayans ouy dire que Hercules y venoit, feirent hausser les murs de la ville, & faire deux grosses tours de deffence.

Tholose est l'vne des plus grandes & plus fameuses villes de France apres Paris. Il y a vn Conuent de Iacobins fort magnifique.

En

En la ruë de la Portarie à Tholose fut iadis vn temple d'Apollon, ores dedié au Martir sainct Quentin, & vn à Iupiter, où est de present l'Eglise & Monastere de nostre Dame de la Daurade.

Il y a encor quelques vestiges & enseignemens d'vn Theatre qui estoit en ceste ville anciennèment.

Sainct Saturnin 1. Euesque de Tholose, sacré par S. Martial, fut precipité par les Payens du haut des degrez du Capitole & trainé hors la ville à la queuë d'vn taureau.

A S. Saturnin sont les plus belles reliques qu'on puisse desirer, en l'Eglise soubs-terraine, & entre autres y sont les corps de S. Iacques le Mineur (dont le chef est en Galice, au Royaume d'Espaigne) les corps de S.
Ia-

Iaques le Maieur, de S. Symon & S. Iude, le corps & chef de S. Barnabé, le corps & chef de S. Saturnin 1. Euesque de ce lieu, le corps de S. Papont Martir & Euesque de Tholose, le corps de S. Gregoire Martir, les corps de quatre Martirs couronnez, Claudie, Nicostrate, Castorie & Symphorian, les corps des Martirs S. Cyr & S. Iulite & sa mere, de S. Gilles Abbé, de S. Aymont Confesseur du Roy d'Angleterre, le corps de saincte Susanne fille de Helchie de Babylone, & plusieurs autres corps saincts.

En outre y a vne chasse d'yuoire, dans laquelle sont plusieurs reliques des Apostres & autres saincts & sainctes, vne effigie de la vierge Marie, toute d'argét, en laquelle y a de ses cheueux.

A Tholose sont les Conuents des

des quatre ordres de Mendians, & autres Eglises & Monasteres.

Tholose fut vni à la couronne, par le decez de Raimond 5. qui le laissa au Roy S. Louys, mourant sans hoirs.

Du ressort de Tholose sont vne grande partie des monts de Pyrrenee, qui abondent en vne infinité de choses vtiles & profitables, comme poix, encens, liege, l'ytarge, marbre, iaspes, ardoises, lauassos, tuffes & grez.

Il y a des fontaines viues & perpetuelles, & des lacs miraculeux & effroyables.

Deux des plus hauts sommets des monts Pyrenees, sont apellez les pois de neuf heures & de midi, l'vn en Bearn, & l'autre es monts d'Aure: Et sont ces monts ainsi apellez par ce que le soleil ne faut iamais de luire sur l'vn à 9. heures de matin, &

sur

DE LA FRANCE. 603
sur l'autre au midi.

La Region plus proche de Tholose, vers les monts, est le Comté de Foix iadis apellé Flussates, par Cesar.

Pamiers est vn Euesché dependant de Tholose, establi par Boniface 8. mais la Iustice est à Foix.

Outre Pamiers, il y a encor six autres Eueschez du ressort de Tholose: sçauoir Montauban (deuāt dict) Lauant Lōbers, S. Papoul, Mirepoix & Rieux, qui est entre Tholose & Cominges, cōme aussi celle de Caseres.

DV PAYS COMINGEOIS.

LE Comingeois est limité du Comté de Foix au Leuant, au Septentrion d'vd'vne partie du Languedoc & des Comtez de l'Isle & de Gaure, au Midi les monts Pyrenees, au Ponent le païs d'Estrac & Comté d'Auremagnoac.

Ce païs Comingeois est diuisé en haut & bas. Le haut a pour villes S. Bertrand & Cosserans Eueschez, S. Beat, S. Fregeou, Monregeau, Saliers & autres.

Au bas est l'Euesché moderne de Lombers, les villes de Samathan, l'Isle en Dodon, Muret, Riusnes, & plusieurs bourgades. En ce païs est vn Iuge Mage, deuant lequel tout le païs respond.

La principale ville du païs Comingeois se nommoit iadis Cominge; maintenant elle s'appelle S. Bertrand, & mesme l'Eglise cathedrale.

Ceste ville est fort riche, & de grand

grand reuenu, en laquelle on void d'aufsi rares ioyaux, qu'en aucune de ce Royaume, & la figure d'vne belle Licorne, presque semblable à celle de S. Denys en France, le païs voisin est grandement fertile.

DE LA VILLE DE COSserans, &c.

COsserans est ville ancienne, situee sur la riuiere de Pamiers; le premier qui y aporta la foy fut S. Valere. Au nom duquel est bastie l'Eglise de ce lieu, le corps d'icelui ayant esté trouué vn long temps apres par vn bon Euesque de ce lieu nommé Theodore, qui feit bastir & embellir ladicte Eglise.

Sainct Fregeou est encor du Comingeois situee sur le haut du du mont, autant que la veuë se peut estendre, en assiette si forte qu'on n'y peut aduenir qu'auec grande difficulté. Au vallon y a de belles terres labourables & vignes.

Il y a eu plusieurs places remarquables ruinees en ce païs, où l'on void encor des vestiges.

L'Isle Dodon est vne ville situee en vn lieu fort haut, au bas ayant la Saue chastelenie Royale de Cominge, respondant à l'ancien chasteau de Samathá, où anciennement demeuroient les Côtes, & partant capitale.

Le long des vallons est Deze maison qui fut aux Templiers, y ayant vne grosse tour fort ancienne.

Apres est Sauueterre, apartenant à l'illustre maison d'Aubigeon, & plusieurs autres maisons de remarque comme de Mon-

Moncorneil de Lamesan, Aulin, Roquette, Polausic, Saias, Sariac & autres. Au vallon de Sauez en vn bois, est l'Eglise solitaire de S. Saïn, où il y a des reliques d'iceluy, & est vn lieu fort deuotieux & frequenté des Catholiques.

DES VILLES DE LOMBERS & Samathan.

Lombers ne fut iadis qu'vne Abbaye maintenant Eueschè soubs Tholose, situee sur la riuiere de Saue, & quoy que le lieu soit petit, il est tresfort.

Samathan est situee partie en vn costau, partie en vallon, sur la Saue, passàt par le milieu d'icelle, la separant.

Le haut de ceste ville est effroyable, & fort merueilleux &

& s'apelle chasteu, le bas est dict le Bourg. Elle estoit anciennement plus grande. Ceste ville fut autresfois ruinee par les Fraçois. L'on y void encor vn vieil chasteau couuert de ruines.

L'eglise principale est Episcopale, dediee à nostre Dame. Il y a d'autres Eglises comme celle de S. Michel, Prieuré des Croisez, les Religieuses de S. Elisabet, hors la ville, S. Pierre ruinee, la Trinité, S. Marc, nostre Dame des Neges, celle de la Magdeleine & plusieurs autres Eglises & Conuents. Dans la ville est aussi vn bel Hospital.

A cinq lieües de Samathan est Muret, sise sur la Garonne, ayant vn costau qui lui commande.

Heretiques Albigeois desfaicts

Aupres d'icelle furent desfaicts les Heretiques Albigeois & leur chef iusques au nombre de plus de 20000. quoy que les
Ca-

Catholiques ne fussent qu'enuiron mille. Le Roy d'Arragon leur principal chef, fut enterré en vne chapelle sur vn mont proche de la ville: ce fut l'an de nostre salut mil deux cents treze.

DV PAYS DE L'ISLE & de Gaure.

LE païs de l'Isle est petit: Celuy de Gaure est de plus belle estenduë, contenant plusieurs belles villes sous soy, comme Gimont, Beaumont & Grenade sise sur la Garonne.

A Gimont est vne somptueuse Chapelle de nostre Dame dicte de Causar, où se sont faicts plusieurs miracles.

Gimont est situee sur vn

mont difficile à môter par deux costez de la riuiere dicte de Gimoé, d'où l'on dict que ceste ville est apellee. Le chasteau est situé sur vn lieu vague nommé la Serre.

Il y a plusieurs belles Eglises en ceste ville, & vn Hospital auec vne Abbaye de Bernardins.

DE LA VILLE ET PAYS D'AGEN.

LE païs Agenois à plusieurs belles villes soubs sa iurisdiction, comme le port S. Marie, Villeneufue d'Agenois, Haute-faye, Clairac, Tornens, Narmande, & autres comme celle d'Agen, capitale de ce pays, laquelle est de l'Archeuesché de Bordeaux.

Agen

Agen est en vn beau païs, a-
mene, fertil & fort riche. La ville fut iadis plus grande qu'elle
n'est. s. Martial y consacra la premiere Eglise cathedrale au nō de
S. Estienne. Il y a encor les Eglises de S. Capraize Collegiale, S.
Foy, S. George, les Mendians, les
Religieuses de *l'Aue Maria*, & autres.

Ceste cité est vne Seneschauf-
see de fort grande estenduë, il y
auoit des Conseillers deuant
que le Roy y eust institué le Presidial.

DE LA VILLE ET PAYS DE *Condon, & Comté d'Estrac.*

La ville de Condon, capitale
du Condonnois, est situee
sur la riuiere de Baise, & fort

grande, mais non si riche qu'A-
gen: elle est presque enuironnee
de tous costez de collines chargees de vignes.

L'eglise cathedrale est dediee
au nom de S. Pierre chef des A-
postres. Ce fut iadis vne Abbaye
de s. Benoist.

Il y a vn siege Presidial pour
le Roy, & vn Bailli pour l'Euesque.

En outre l'Eglise cathedrale
sont encor en ceste ville les E-
glises S. Iaques, S. Hilaire, trois
Conuents sçauoir de Iacobins,
Carmes & Cordeliers, vn Monastere de Dames de S. Clere,
& hors la ville vn de S. Dominique.

La ville de Nerac appartient
aux Seigneurs d'Albret. Estrac
est vn petit Comté apartenant
à la maison de Candale.

Mirande est la ville capitale
du

du Comté d'Eſtrac, puis Pauie, à vne lieuë d'Auchs, Caſtelnau de Barbarens, place forte & inaceſsible, Suntelix, Cimorre & Saromon, qui ſont deux belles Abbayes de s. Benoiſt.

Les Seigneurs plus remarquez de ce païs ſont le Vicomte de Lupeyroux, les Sieurs de Maceube & Paneſac, & la maiſon de Thermes.

DE LA VILLE D'AVCHS, Archeueſché.

AVCHS, apellée Auguſte *Nouem Populania* (pource que neuf peuples ou petites Prouinces en dependent) eſt ſituee ſur la riuiere de Gers, deſſus vne roche viue de difficile accez, ſinon du coſté qu'on va à Vic Faſenſac.

Les Eueschez côtenus soubs Auchs sont Cominges, Coserás, Lectoure, Tarbe, Aire, Bazaz, Dax, Bayonne, l'Escar, Oleron. Et est sa figure vague, du costé nōmé la treille, mais au haut, qui est la cité, bien peuplee.

En ceste ville est l'Eglise de S. Marie, des plus belles de toute l'Europe. En laquelle a presidé autres-fois S. Orens, au nom duquel y a Conuent de Moines de S. Benoist.

François de Tournon Cardinal du S. Siege e y fonda le College.

Ceste ville a esté plusieurs fois ruinee, tant par les Sarrazins & Gots, que François & Anglois.

D V

DV PAYS D'AR-
MAIGNAC.

CE païs est de grande estendüe, comprenant la pluspart de la Gascongne, & est limité depuis Lectoure iusqu'à Nogaroul & limites de Bigorre qui est la longueur, du Septentrion au Midi. Mais sa largeur n'est de moitié si grande, qui est depuis le pays de Magnoac, iusques en Bigorre, qui est du Leuant au Ponent.

DE LA VILLE DE
Lectoure.

LEs villes principales d'Armaignac sont Lectoure, anciē Euesché, posee sur la croupe d'vn mont presque inaccessible de tous costez, sauf du costé de la porte des Iacobins.

Il y a vn chasteau sur le roc, qui est de la fondation Romaine, qui ne peut estre pris par batterie, cóme aussi ceste ville est des plus fortes du Royaume.

L'eglise cathedrale de Lectoure est dediee au nom de sainct Geruais.

Ceste ville s'apelloit anciennement *Tauropolium*, cóme multitude de taureaux y repaissans.

En tout le païs d'Armaignac on void vne infinité d'autres villes, comme Vic, Nogueron, Euse, Barcelonne, Casaubon, & autres.

Nó loin de Lectoure est le Castera, ville apartenáte aux Sieurs de Fonteuille.

DV

DV PAYS DE BIGORRE
& places y comprises.

LE païs de Bigorre a pour limites l'Armagnac au Leuant, au ponent le Bearn, la Guyenne au Septentrion & pays d'Albret, & au Midi les monts Pyrenees. Bigorre est vn ancien Comté.

Tarbe est la capitale de Bigorre, sise sur le fleuue d'Adour, & diuisee en quatre ou cinq corps, chacun ayant son ruisseau, pont, portail & closture, pour monstrer qu'elle a esté bastie à plusieurs fois. Mais la plus ancienne partie est du costé de l'Euesché, derriere leql se voyent les ruines & vestiges d'vn ancien palais fort sõptueux. L'eglise cat

L'eglise cathedrale est de petite structure, mais bien desseruie, Il y a vne Eglise parochiale au milieu de la ville: puis sont encor deux Conuents.

Les autres villes de Bigorre sont Trie, Rauasteins, Maubourget, Baigneres où il y a des baigs chauds fort salutaires & gracieux, les sources desquels viennét des montaignes, iusques en la ville, sise au pied du mót contre les racines des rocs, où ruissellent ces sources sulphurees.

La pluspart des coupeaux des montaignes sont chargees de grands arbres, cóme ifs, hestres, pins resineux, tilleux, lieges, sapins, chesnes & autres arbres.

La derniere ville de Bigorre du ressort Tholosain, est Lourde dicte iadis Lampurde, fondee dés le temps des Romains.

En Bigorre l'aisné de chacune mai-

maison en faict de succession emporte l'heritage, soit gentilhomme ou roturier.

Au païs de Bearn, Bigorre & Gascoigne, y a certaine sorte d'hõmes nõmez Capots ou Gahets, qui sont tous charpentiers, ou tõneliers, tous punais de race, & ayans si mauuaise aleine qu'ils sont fuis de tous. On tient que c'est la malediction que donna Helisee à son seruiteur, duquel on dict qu'ils sont descédus. Les autres tiennent que c'est vn reste de la race des Albigeois excommuniez par censure Apostolique. Et pour en dire à la verité, ceste sorte de gens n'ayme gueres l'Eglise, ny le seruice Diuin, que par acquit, aussi les met on en Cemitiere à part.

DE

DE LA GVYENNE ET GASCOIGNE.

Ce pays a pour villes principales Bordeaux, qui est vn parlement, où ressortissent le Bourdelois, Landes, Albier, Bazadois, haute Gascoigne, partie de Biscaye & Medoc.

Au pays Bazadois sont les villes de Bazaz capitale de ce mesme pays, S. Basille, la Reole, où il y a vn beau Conuent de sainct Benoist, Monsegur, S. Ferme, Castelmouron, Geroude & Semeterre.

Entrant au Bourdelois l'on void S. Machaire, & le Comté de Benauges, puis suiuant le fleuue de Dordonne on vient à Lar-

Larmont, Carbonnieres, là où se faict vn violent & aspre flux & reflux de la mer. Et de là a Libourne sur Dordonne, puis tirât vers Montauban est Fronsac, de la fondation de Charles le Grand.

DE LA VILLE DE Bordeaux.

La ville de Bordeaux est situee sur le bord de la Garonne, les flots de laquelle en plusieurs endroicts lauent les murs de la ville, & quelques fois entrent mesme en la ville au croissant de la lune. Et est vn bon port de mer.

Ceste ville est de fort grande antiquité, ainsi qu'on void par les murs qui sont au milieu de la ville, par lesquels on cognoist qu'elqu'elle n'estoit pas si gráde qu'elle est.

Sainct Martial fonda l'Eglise cathedrale de sainct André à Bordeaux.

Pour tesmoignages d'antiquité on void le palais de Tutele, peut estre iadis téple des Dieux Tutelaires, dont il a ce nom. Il est de pierre carree ayant quatre vingts sept pieds de long, & soixante trois de large, & vousté à l'antique.

Outre y a vn autre palais dict Galien hors la ville, lequel a 370. pieds de long, & deux cents trente de large, qui estoit autresfois vn Ampitheatre en forme d'ouale.

Le Parlement de Bordeaux fut institué par le Roy Charles septiesme. Le Roy Louys 11. l'an mil quatre cents nonante neuf, y donna de beaux priuileges. Il y a au aussi vne celebre Vniuersité pour les Loix.

Au Cemitiere de S. Seuerin reposét la pluspart des Cheualiers occis soubs Charlemaigne, par la conspiration de Gannelon.

En ceste ville est vn tombeau haut esleué sur des pierres, leql est neantmoins plein d'eau quãd la lune est en son plein, & qui diminuë, quand la lune va en decroissant.

A Bordeaux outre le Parlemét est le siege du Seneschal de Guyenne, & siege d'Admirauté, pour le faict de la marine.

Les Iurats (ainsi se nõmét leurs Escheuins) ont grande authorité, ayãts de belles Barónies subiectes au corps de leur ville, & vsans de Iustice haute, moyenne, basse, ayans en leurs mains les forteresses & armes de la ville. A Bordeaux croist d'excellét vin.

Le

Le long de la mer au deſſoubs de Bordeaux eſt la ville de l'Eſparre, puis le Cap s. Marie, & és entours des palluds eſt Medoc bas à merueilles, & ſubiecte aux inondations.

Le long de ceſte coſte baſſe eſt le chaſteau de Blanquefort apartenant aux Seigneurs de Duras.

Non loin des landes de Bordeaux eſt la ville d'Albret, d'où ſont ſortis pluſieurs inſignes & excellens perſonnages.

Le pays de Buſchs, en ces quartiers ici, eſt abondant en reſine; tellement que les maiſons des pauures gens en ſont toutes noires, pour la fumee que rend ce luminaire.

DV PAYS BAZADOIS.

L E pays Bazadois contient les villes qui enfuyuent, Bazaz capitale, & de laquelle le pays est nommé, & est vn Euesché, apres sont Mont-marsan, Castet, Geloux, Aire Euesché, le Max d'Aire.

Bazaz est situee en vne place sablonneuse, & est Euesche le pl' ancien de Gascoigne, le terroir est vague.

Ceste ville du costé de Septentrion a vn bon terroir fertil en bleds, vins, fruicts & bestail. Il y a siege de Seneschal en ceste ville.

L'eglise cathedrale est dediee à S. Iean Baptiste, le iour de la feste duquel l'on y faict de grands triom-

triomphes, & auoit on de coustume d'y faire courir vn taureau eschauffé, auec prix à celui qui le pourroit arrester.

DE LA VILLE DE Dax.

Ceste ville est situee sur la riuiere d'Adur, & est forte & en forme carree flanquee, & fossoyee autant que ville de France, ayant les eaux à souhait, & en son enclos des bains chauds guerissans de plusieurs maladies.

Dax est Episcopale soubs l'Archeuesché d'Auchs, & y a aussi siege de Seneschal, auquel ressortent les Landes, le Bayonnois, & la haute Gascoigne.

Ceste ville s'apelloit anciennement la Cité des Nobles, estant

stant gouuernee par douze Seigneurs, auant la reduction de Guyenne. Chacun desquels y auoit vne tour qui portoit le nom de sa famille.

Hors la ville, pres le chasteau S. Panthaleon, est vne fontaine d'eau salee, d'où l'on tire grande quátité de sel tresbeau, mais vn peu corrosif estant alumineux. La riuiere de l'Adur passe à Dax, & y est vn fort beau pôt auec vne tour qui porte le nõ d'amours, où tous les ans à la S. Iean se font des combats & exercices ioyeux par ceux du païs.

Vn quart de lieuë loin de la ville on void vn autre pont, dans lequel sont trois tombeaux lesquels en pleine lune sõt pleins d'eau, & la lune estant en son decours, il n'y en a vne seule goutte. Ils sont semblables à celui qui est à S. Seuerin.

De

Description de la Ville de Bayonne.

Ceste ville est posee sur le bord de l'Ocean Occidental, en l'emboucheure que font les riuieres de l'Adur, & du Gaue dedans les ondes de la mer, & la plus forte du Royaume. Elle est capitale des Biscains & Cantabres subiects au Roy iusqu'au fleuue d'Iron, separant la France d'auec l'Espaigne.

Bayonne est Euesché dependant de l'Archeuesché d'Auchs: En icelle n'entre personne auec les armes, que le Roy & les Princes du sang, ains faut laisser l'espee, & les armes à la porte. Ce qui s'obserue de mesme en la forte place du mont S. Michel sur la mer pres Tombelaine, en la basse Normandie, à trois lieues d'Auranches.

DV PAYS DE BEARN.

LE pays Bearnois est au pied des monts de Pyrenee, ayāt sa lōgueur du Midi au Septentriō ayāt au Midi le Comté de Bigorre pour limites, & au Septentriō, la Biscaye Bayonnoise, & Royale, de laq̃lle le Bearn est separé par les ondes impetueuses du Gaue. Sa largeur est du Leuāt au Ponēt, ayans à son Orient le pays des Landes & Chalosse, selon l'Adur, & au Ponent la Biscaye Nauarroise.

Le pays de Bearn est diuisé en deux, d'vn costé sont les monts, & en ceste partie est Oloron, ville Episcopale, l'autre est es vallōs, où est l'Escar pour Euesché, & Pan pour capitale de toute ceste principauté.

En

En outre y a dautres villes sçauoir Dorthez, ancien seiour des Comtes de Foix, & Bearn, Morlars, où l'on battoit la monnoye. Apres est Nay ville fort marchande, laquelle fut toute bruslee & consommee du feu du Ciel, enuiron l'an mil cinq cents quarante cinq, Ponthac, Coderch, & Nauarreins, bastie par Henri 1. du nõ Roy de Nauarre, & Seigneur souuerain de Nauarre.

Quant pour la ville d'Oloron, elle est situee sur le coupeau d'vn mont, entre Courde & Nay.

Lescar fut anciennement le siege des Princes, lesquels ont depuis choisi Pan comme domicille plus plaisant, & où le Roy Henri d'Albert feit commencer ce superbe edifice qui est maintenant vn des plus beaux de l'Europe.

Serrances fut anciennement vne

vne des plus notables villes de Bearn: Elle est situee sur la montaigne, & est vne des dernieres de la Gaule. Il y auoit vne Abbaye de l'ordre de Premostré, dont l'Eglise estoit dediee à la vierge Marie, où se sont faicts le temps passé de grāds miracles, mais les Huguenots ont ruiné ceste place, auec la plus part des Eglises du païs Bearnois, & entre autres l'Abbaye de Saubalade.

En ce païs est encor la contree de Iurançon renommee pour les bons vins.

Dauantage il y a des baings de Cauderets & d'Aigues caudes, les plus singuliers de l'Europe, & vne infinité d'autres raretez, soit en mines, en simples, & autres dons de la nature, qui se trouuent en ce païs, & en plusieurs lieux de la France, laquelle à tousiours esté vn des plus

DESCRIPTION

florissans Royaumes du monde, & orné d'vne infinité de choses rares & admirables. Et y ont tousiours flori des hommes insignes & illustres de siecle en siecle, par sur toutes autres nations, tant pour le faict des lettres que des armes, & où il y à grande quantité de Noblesse ancienne & honorable, iusques au nóbre de deux mil neuf cents cinquante.

Nombre de la Noblesse de France.

Auquel Royaume le peuple à tousiours esté fort Catholique & zelateur de l'hóneur de Dieu, eu esgard qu'il y a dixsept Archeueschez, où Eglises Metropolitaines, & cent quinze Eueschez; cét trente deux mille clocher ou paroisses; Qui demonstre que la Fráce est bien peuplee: Comme aussi l'on y a trouué trois milions cinq cents mille familles ou maisons, douze Paireries, douze Generalitez, soixante dix mille fiefs &

& arrierefiefs, ou enuiron. Et a esté icelui Royaume regi en son entier l'espace de mil cent soixante & neuf ans depuis Pharamond 1. Monarque, & Roy des François, iusques à Henri 4. à present regnát heureusement, lequel est le soixante troisiéme Roy, duquel Dieu vueille benir & exaucer to9 les desirs & desseins, au salut de son ame, & au soulagement de son pauure peuple.

FIN.

TABLE DES VILLES PROVINCES, ET PLACES PLVS REmarquables, dont est faict mention en ce liure.

A

Abeuille, capitalle du païs de Ponthieu. 193
Histoire estrange d'vn escolier d'Abeuille. 194
Agen 610.
S. Aignen en Berry. 237.
Aigues mortes 580.
Aiguescaudes en Bearn 631.
Aire. 625.
Aix en Prouence & autres villes. 570.
Albret. 624.
Albi capitalle du païs Albigeois. 593
Alençon. 328
Alluge ville. 122
Amboise. 245.
Amyens. 189.
Ancenis. 413
Angers. 264.
Angeuille. 190.
Antibe. 561.
Anthon. 122.
Nombre des Archeueschez de France. 632.
Argenteul. 99.
Argenton. 230.
Armignac. 615.
Arles. 578.
Arques. 324.
Aras. 162.
Artenay. 190.
Aubigni. 236.
Auignon. 576
Aumale. 324.
Auranches. 344.
Des choses memorables aduenues à Auranches. 360.
Aurenge. 574.
Austrasie. 298.
Authun. 517.
Auuergne. 478.
Fontaines merueilleuses en Auuergne. 491.
Aux. 613.
Au-

Auxerre. 140. Besse. 491.
Auxois. 520. Beziers. 584.
Villes du païs d'Au- Bigorre & villes en de-
xois. 524. pendantes. 617.
   B Blandy. 156.
Barbesieux 446. Blaye. 440.
Bar sur Aube. 144 Bloys. 113.
Bar sur Seine. 154. Bosgenci. 130.
Bayeux. 333. Sainct Bonet le Chastel.
Bayonne 628 Bordeaux. 621.
Bassigni. 147. La Bouille en Norman-
La S. Baume où la Mag- die. 323.
deleine feit pœniten- Boullongnes. 201.
ce. 568. Du pays Bourbonnois
Bazaz & autres villes. 497.
525. Bourges 221.
Bazoche Gouet 122. Bourgongne. 508.
Bearn. 629 Bray sur Seine. 156.
Beauchaire. 586. Bregerat. 465.
Beauce. 108. Bretaigne 392.
S. Beat. 604. S. Brieu. 399.
Beaumont en Picardie Briue la Gaillarde 475.
167. Brou 122.
Beaumont sur Garon- Brye en Champaigne
ne. Beaune. 609. 143.
Beauuais en Picardie. Buschs pres Bordeaux
181. 624.
Bellesme au Perche. 122   C
Berri. 218. Cabestan. 591.
Des places remarqua- Caen. 337.
bles du Berry. 239. Cahors en Querci. 591.
S. Bertrand 604. Carcassonne. 591.

Carentem. 365. Cisteron. 573
Carpentras. 578. Ciueray. 417.
castelnau d'Arri 592 Claye. 143.
Cauaillon. 573 Cleri, 150.
Caudebec. 326 Clermont en Auuer-
Caux. 323 gne. 480.
Villes du païs de Caux. Clermont en Beauuoi-
324. sis 186.
Chaalons sur Marne. Clermont en Lodesue
165. 591.
Chalon. 525 Colomiers en Brie 159.
Chambort. 117 Cominge. 604.
Champaigne. 143 Compiegne 173.
Charrots. 228 Concressaut. 219.
Chartres. 99. Condé sur Huisnes, 122.
Chasteaubriant 413. Corbeil. 97.
Chasteaudun en Du Corbie. 181.
nois. 111. Cornouaille. 407.
Chasteaulandon 134 Condom. 611.
Chasteau neuf en Ber- Constances. 371.
ri. 233. Coserans 605.
chausteau meillad. 233 Cosne. 219.
chasteau regnard 129 Costentin. 365.
Chasteau roux 229 Des Isles du Costentin
Chasteau Thierry. 153. & autres places en de
Chastre. 232. pendantes. 387.
Chaumont en Bassigni Creci. 195.
147. D
Chaumont en Tourai- Daufiné. 544.
ne. 248 Dax. 626.
Cherbourg. 385 S. Denis en France. 82.
Chinon. 255 Deol en Berri. 230.
S. Di-

S. Difier.	255	de France.	632.
Dieppe.	324.	Eureux.	319
Digne.	555	Villes dependātes d'Eureux	321.
Dijon.	508.		
Dinam.	395.	**F**	
Dol.	395.	Falaife	330.
Dormant.	143	Fenillet au Perche	122.
Dombes.	542	La Fere en Picardie.	167.
Doncenay.	144.	La Ferté Gauchet	159
Doüay en Poictou	285	Fefcamp.	324.
Dourdan	100	Filmes.	164.
Dreux.	121.	Flauigni	524.
Druides anciēs Preftres de Gaule.	15	La Flefche.	285.
		S Florentin.	
Du païs Dunois	110	S. Flour.	
Dureftal.	284	Fontainebleau.	135
Dye.	555.	Fontenay	417.
E		Forefts pres Lyon.	542.
Embrun.	555	Les villes principales de Forefts.	543.
Engoulefme.	448		
Des villes d'Engoulefme.	448	Foulgeres.	413
		Fouuille.	144.
Abifme admirable en Engoulefme.	451	De la France & de fon excellence.	1.
Eruille chaftel	144	Origine des François.	1
Efnay.	536.	Freius.	565
Efpernay.	144.	S Fregeou.	605.
Efpernon.	110.	Fronfac.	621.
Eftampes.	109.	**G**	
Eftaples	200	Gandelu.	143
Eftrac.	611.	Gap.	556.
Nombre des Euefchez		Gafcoigne ou Guyēne,	

Ee 3

121.	Harfleu. 326.
Gaſtinois. 133.	Haure de grace 326.
De l'origine des Gau-	Heſdin. 196.
lois. 8	Hieſmes. 337.
Limites de la Gaule. 11.	Honfleu. 323.
Qui fut celuy qui plan-	S. Honorat. 565.
ta le premier les let-	**I**
tres en Gaule. 14.	Ioigni. 212.
Gaure, voiſin du Co-	Ioinuille. 149.
mingeois. 609.	S. Iean d'angeli. 444.
Genuille en Beauce.	**L**
109.	Lagni. 160.
Gergeau. 132	La Lande d'Herould
Sainct Germain en La-	381
ye. 94.	Lambale. 398.
Gien 129	Langres. 207.
Gimont. 119	Laon. 171.
Giſors 324	Languedoc 581.
Gonneſſe. 99.	Latzicourt. 553.
Grand ville. 384	Laual. 415.
Grenoble 545.	Lauaur. 595.
Fontaine merueilleuſe	Lauſette. 597.
à Grenoble. 546.	Lectoure &c. 615.
Hiſtoire admirable d'vn	Leſcar. 620.
Conſeiller de Greno-	Leuroux. 237.
ble. 548.	Libourne. 621.
Guiſe. 180.	Le Liege ville de Bret.
Guiſnes ville & Com-	398.
té 205.	Limaigne. 480.
H	Limoges. 467.
Hailli Baronnie 151	Villes du haut Lymo-
Hambie. 386	ſin 470.

Li-

Lisieux, & les villes en S Menehou. 144.
   dependantes. 321 Merenuille. 109.
Liance ou nostreDame Meri. 114.
   de Liesse 173 Meun sur Loyre. 129.
Loches. 248. Mets 509.
Lodesue. 587. Milli en Gastinois. 134.
Lodun. 255. Mirande. 612
Lombers. 607. Miraumont. 458.
Loris 131. Mirepoix. 584.
Lourdes 618. Moissac. 197.
Luçon. 432. Monceauxmaison Roy
Lyon. 534.   alle. 160
Choses memorables ad Montargis. 131.
   uenues à Lyon 540 Montauban. 596.
      M   Monteclair. 210.
Maillezais, 433. Montleheri. 98.
Le Maine. 257. Mont regeau. 156
Nombre des maisons Montpellier. 584.
   de France. 631. Mombrison. 543.
S. Malo. 395. Mommiral. 122.
Mande, 582. Mommorenci. 188
Marans. 441. Mommorillon. 83.
Marseille. 566. Mont Didier. 181.
Mascon. 531. Montrichard. 247.
Histoire estrange d'vn Montereau 556.
   Comte de Mascon. Mont S. Michel 348
   531. Moret. 155.
Maulues. 122. Mortaing. 359.
S. Maximin 569. Mortaigne au Perche
Meaux en Brie. 158. 122.
Mehun sur Yeure 235 Moulins en Bourbon-
Melun 133.   nois. 496.

Ee 4

Muret.	608	Pan.	620.
Mufli l'Euefque	144	S Papoul.	584.
N		Paris.	20.
Nantes	410	Fondation des Colle-	
Narbonne	587.	ges de Paris.	29.
Nauarreins.	620	Fondatiõ des principal	
Nemours.	135	les Eglifes de Paris.	41.
Neuers.	214	Chofes memorables ad	
Des villes du Niuer-		uenues à Paris.	71.
nois.	216	Parlements de Frãce cõ	
Neufville aux Loges.		ment inftituez,	16.
	129.	Nombre des Paroiffes	
Nice.	562.	de France.	633.
Nieullet	206.	Pauie.	613.
Nifmes.	588	S. Paul.	405.
Niort	416.	Paumi.	253.
Nombre des maifons		Pecquigni.	195.
nobles de Frãce	632.	Du païs du Perche.	122.
Nogent le Roy.	100	Peronne.	180
Nogẽt le Retrou	22	Peroufe.	231.
Nogent en Champai-		Du païs de Perigord.	
gne.	144.		453.
Normandie.	288.	Des places & villes de	
Noyon.	177.	Perigord	465
O		Fõtaines admirables en	
Oloron.	620	Perigord	457
Orillhac.	489.	Perigueux.	460.
Orleans.	113.	Pezenaz.	590.
Oye en Picardie	206.	S Pierre le Mõftier.	216.
S. Omer.	198.	Pluuiers.	190.
P		Poiétiers & autres villes	
Pamiers.	603.	du Poictou	417

Poif-

Poiſſi.	93.	Du païs de Rouergue.	592.
Ponthieu.	193.		
Ponthoiſe	324	Roux Maillard.	122.
S. Ponts en Languedoc.	591	Nombre des Rois de France.	633.
Pont de larche.	323.	**S**	
Ponts, ville de Xaintonge	441	Salieres.	604
		Samathe.	607
Prouence.	559.	Sancerre.	218.
Villes de Prouēce	561.	Sarlat.	465
Prouins.	157	Saumur.	276.
		Sedane	144.
Q		Sees.	328
S. Quentin le Vermandois.	175.	Semur.	521.
Querci	594.	Seneſſey.	528.
Quinpercoretin	403	Senlis.	187.
Quintin.	400.	Sens.	137.
R		Soiſſons.	169.
Rebel.	144	Solloigne.	108.
Renty.	195.	Somieres.	590
Rheims.	161.	Sulli.	
Rhennes.	408.	**T**	
Rhodez.	592.	Talland.	514.
Rieux.	603	Tallemond.	428
Rimancourt	211	Taraſcon.	578.
Rio & autres villes	487.	Tarbe.	
Riuſmes.	604	Teronënne.	196.
Rochelle.	434	Tholon.	566.
Rohan, maiſon fort ancienne	406	Tholoſe	598.
		Thorci	159.
Romans.	549.	Thorigni	337.
Rouen.	299.	Tomieres	594

Tonnerre.	212.	Vertus.	553.
Toull.	560.	Vezelay.	213.
Tours.	239.	Victri le François.	152.
Des choses memora-		Vienne.	551.
bles aduenues en		Vierzon.	234.
Touraine.	242.	Ville Dieu	380.
Des villes de Touraine.		Ville neufue S. George. 98.	
	239.		
Tournō en Velay.	581.	Vire.	332.
Treues.	498.	Victré.	413.
Triguier.	403.	Vzerche.	473.
Tournus.	529.	Vzez.	586.
Tulle.	471.	X	
Troyes em Chāpaigne		Xaintonge.	436.
	147.	Xaintes principale ville	
V		de Xaintonge.	437.
Vaizon.	578.	Villes contenuës sous	
Valence & païs Valen-		Xaintonge.	437.
tinois.	324.	Y	
S. Valeri.	324.	Yenuille.	129.
Vallongnes.	369.	Yeres en Prouëce.	560.
Vassi.	151.	Yeure le chastel	129.
Vatan.	237.	Yssoudun en Berri	
Vaudœuure.	209.		227.
Vendosme.	118.	Les villes dependantes	
Venissi.	574.	d'Yssoudun.	228.
Vennes.	303.		
Verdun.	503.		

FIN.

www.ingramcontent.com/pod-product-compliance
Lightning Source LLC
Chambersburg PA
CBHW050328240426
43673CB00042B/1574